디지털 콘텐츠 퍼블리싱

디지털 콘텐츠 퍼블리싱

2013년 1월 18일 1판 1쇄 인쇄
2013년 1월 25일 1판 1쇄 발행

지은이   이경훈
펴낸이   한기호
편집   오효영 이은진 박윤아
경영지원 이하영

펴낸곳   한국출판마케팅연구소
            출판등록 2000년 11월 6일 제10-2065호
            주소 121-842 서울시 마포구 서교동 484-1 삼성빌딩 A동 2층
            전화번호 02-336-5675 팩스 02-337-5347
            이메일 kpm@kpm21.co.kr
            홈페이지 www.kpm21.co.kr

인쇄   예림인쇄 전화 031-901-6495 팩스 031-901-6479
총판   송인서적 전화 031-950-0900 팩스 031-950-0955

ISBN 978-89-89420-82-8 03010
*책값은 뒤표지에 있습니다.

디지털 콘텐츠 퍼블리싱

콘텐츠 플랫폼 변화와 출판의 미래

이경훈 지음

한국출판마케팅연구소

서문

1.

지금은 까마득한 옛날로 느껴질지 몰라도 웹이 일상생활을 구성하는 당연한 물건(?)이 된 시기는 그리 오래되지 않았다. 최근 한국에서 사업을 철수한다는 발표를 통해서야 겨우 언론에 이름을 올리게 된 야후가 한국에 서비스를 시작하고, 다음Daum에서 국내 최초로 한메일넷이라는 무료 웹메일을 제공한 것이 1997년이니, 웹이 생활 속에 자리 잡은 역사는 아무리 거슬러 올라가도 15년을 넘기기 힘들다. 하지만 일단 생활의 일부로 흡수된 이후에 사람들에게 미친 영향력은 엄청났다. 이제는 웹을 제외한 모든 미디어의 사용 시간을 다 합치더라도 웹 사용 시간에 턱없이 부족한 상황이 되었다. 웹은 많은 것을 바꾸었고 여전히 무언가를 바꾸어나가고 있다.

웹 서비스의 발전 과정을 돌이켜보면 어떤 경향성을 발견할 수 있다. 이러한 경향성이 정확한 순서를 가진 것은 아니지만 특정 시기에 새롭게 등장해서 유행한 서비스의 면면을 살펴봄으로써 웹이 어떻게 발전해왔는지 대략이나마 살펴볼 수 있다. 가장 먼저 대중적으로 인기를 끌기 시작한 것은 다음의 '카페', 아이러브스쿨, 싸이월드와 같은 커뮤니티 서비스였다. 그리고 이러한 커뮤니티 서비스의 인기는 자연스럽게 개인화 서비스로 전이되어 갔다. 대표적인 것이, 불과 몇 년 전까지만 해도 타의 추종을 불허하는 개인화 서비스였던 싸이월드 '미니홈피'였다. 또한 프리챌이라는 사이트에서 최초로 선보였던 아바타(개인의 캐릭터를 만들고 의상 등을 자유롭게 설정해 자신을 표현하는 서비스)의 인기 또한 대단했다. 당시에는 웬만한 웹 사이트는 물론이고 각종 메신저 프로그램까지 아바타 서비스를 제공했다.

다음에 유행한 것은 네이버의 '지식iN' 서비스였다. 그전에도 다양한 검색 서비스들이 있었지만 사용자들이 직접 묻고 답한다는 콘셉트의 이 서비스는 순식간에 하나의 트렌드로 자리 잡았고, '네이버에 물어봐'라고 하는 유행어까지 만들며 NHN이 포털 업계의 1위로 올라서는 데 결정적인 기여를 했다. 그리고 사용자들의 참여는 단순히 '지식iN'에 답글을 다는 수준으로 끝나지 않았다. 불과 몇 년 지나지 않아 블로그를 운영하는 것이 대대적인 유행이 되었으며, 단순한 글쓰기뿐만 아니라 UCC(User Created Contents)라는 이름으로 다양한 멀티미디어 콘텐츠까지 사용자들이 직접 생산하는 것이 보편적인 현상이 되었다. 이러한 변화가 가장 활발했던 시기에 유행했던 것이 바로 '웹 2.0'이라는 단어이다. 흔히 '참여, 공유, 개방'이라는 키워드로 요약되는 웹2.0의 시대를 거치면서 웹은 지금 우리가 알고 있는 것과 거의 유사한 환경이 되었다. 그리고 웹2.0 시기에 등장했던 페이스북이나 트위터가 폭발적인 성장을 하면서 이제는 '소셜 네트워크'의 시대가 되었다.

웹 서비스로 출발한 소셜 네트워크 서비스(SNS)를 사용자들이 본격적으로 활발히 사용하는 계기를 제공하며 '소셜 네트워크'의 성장을 견인한 것은 스마트폰의 대중화였다고 할 수 있다. 아이폰의 등장을 시작으로 발전하기 시작한 스마트폰은 빠른 속도로 구형 휴대폰을 대체했다. 이제 휴대폰을 사용한다는 것은 단순히 전화기를 휴대한다는 의미가 아니라 모바일 서비스의 사용자가 된다는 것을 의미한다. 인터넷을 통해 전파되는 웹 서비스를 휴대 가능한 기기에서 이용할 수 있다는 의미의 모바일이 아니라, 그 자체로 웹과 차별화되는 사용자 경험User Experience(UX)을 제공하는 모바일 환경이 구축되어 가고 있다. 이러한 모바일 서비스는 아직 등장한 지 얼마 되지 않았다. 아마 앞으로 다양한 변화를 거치며 더욱 더 큰 서비스 환경으로 성장할 것이다. 모바일 서비스는 이미 웹 서비스의 유산을 계승한 채로 시작했다. 따라서 웹의 발전 역사를 되짚는 것만으로는 모바일 환경의 미래를 예측하기는 어렵다. 모바일 환경의 미래에 대한 다른 접근 방법이 필요한 상황이다. 모바일 환경은 대체 어떤 경향성을 보이며 발전해나갈 것인가?

이 책은 위의 질문에 대한 하나의 예상에서 출발했다. 그것은 바로 모바일 환경이 콘텐츠 소비 환경으로 진화할 것이라는 예상이다. 이것은 웹의 역사에서 중요한 의미를 차지하고 있는 웹2.0 시대의 경험을 통해 추론한 것이다. 웹2.0 시대를 거치면서 서비스의 측면에서도 많은 변화와 발전이 있었지만 그 이전과 비교해서 가장 큰 변화를 꼽으라면 웹이 콘텐츠를 서비스하는 매체로서 확고하게 자리매김했다는 것이다. 단순히 텍스트 기반의 콘텐츠뿐만 아니라 사진, 음악, 영상 등 다양한 형식의 콘텐츠가 웹에서 활발히 유통되었으며 때로는 오프라인의 콘텐츠 유통 환경을 흡수하며 폭발적으로 성장했다. 그리고 이제는 웹을 제외하고는 콘텐츠의 유통과 소비를 설명하기 힘든 상황이 되었다. 이러한 경험으로 봤을 때, 모바일 서비스도 콘텐츠가 핵심이 되는 환경이 되지 않을까 예상한다. 물론 모바일 환경은 지금도, 웹의 초창기에 비하면 충분히 콘텐츠 지향적인 모습을 보여주고 있다. 그것은 모바일이 웹의 유산을 계승했다는 사실과 함께 아마도 앱스토어라고 하는 독특한 사용 환경 때문에 그럴 것이다. 하지만 모바일에서도 전통적인 출판산업의 콘텐츠들은 여전히 제대로 이식되지 못한 채 남아 있다. 미국 등 일부에서 전자책의 형태로 대중화에 성공하기는 했지만 아직은 전 세계적으로 확산되지 못하고 있으며, 전자책 외의 다른 형식에서는 초보적인 수준을 벗어나지 못하고 있다. 웹은 가장 대중적인 콘텐츠 소비 플랫폼이 되었지만 출판산업의 콘텐츠를 흡수하는 데는 실패했다. 하지만 모바일 환경이 또 하나의 대중적인 콘텐츠 소비 플랫폼이 되었을 때는 아마도 출판산업의 콘텐츠까지 포괄하게 될 것이다. 이제 시작일 뿐이지만 그러한 가능성이 현실화될 것이라는 것을 확신할 수 있는 징후는 곳곳에 있다. 그렇다면 남는 질문은 이것이다. 대체 무엇을 해야 하는가? 어떻게 해야 하는가? 비록 당장 해답을 찾을 수는 없겠지만, 더 이상 미룰 수 없는 질문이란 것은 확실하다. 이제는 고민을 시작해야 할 때이다.

2.
이 책은 한국출판마케팅연구소가 발행하는 〈기획회의〉에 연재되었던 내용을 바탕으로 썼다. 크게 수정하지는 않았지만, 부족하거나 빠트렸다 싶었던 내용을 추가하는 데 신경을 썼다. 연재했던 것과 비슷한 분량의 글이 새로 추가된 것 같다. 마감했던 연재 원고를 꺼내서 다시 작업을 하면서 제일 먼저 느꼈던 것은, 어떻게 하면 디지털 콘텐츠 퍼블리싱이라는 개념을 간결하고 명확하게 설명할 수 있을까 하는 것이었다.

언론에서 발표하는 기사를 보면 콘텐츠 생산과 유통과 소비의 생태계가 완전히 바뀐 것처럼 느껴지지만, 현장에서 실제로 경험해보면 '변했다'라고 확실히 인지할 만한 사례가 드문 형편이다. 해외에까지 눈을 돌린다고 하더라도 전자책 분야에서 아마존이 거둔 성과를 빼고는 딱히 성공이란 수식어를 붙일 수 있을 만큼 영향력 있는 변화는 찾아보기 힘들다.

오히려 변화의 출발점에 서 있다는 생각이 훨씬 강하게 들었다. 사람들 역시 어떻게 변했다기보다는 '스마트'라는 수식어가 붙은 새로운 기계 또는 서비스의 사용법을 이제 갓 익혀가고 있는 것처럼 보였다. 그래서 디지털 콘텐츠 퍼블리싱의 개념을 제대로 설명하겠다는 욕심은 일찌감치 접었다. 꼭 그 이유 때문이라고 할 수는 없지만, 연재할 때 사용했던 '이해'라는 단어는 자연스럽게 책의 제목에서 빠졌다. 만약 어떤 수식어를 꼭 넣어야 한다면 '~에 대해'나 '~을 위해'가 훨씬 적절하지 않을까 생각한다. 아직은 디지털 콘텐츠 퍼블리싱을 완전히 이해할 수 있는 상황이 아닌 것 같다. 무엇인지 정확하게 설명할 수는 없지만, 중요한 무언가가 빠져 있는 느낌이다. 이론에서도 마찬가지고 현장 실무에서도 마찬가지이다. 많이 부족하긴 하지만, 이 책이 계기가 되어 빠져 있는 그 무엇을 찾을 수 있었으면 하는 바람이다.

3.
디지털 콘텐츠 퍼블리싱에 관심을 갖게 된 건 2009년 즈음이었다. 뜻이 맞는 몇 사람이 모여 새로운 출판에 대해 공부를 해보자는 얘기가 오갔고 '디펍DiPub(Digital Publishing)'이란 스터디 모임이 만들어졌다. 지금 생각하면 참 부지런하게도, 한 달에 한 번씩 모여 특강을 듣거나 세미나를 진행했다. 2011년 송년회를 끝으로 활동을 종료하기는 했지만 그 모임에서 만난 분들이 없었다면 디지털 콘텐츠 퍼블리싱에 대한 고민을 이렇게까지 길게 끌고 오지 못했을 것이다. 강사로 초청되어 귀한 말씀과 경험을 나눠준 여러 전문가들과 오랫동안 함께해준 회원들께 큰 빚을 진 셈이다. 모두에게 고맙다는 말씀을 드리고 싶다.

선뜻 연재의 기회를 준 한국출판마케팅연구소의 한기호 소장께도 감사의 인사를 드리지 않을 수 없다. 글쓰기의 경험이 거의 없었던 사람에게 대체 무슨 배짱으로 덥석 지면을 맡겼는지는 아직도 알 수 없지만, 어쨌든 〈기획회의〉 덕분에 단기 속성 과정으로 많은 공부를 할 수 있었다. 그리고 연재가 진행되는 동안 계속 신경써준 〈기획회의〉의 편집자들과 부족한 원고를 번듯한 한 권의 책으로 만들어준 오효영 편집자에게도 감사의 마음을 전하고 싶다.

그리고 비록 책을 만드는 일에 직접 참여하지는 않았지만 연재할 때부터 시작해서 이 책의 초고를 모두 검토하고 의견을 나눠준 '첫 번째 독자'에게 특별히 감사드린다. 글을 쓰는 데 많은 도움이 되었음은 물론이고 긴 시간을 거쳐 책이라는 결과를 내는 데 있어 기댈 수 있는 큰 힘이 되었다.

출판계에 처음 입문한 것이 2007년 7월이니 이제 갓 다섯 해를 채운 초년생이라고도 할 수 있다. 여전히 모르는 것투성이에 배워야 할 것이 많이 남아 있다. 하지만 부족하나마 이렇게 글로 제 생각을 정리할 수 있었던 것은, 2007년 7월에 처음 만난 곳이 그린비출판사였기 때문이다.

출판에 대해서는 나의 모든 것이 출발한 곳이다. 함께했던 시간, 함께했던 사람들이 없었다면 여기까지 오지 못했을 것이다. 특히 출판인으로서의 나를 만들었다고 해도 과하지 않은, 출판에 대해 스스로 생각하고 고민할 수 있게 해준 유재건 사장님께 진심으로 감사드린다.

2013년 1월, 이경훈

차례

서문 — 5

1장 디지털로 진화하는 세상
플랫폼 전쟁이 시작되었다 — 18
네트워크가 아날로그 세계에 가져온 변화 — 21
선형적 세계에서 비선형적 세계로 — 27
사람들은 무언가를 '보고' 있다 — 32
커뮤니케이션 대기 상태 — 37

2장 콘텐츠 퍼블리싱의 전통 : 책과 출판
책이란 무엇인가 — 46
책의 제작 과정 — 51
콘텐츠의 선택과 가공 — 55
전통적 출판과 디지털 콘텐츠 퍼블리싱 — 59

3장 디지털 콘텐츠 퍼블리싱이란?
디지털 콘텐츠의 세 가지 범주 — 72
웹의 등장과 미디어 환경의 변화 — 77
네트워크로 인한 콘텐츠 소비의 변화 — 83

4장 디지털 콘텐츠 퍼블리싱과 출판

　　출판의 다품종 소량 생산 체계의 장점 ― 90
　　디지털 콘텐츠 퍼블리싱에서 편집자의 역할 ― 97
　　출판사는 디지털 콘텐츠 퍼블리싱을 주도할 수 있을까? ― 101
　　새로운 콘텐츠 유통 플랫폼을 고민해야 할 때 ― 106

5장 플랫폼이란 무엇인가?

　　게임산업·음악산업 플랫폼의 변화 ― 114
　　게임산업·음악산업을 통해 본 플랫폼 변화의 특징 ― 120
　　출판사가 콘텐츠 플랫폼에 관심을 가져야 하는 이유 ― 126
　　디지털 콘텐츠 퍼블리싱 플랫폼 ― 131
　　플랫폼 변화와 출판사의 생존 전략 ― 137

6장 디지털 콘텐츠 소비 환경의 변화

　　디지털 콘텐츠 소비 환경의 글로벌화 ― 49
　　클라우드 서비스와 빅 데이터 ― 156
　　콘텐츠 생산자·플랫폼·사용자의 변화 ― 163

7장 디지털 콘텐츠 기획을 위하여

출판 기획과 디지털 콘텐츠 기획 — 176

종이책·전자책·앱의 세 가지 차이점 — 182

디지털 콘텐츠 기획은 출판 콘텐츠 기획과 다르다 — 186

디지털 콘텐츠 기획에서 고려해야 할 것 — 191

네트워크, 클라우드, 글로벌화 — 197

디지털 콘텐츠 기획의 여러 영역 — 200

8장 디지털 콘텐츠 마케팅

디지털 콘텐츠 마케팅은 웹 마케팅의 연장 — 221

아직까지는 '책'의 유통을 따르는 전자책 — 226

새로운 유통 패러다임에 대처하려면 — 231

출판사의 마케팅 전략과 조응하는 웹 마케팅이 필요하다 — 234

9장 디지털 콘텐츠 퍼블리싱의 미래

변화한 콘텐츠 소비 환경에서 출판의 역할은 무엇일까 — 246

콘텐츠 생산자의 파트너로서의 역할이 중요하다 — 251

출판의 역할을 분명히 해야 할 때 — 257

찾아보기 — 260

1장
디지털로 진화하는 세상

하나의 거대한 전환이 마무리되어 가는 기분이다. '스마트'라는 단어가 세상에 난무하고 있다. 물론 스마트해지고 있는 것은, 사람이 아니라 기계다. 그저 기능이 다양해지거나 작동 속도가 빨라지는 것이 아니라 말 그대로 똑똑해지고 있다.

그러나 이 똑똑함의 정체는 우리가 예상했던 것과 사뭇 다르다. 영화 등을 통해서 투사된 똑똑한 기계의 전형적인 모습은 하나의 '완성체'로서의 로봇에 가까웠다. 즉, 인간과 똑같은 외모에 생각과 행동마저 동일하지만 영혼과 감정을 소유하지 못한 불완전한 인간적 완성체이거나, 인간의 지시를 이해하고 판단한 후에 스스로의 행동을 결정할 수 있는 완전한 기계적 완성체의 모습이다. 전자는 영화 〈터미네이터〉에서 'T-800'이라는 로봇으로 후자는 TV 드라마 〈전격 Z작전〉(원제 : Knight Rider)에서 '키트'라는 자동차로 만날 수 있다.

하지만 지금 우리가 스마트하다고 부르는 기계들은 그렇게까지 똑똑하진 못하다. 가장 스마트한 기계라고 평가받는 '아이폰'을 아무리 들여다보아도 T-800이나 키트의 유전자를 발견하기는 힘들다. 최첨단 기술로 등장한 '시리Siri'라는 음성 인식 기술이 있는 하지만 아직은 번역기의 수준에서 크게 벗어나지 못하고 있다.

우리는 이러한 기계들의 어떤 면을 스마트하다고 부르는 것일까? 언론의 기사나 각종 광고매체를 통해 수없이 등장하는 스마트한 기계들은 그저 기업의 상술에 불과한 것일까?

플랫폼 전쟁이 시작되었다

기계는 인간의 특정 역할을 완전히 대체할 정도로 똑똑해지진 않았다. 하지만 (기계에게 이런 표현을 사용해도 된다면) 그들이 처한 상황이 달라짐에 따라 어떤 생태적 시스템으로서의 똑똑함이 등장한 것만은 확실하다. 시작부터 모호한 표현으로 혼란을 드려 죄송하다. 플랫폼 얘기를 하려는 참이다.

플랫폼이 기계를 똑똑하게 만들고 있다. 각종 기계들이 플랫폼의 일부로 결합하면서 스마트 디바이스가 되어가고 있다. 스스로 작동하는 똑똑함이 아니라 인간의 조작을 통해서만 드러나는 똑똑함이기는 하지만, 그러한 조작이 가능해졌다는 자체가 중요한 사실이다. 우리가 플랫폼을 스마트하게 활용할 수만 있다면 예전에는 상상으로만 가능했던 여러 가지 일들을 할 수 있게 된 것이다.

스마트라는 단어의 정체는 기계가 아니라 플랫폼이다. 아무리 기계적 성능이 뛰어나다고 하더라도 기계의 존재만으로 새로운 세상을 만나기는 힘들다(우리의 부모님이나 할아버지, 할머니에게 최첨단 스마트폰을 선물하는 상상을 해보자. 그것만으로 그분들이 새로운 세상을 경험할 수 있을까?). 플랫폼의 성능과 역량이 우리의 삶을 바꾸는 세상이 되었다. 다른 말로 표현하자면, 플랫폼 전쟁이 시작되었다.

플랫폼 전쟁의 포화 속에 아날로그의 시대가 종말을 맞고 있다. 적어도 우리가 문화적 경험을 소비하는 콘텐츠 유통 환경에서는 모든 것이 디지털 경험으로 대체되는 세상이 되었다. 음악이 그랬고 영화가 그랬다. 이제는 책이라는 문화 상품이 디지털 소비로 대체될 것이라는 예측이 지배적이다. 여기서 말하는 디지털과 아날로그는 신호 구성의 차이만을 의미하지는 않는다.

잠시 기호학에서 말하는 아날로그와 디지털의 개념을 빌려오도록 하자. 기호를 아날로그와 디지털로 구분할 경우, '연속'과 '단절'이라는 경험적 차이를 통해 설명할 수 있다. 영국 웨일스 대학교의 연극·영화·텔레비전학과 교수이자 컴퓨터 프로그래머인 대니얼 챈들러Daniel Chandler는 "아날로그 기호(시각이미지, 몸짓, 감촉, 맛, 냄새 등)는 연속체상에서 점진적으로 변화하는 관계를 나타낸다. 아날로그 기호는 '말로는 표현할 수 없는' 미묘한 차이를 표시할 수 있다"고 말한다. 또한 문자로 기록하는 것 자체가 이미 '디지털 기술'이라고 하면서 "기호체계는 사람들이 역동적이고 연속적인 흐름으로 경험하는 현실에 디지털적 질서를 부여한다. 대상을 기호로 정의하는 것 자체가 연속체를 분할하는 것을 의미한다"고 설명한다(이상 『미디어 기호학』, 대니얼 챈들러, 소명출판, 96쪽). 우리는 일상생활에서 '미소'와 '웃음'을 구분해 사용하지만, 실제 사람의 표정에서 어디까지가 '미소'이며 어디부터가 '웃음'인지를 명확하게 가를 수 있는 경계는 존재하지 않는다.

이런 경험적 차이에서 오는 아날로그 기호와 디지털 기호의 특성에 대해 영화 이론가인 빌 니콜스Bill Nichols는 이렇게 말했다. "아날로그 기호의 연속적 특성이 의미를 풍부하게 할지는 모르나, 구문적 정밀성과 의미의 정확성을 떨어뜨리는 측면이 있다. 이에 반해 디지털 기호의 단절적 특성은 의미의 풍요성은 떨어뜨리는 반면, 의미의 정밀성과 정확성은 잘 살려준다."(『미디어 기호학』, 97쪽에서 재인용)

이와 같은 관점에서 보면 MP3 파일로 음악을 감상하고 온라인 스트리밍을 통해서 영화를 감상하는 디지털적 소비에서 주목해야 할 것은, MP3 파일과 온라인 스트리밍이라는 형식적 측면뿐 아니라 콘텐츠를 소비할 때 얻는 경험적 인식의 측면도 있음을 알 수 있다. 음악을 앨범으로 듣는다는 것은 앨범에 포함된 곡 하나 하나를 순차적으로 듣는다는 의미 외에도 개별 곡의 구성을 통해 맥락이 형성된 앨범으로서의 의미도 함께 경험하는 과정이다. 한 곡 한 곡 분리된 열 곡을 듣는 것보다 열 곡이 포함된 앨범 하나를 듣는 것이 의미의 풍요성이 훨씬 더 크다고 할 수 있다. 이렇게 주장할 수 있는 이유는, 앨범이라는 상품의 형식이 구성될 때 앨범의 의미에 대한 창작자의 의도가 반영되기 때문이다(그렇지 않은 경우도 있을 수 있겠지만, 대부분은 앨범의 의미를 담아서 앨범의 이름을 짓고 앨범 재킷의 디자인을 구성한다). 그리고 그 의도에 대한 해석이 바로 음악 비평의 몫이다. 음악에 대한 비평이나 역사적 평가가 주로 앨범 단위로 이루어진다는 것은 음악의 생산과 소비가 이미 앨범이라는 구성을 전제로 하고 있다는 가장 확실한 증명이 아닐까 싶다.

　음악이 디지털의 형식, 즉 MP3 파일로 한 곡씩 소비되기 시작하면서 적어도 소비자의 경험에서 앨범이 주는 의미의 풍요성은 사라졌다. 대부분의 음악이 한 곡 단위로 의미의 '정밀성과 정확성'을 전달하는 구조로 바뀐 것이다. 이러한 변화를 시스템으로 구현한 것이 바로 아이튠즈 뮤직스토어iTunes Music Store와 같은 디지털 콘텐츠 플랫폼이다. 그런 측면에서 보자면 디지털 콘텐츠 플랫폼에서 음악의 아날로그적 감성을 복원(그것이 가치 있는지 없는지의 여부는 제쳐두고)한다는 것은 MP3 파일을 LP나 CD의 형태로 되돌리는 것이 아니라, '앨범으로서의 가치'처럼 음악에 대한 의미의 풍요성을 확보할 수 있는 환경을 조성하는 것이 될 것이다.

지금까지 아날로그 시대의 마지막 보루였던 책 역시 이제는 디지털로의 전환이라는 변화에 직면했다. 앞으로 상황이 어떻게 전개될지는 알 수 없지만, 한 가지는 확실해 보인다. 책이라는 콘텐츠가 디지털 콘텐츠 플랫폼에 성공적으로 수용될 수 있음은 증명되었고 앞으로 디지털 콘텐츠 플랫폼의 변화와 밀접하게 연관될 수밖에 없다는 사실이다. 사람들은 디지털적 경험을 더욱 익숙하게 받아들일 것이다. 물론 아날로그적 경험은 쉽사리 소멸되지 않을 것이며 아날로그적으로 구성된 콘텐츠 역시 사라지지 않을 것이다. 하지만 우리가 감정이라는 아날로그적 의미를 가지고 있어도 언어라는 디지털적 요소를 사용하지 않고는 의사소통을 할 수 없는 것처럼 이제는 디지털 경험의 플랫폼을 거치지 않고는 어떠한 아날로그적 의미도 사회적으로 소통되기 힘든 세상이 될 것이다. 이 거대한 전환이 마무리되어 가고 있다. 단지 성장과 쇠퇴의 속도에 대한 것만이 남았을 뿐이다.

네트워크가 아날로그 세계에 가져온 변화

우리가 알았던 아날로그는 이제 추억의 대상이 되었다. 옛날 이야기를 조금만 해보자. 물론 불과 20년 전 상황에 '옛날'이란 표현을 갖다 붙여도 되는지 의문스럽긴 하나, 그래도 어쩌겠는가.

옛날에 오락실이란 것이 있었다. 공식적인 용어로는 '전자오락실'이라고 불렀던 것도 같은데 정확히 확인할 방법은 없다. 지금도 있기는 하지만 특별한 공간에서 아주 희귀하게 찾아볼 수 있는 정도다. 그 오락실이 주로 학교 주변에, 심하게 과장하자면 한 집 건너 하나 존재하던 시절이 있었다. 초등학생부터 고등학생에 이르는 학생들의 방과 후 활동에서 가장 중요한 역할을 차지했던 것이 바로 오락실이었다. 엄마의 심부름으로 받은 돈을 오락실에서 다 써버리고 나중에 어쩔 줄 몰라 발을 동동 구른 기억이라든지, 시간 가는 줄 모르고 오락에 빠져 있다가 부모님 손에 붙들려 집으로 끌려간 기억이라든가, 동전 하나로 '끝판왕'을 무찌르고 친구들 앞에서 으쓱했던 기억 하나 정도는 당시를 살았던 아이들이라면 대부분 가지고 있을 것이라 생각한다.

그 수많은 오락실은 '피시방' 혹은 '게임방'이라는 이름으로 대체되었다. 1990년대 후반 〈스타크래프트〉라는 게임의 흥행과 함께 등장해서 가장 번성했을 때는 3만 곳에 육박했고, 하향세를 타고 있는 최근에도 약 1만 3천 곳의 피시방이 전국에서 영업 중이다. 옛날 오락실과 관련된 자료를 찾기 힘들어 직접 비교하진 못하지만, 아마도 예전 오락실의 수만큼은 되지 않을까 싶다. 오락실이 사라지기 시작한 다음 세대의 아이들은, 그 이전의 아이들과 마찬가지로 피시방을 학교 바깥 생활의 중요한 요충지로 삼지 않았을까 예상한다. 맥락으로만 보면 오락실이나 피시방이나, 동시대의 아이들에게 비슷한 역할을 수행했다고 볼 수 있는 것이다. 하지만 그 안에서 어떤 일들이 벌어졌는지를 살펴보면 몇 가지 차이를 발견할 수 있다.

게임을 한 판 하기 위해 기계 뒤에 줄을 서서 기다리던 광경이나 친구가 하는 게임을 구경하며 같이 즐기던 광경은 피시방에서는 찾아보기 힘든 일이 되었다. 사소해 보이는 이 차이가 실제로는 제법 큰 변화를 함축하고 있다. 오락실에서는 거기에 참가하는 아이들이 물리적으로 서로 연결되어 있었다. 다른 아이가 어떤 게임을 하고 있다는 건 내가 그 게임을 할 수 없다는 사실을 뜻했다. 그리고 내가 직접 플레이를 하지는 않더라도 누군가가 즐기는 게임 콘텐츠를 나도 함께 즐길 수 있었다.

공간의 구성 측면에서도 오락실과 피시방은 전혀 다른 모습을 하고 있다. 오락실에는 기계와 기계 사이, 즉 개인들 사이의 공간에 칸막이가 존재하지 않았다. 하지만 피시방은 개인이 앉은 자리들이 모두 칸막이로 분리되어 있다. 특별히 시도하지 않는 한 옆자리에서 무엇을 하고 있는지 알 수 없다. 오락실에서는 서 있는 사람들이 전혀 이상하게 보이지 않지만, 피시방에서 서 있는 사람은 공간에서 분리되어 주목을 끈다. 이렇게 칸막이가 사람들 사이의 물리적 연결을 완전히 끊어버렸다.

게다가 물리적 연결이 개인과 개인의 접촉만이 아니라 게임을 대하는 심리적 측면에서도 끊어졌다. 게임이 하나의 동일한 개념으로 모든 사람들에게 인식되는 것이 아니라 게임을 접하는 각자에게 다른 개념으로 인식되기 시작한 것이다. 하나의 게임을 통해 서로 유사한 경험만을 얻을 수 있었던 과거에 비해 지금은 하나의 게임에서, 각자의 취향이나 의도에 따라 서로 다른 경험을 얻을 수 있게 되었다. 물론 그러면서도 그 게임을 언급할 때는 같은 게임으로 지칭한다.

이러한 변화는 옛날 게임의 물리적 연결을 대체하는 네트워크의 등장으로 인해 발생했다. 즉, 게임 시스템에 정해진 규칙대로만 접근하는 것이 아니라 가상의 네트워크를 이루고 있는 게임 세계에 자유롭게 접속한다. 그래서 물리적 연결성이 강했던 옛날의 오락실은 남자아이들이 거의 독점적으로 소유한 공간이었다. 교육이나 사회적 환경으로 인해 남녀의 구별이 뚜렷할 수밖에 없는 현실이 게임을 즐기는 놀이의 세계에도 물리적으로 크게 작용했던 것이다. 하지만 가상 네트워크에 접속하는 공간인 피시방에는 그러한 제약이 거의 없다. 실제로 가끔 피시방에 가서 옛날 오락실의 기억을 떠올려보면 여성의 비중이 훨씬 높아졌음을 금방 체감하게 된다. 게임이라는 문화를 즐기는 주 소비자가 남성이다 보니 여전히 수적 우위를 차지하고 있긴 하지만 예전에 비해 여성들이 참여하기 훨씬 수월해진 것이다.

개인적으로 전자오락과 게임을 워낙 좋아했기 때문에 오락실을 예로 들었지만, 우리가 만날 수 있는 아날로그의 기억들은 훨씬 많다. 그러나 이제는 추억으로만 접할 수 있거나 조금씩 사라져가고 있는 것들이 점점 늘어나고 있다. 가장 대표적인 것이 사람들 사이의 커뮤니케이션과 관계된 것들이다.

편지를 쓰는 사람들이 거의 사라지다 보니 주변에서 우체통을 찾기가 힘들어졌고 우표의 가격이 얼마인지 어느 순간 알 수 없게 되었다. 또 24시간 전화가 가능한 휴대폰을 누구나 소유하게 되면서부터 공중전화부스에 출입할 일이 없어졌고 전화번호부 또한 특별한 용도로만 사용되는 물건이 되었다. 인터넷으로 예매가 안 되던 시절의 극장 풍경이나 LP를 벽면 가득 진열해놓고 음악을 틀어주던 카페의 풍경은, 기능의 목적으로만 따지자면 지금도 흔히 만날 수 있는(극장에서 영화 보기, 카페에서 음악 듣기) 장면이지만 그 안에 담긴 정서적 의미는 많이 달라졌다고 볼 수 있다. 이런 와중에도 어쩌면 가장 역사가 오래되고 아날로그적인 구성으로 이루어져 있음에도 불구하고 아직까지 디지털로 대체되지 않고 있는 것이 있으니 그것은 바로 '책'이라는 상품이다.

뮤지컬이나 오페라, 발레처럼 예술가의 행위가 예술적 감동에서 중요한 위치를 차지하는 콘텐츠가 아날로그의 형식을 계속 유지하는 것은 쉽게 이해할 수 있다. 디지털 기술이 아무리 발달하더라도 매 공연, 매 순간 즉흥적으로 발산되는 예술적 행위의 감동을 디지털로 옮길 방법은 없기 때문이다. 하지만 책은 매체적 특징으로 보면 CD 앨범과 큰 차이가 없다. 하나의 완성된 형태로 고정되어 공장(인쇄소)에서 대량으로 생산되는 복제품이기 때문에 아날로그적 물질성을 고집할 필요가 없다. 디지털 데이터를 통해서도 충분히 콘텐츠를 소비하고 감동을 느낄 수 있다. 이론상으로는 그렇다. 하지만 현실에서 책의 아날로그적 지위는 꽤 오랫동안 유지되었다.

냅스터류의 P2P서비스를 통해 음반 시장이 붕괴해갈 때에도, 아직 개봉하지도 않은 영화가 인터넷에 유출될 때에도 책은 디지털 기술에 점령되지 않은 안전지대에 있었다. 적어도 2007년까지는 그랬다. 그러나 미국의 IT 기업 아마존이 '킨들'이라는 전자책 독서장비를 출시하면서 상황이 변하기 시작했다. 책이 더 이상 아날로그의 형태로 남아 있을 필요가 없다는 말이 점점 더 설득력을 얻어갔다. 수치로 보면 소비자들 역시 디지털로 변환된 책에 큰 거부감이 없는 것으로 나타났다.

미국을 제외한 다른 국가들에서는 아직 책의 디지털화가 더디게 진행되고 있다. 기술적 시스템의 부족이나 문화적 저항감 등 다양한 이유로 인해 여전히 종이책이 콘텐츠 소비의 가장 중요한 자리를 차지하고 있다. 하지만 그렇다고 해서 아무런 변화가 없는 것은 아니다. 아직 폭발하지 않았을 뿐 미국에서 보여준 변화의 잠재력이 시장의 바닥에서 꿈틀대고 있다. 그리고 많은 사람들이 그 잠재력이 언젠가는 과거의 견고한 체계에 균열을 내고 지면 위로 솟아오를 것이라 예상하고 있다. 지금 눈앞에 보이는 현상이 무엇이든 간에 변화의 방향은 정해졌고 이미 변화가 시작되었다.

이 책은 디지털 콘텐츠에 대한 책이다. 그렇다고 해서 디지털 콘텐츠 자체를 분석하는 책은 아니다. 퍼블리싱에 대한 책이다. 그러니까 주로 시스템이나 환경 등에 대해서 다루게 될 것이다. 또 디지털 콘텐츠 퍼블리싱을 말하고 있지만, 출판이나 책이라는 키워드를 중요하게 다룰 것이다. 책이 가지고 있는 몇 가지 독특한 특징이 아날로그와 디지털의 차이나 아날로그가 디지털로 전환되는 과정의 핵심을 선명하게 드러낼 수 있다고 생각하기 때문이다.

책은 그 생산량에서 다른 문화 상품을 압도한다. 국내에서 제작되는 작품을 기준으로 1년에 200편을 넘기 힘든 영화에는 비할 것도 없고 제법 많은 작품이 발표되는 음악과 비교해도 엄청난 수의 작품을 생산한다. 대한출판문화협회가 발표한 자료에 따르면 2011년 신간 서적 발행 종수는 44,036종인데, 이는 하루에 약 120종의 새로운 책이 출간되는 셈이다. 양으로만 따지자면 이보다 많은 콘텐츠 상품을 생산하는 업종은 아마 없을 것이다.

그리고 책은 사람들의 콘텐츠의 소비 습관과 밀접하게 연관되어 있다. 사회의 교육체계 때문이다. 한국을 예로 들면, 대학이라는 자율적인 학습 시스템으로 편입되기까지 무려 12년 동안 거의 일방적으로 강요된 교육체계를 따르게 된다. 이때 우리가 콘텐츠라고 부르는 것의 소비 습관을 자연스럽게 익히게 되는데 그 가장 중요한 매개체가 바로 책이다. 인터넷의 등장으로 인해 교육체계 외부에서, 때론 내부에서도 새로운 콘텐츠 소비 습관을 배울 기회가 생기긴 했지만 아직 중요성이라는 측면에서 책을 넘어서지는 못했다. 책을 보는 시간보다 인터넷을 사용하는 시간이 더 많다고 해도, 학교 성적이나 장래 진로와 책이 훨씬 중요한 위치를 차지하고 있다고 볼 수 있다.

   마지막으로 책은 인간 사회의 지식을 다음 세대로 전승하는 역할을 수행해왔다. 물론 책의 역할 중에 가장 빠르게 디지털의 영역으로 대체되고 있는 역할이긴 하지만, 아직까지는 책이라는 개념 속에 지식을 전승하는 직접적인 매체라는 이미지가 크게 자리 잡고 있다. 따라서 책과 출판을 살펴보는 것은 디지털 콘텐츠 퍼블리싱을 이해하는 데 큰 도움이 될 것이다. 콘텐츠의 생산과 유통, 소비 시스템을 가장 체계적이고 포괄적으로 바라보기에 책과 출판만큼 좋은 예는 없다. 그런 면에서 이 책을 '책에 대한 책'이라고 불러도 좋다. 정확하게는 '책의 변화에 대한 책'이겠지만.

선형적 세계에서 비선형적 세계로

우리는 지금(앞으로 '지금'이라는 시간을 지시하는 표현이 자주 등장할 텐데, 어떤 경우에는 변화가 한창 진행 중인 현재를 지칭할 것이고 어떤 경우에는 변화가 시작하기 직전의 어떤 가상의 시점을 지칭할 것이다. 단어가 등장하는 맥락에 따라 읽어주길 바란다)까지 콘텐츠의 선형적 세계에 살고 있었다. 선형(線型, Linear)에 반대되는 말은 비선형(非線型, Nonlinear)이고 앞으로 우리가 경험하게 될 세계의 특징이 될 것이다. 선형과 비선형은 수학에서 가져온 개념이다. 우리가 살았던 세계와 앞으로 살게 될 세계의 특징을 묘사하기 위해서 우선 선형과 비선형의 개념에 대해 설명해보도록 하겠다.

   선형이란 명사는 표준국어대사전에 다음과 같이 설명되어 있다. "일차의 대수식으로 나타내는 형태. 일차식 $ax+by$, 선형상 미분 방정식 $ay''+by'+cy=0$, 벡터의 일차 결합 $aX+bY+cZ$ 따위가 있다." 선형방정식이란 X축과 Y축을 나타내는 좌표에 선을 그었을 때 직선으로 표현할 수 있는 방정식을 말한다. 정말로 단순해 보이는 이 정의마저 수학과 친숙하지 않은 사람들(콘텐츠를 직접 다루는 사람들일수록 수학이라는 학문과 전혀 소통이 되지 않는 경향이 있는데, 애석하게도 이 책의 독자들 역시 그러한 일반적 경향에서 크게 벗어나지는 않으리라 생각한다)에게는 아마 해독 불가능한 암호로 보일 것이다. 우리가 일상적으로 사용하는 표현을 써서 비유적으로 설명하면 다음과 같이 말할 수 있다. 선형성이란 원인과 결과가 비교적 간단한 원리로 결합되어 있어서 결과를 보고 원인을 밝히는 데 큰 어려움이 없음을 의미한다고 할 수 있다. 수학으로 따지면 우리가 잘 아는 더하기(빼기)와 곱하기(나누기)만 가지고 방정식이 구성되어 있어서, 약간의 노력과 인내심만 있으면 누구나 답을 찾을 수 있는 것을 말한다.

 반면 비선형은 선형에 비해 훨씬 복잡하다. 어느 정도로 복잡하냐면, 비선형을 설명하기 위해 약간의 수학 공식을 인용하는 것만으로도 머릿속에서 카오스를 경험할 수 있을 만큼 복잡하다. 비선형방정식은 X축과 Y축으로 된 좌표에 곡선의 그래프로 표현된다. 그림으로만 보자면 직선과 곡선의 간단한 차이지만 이로 인해 선형방정식에는 나타날 수 없는 큰 변화가 발생하게 된다. 예컨대 동일한 결과를 나타내는 원인이 두 개 존재한다든가('X의 제곱은 1이다'라고 했을 때, X는 +1과 -1 두 값을 가질 수 있다) 문제 풀이의 결과가 다시 문제의 풀이 과정에 영향을 미친다든가 하는 일이 발생한다. 그래서 비선형의 세계에서는 겉으로 드러나는 결과만으로 원인을 밝히기가 어렵다. 하지만 오히려 이 복잡성으로 인해 선형적 방식으로는 굉장히 어렵거나 비효율적인 과정을 쉽게 해결할 수 있기도 하다.

다음의 예를 보면 선형과 비선형이 어떻게 다른지 쉽게 이해할 수 있으리라 생각한다. 사람이 하는 운동경기 중에는 줄다리기, 팔씨름, 달리기와 같은 선형적 방식의 운동경기가 있고 축구, 농구, 야구와 같은 비선형적 방식의 운동경기가 있다. 물론 줄다리기와 같은 운동경기에도 약간의 비선형적 요소가 있을 수는 있다. 무작정 힘을 쓰는 것이 아니라 정해진 구호에 맞춰 특정한 시간에 힘을 몰아서 씀으로서 줄을 최대한 많이 당겨오기 위한 테크닉이 그에 해당할 것이다. 이러한 비선형적 요소가 있다고는 해도 줄다리기에서 승패를 결정하는 것은 기본적으로 줄을 당기는 사람의 수와 개인들의 힘이 합산된 총합이다. 줄다리기의 승패는 이 규칙에서 크게 벗어나지 않는다. 하지만 축구 경기는 이야기가 전혀 다르다. 11명의 축구 능력을 모두 합한다고 그 팀의 능력이 되는 것이 아니다. 오히려 경기의 승패를 좌우하는 것은 감독의 작전이나 특정 상황에서 선수들이 내리는 판단과 같은 비선형적인 요소이다. 요약하자면 선형과 비선형의 차이는 결과에 대한 원인을 쉽게 찾아갈 수 있는가 없는가의 차이 또는 어떤 원인으로 발생하는 결과의 복잡성에 대한 차이라고 볼 수 있다.

우리를 둘러싼 스토리텔링의 세계를 유심히 관찰하면 어떻게 선형에서 비선형으로 옮겨갔는지 알 수 있다. 지금까지 익숙했던 스토리텔링은 기본적으로 책의 구조를 닮아 있다. TV 프로그램이나 영화 등에서 이야기의 전개는 명확한 순서를 가지고 진행된다. 독자의 입장에서는 텍스트에 개입할 필요 없이 이야기가 흐르는 대로 이해하면 되었다. 하지만 인터넷이 등장하고 하이퍼텍스트의 세계가 구현되면서 상황이 달라졌다.

하이퍼텍스트는 하이퍼링크라는 참조를 통해 독자가 한 문서에서 다른 문서로 즉시 접근할 수 있도록 만든 텍스트이다. 1960년대 중반 테드 넬슨Ted Nelson에 의해서 제안된 이 개념은 나중에 팀 버너스리 Tim Berners-Lee가 월드 와이드 웹World Wide Web을 설계할 때 가장 중추적인 역할을 하게 된다. 기존의 문서가 고정된 목차와 순서를 가지는 구조라면 하이퍼텍스트는 링크의 구성에 따라 목차와 순서가 바뀌는 구조. 우리가 흔히 접하는 다음이나 네이버의 화면을 떠올리면 이해가 빠를 것이다. 그곳에서 과연 순서를 발견할 수 있을까? 거기에 있는 것은 오직 링크들의 집합일 뿐이다. 이렇듯 하이퍼텍스트의 세계에서는 독자가 텍스트를 이해하기 위해서 끝없이 텍스트 자체에 개입해야 한다. 텍스트의 앞, 뒤로 이동하는 기초적인 조작뿐 아니라 어떤 링크를 열어서 이동할 것인지에 대한 선택적인 조작까지 수행해야만 텍스트의 세계를 이어나갈 수 있다.

웹과 함께 대표적인 비선형적 스토리텔링의 예로 게임을 들 수 있다. 하지만 게임은 웹의 비선형성에 비하면 명백한 제약이 존재한다. 사용자가 경험할 수 있는 스토리를 미리 게임 시스템에 '입력'해야만 하기 때문이다. 웹처럼 링크를 타고 (거의) 무한으로 확장해갈 수 있는 시스템이 아니라 제한된 선택지 안에서 사용자가 비선형적으로 이야기를 구성할 수 있는 자유가 주어지는 시스템이다. 그렇다고는 해도 영화나 텔레비전 드라마에 비하면, 게임의 스토리는 훨씬 역동적으로 구성되며 사용자의 행위가 개입됨에 따라 경우에 따라서는 더 큰 몰입과 감동을 선사하기도 한다.

비선형적 스토리텔링은 우리가 사는 현실을 그대로 닮았다. 우리는 정해진 순서에 따라 삶을 살지 않는다. 미리 계획을 세우고 일정을 짤 수는 있겠지만 삶이 그대로 흘러가는 경우는 드물다. 개인적인 감정이나 외부 조건의 변화, 타인과의 우발적인 마주침 등을 통해서 끊임없이 계획은 수정되며 순서는 어그러진다. 그렇게 보면 책이나 영화를 통해 접하는 이야기는, 실현 가능성이란 측면에서 허구인 것도 있지만 그 구성적인 측면에서도 현실과 전혀 다른 허구라고 볼 수 있다. 책이나 영화는 (정해진 결론을 향해서 순차적으로 진행된다는 측면에서) 오히려 기억이 구성되는 방식을 닮았다. 그런 면에서 우리가 아는 선형적 스토리텔링은 모두 과거의 이야기라 부를 수 있다. 반면에 비선형적 스토리텔링은 현실과 더 많이, 그리고 밀접하게 관계를 맺을 수 있는 가능성을 지니고 있다.

우리가 알고 있는 선형적 스토리텔링의 가장 대표적인 매체는 역시 책이다. 인간의 역사에서 구술 이야기가 먼저인지 음악이 먼저인지 그림이 먼저인지는 알 수 없지만 가장 체계적으로 이야기나 지식을 담아온 매체가 책이라는 사실은 분명하다. 책은 구성의 측면에서도 명시적으로 선형적이다. 보통 제일 앞에 '목차'를 실어서 책의 순서를 밝히고 있으며 그 이후의 서술은 반드시 목차에 명시된 순서에 따라 진행된다. 이렇게 선형적 특성이 유난히 잘 드러나는 매체인 책은 아직까지도 비선형적인 세계에 포섭되지 않고 있다. 음악과 영화가 내용의 변화와 상관없이 유통-소비의 차원에서, 비선형성을 특징으로 하는 디지털의 세계로 (강제) 이주를 당했음에도 불구하고 책은 여전히 아날로그의 세계에서 위력을 발휘하고 있다.

대체 책을 이루고 있는 요소들 중 무엇이 이러한 '시대적 역행'을 가능하게 하는 걸까? 그리고 이 역행은 언제까지 지속될 수 있을까? 만약 책마저 비선형성의 세계로 편입되게 된다면 콘텐츠 퍼블리싱은 어떻게 변할 것인가? 앞으로 이 책에서 하게 될 이야기는 아마 이러한 질문에 대한 답을 찾아가는 과정이 될 것이다.

　이 책이 디지털 콘텐츠 퍼블리싱에 대한 책이라고 해도 디지털 환경에서 무언가 새롭게, 그리고 당장 실행할 수 있는 해답은 없을 수 있다. 아니 아마 없을 것이다. 하지만 아날로그에서 디지털로, 선형적 세계에서 비선형적 세계로 전환되는 과정에서 무슨 일들이 일어나고 있는지는 최대한 다양하고 깊게 살펴볼 것이다. 특히 플랫폼이라는 단어가 자주 언급될 것이다. 콘텐츠 퍼블리싱 환경이 디지털로 전환되는 데 플랫폼이 가장 핵심적인 역할을 하고 있기 때문이다. 우리가 최근 몇 년 동안 '세상이 변했다'라고 얘기하는 것 대부분은 디지털 플랫폼과 관련된 것일 가능성이 높다. 이제 플랫폼을 이해하지 않고는 아무것도 이해할 수 없는 상황이 되어가고 있다.

사람들은 무언가를 '보고' 있다

세상이 변했다. 수사적 선언이 아니라 실제로 세상이 변했다. 변하지 않고 고정된 세상이라는 것이 존재할 리는 없겠지만, 이렇게 빠른 속도로 변하는 세상을 만난 것은 우리들 세대가 처음이지 않을까 싶다. 심지어 어떤 경우에는 그것이 좋은 것인지 나쁜 것인지를 알아채기도 전에 변화가 발생과 소멸의 사이클을 순환해버리기도 한다. 사례를 멀리서 찾을 것도 없다.

　지난 십여 년간, 우리가 매일 경험하는 전철의 풍경은 적어도 두 번은 변했다. 변화 전후의 모습이 공존하는 시기를 거칠 새도 없이 빠르게 변했다. 전철을 타고 있는 사람들이 하는 행동 중 가장 많은 비중을 차지하는 것은 특별히 뭔가를 하지 않고 가만히 또는 멍하게 그냥 있는 것이다. 만약 시간대가 출근시간이거나 늦은 밤일 경우에는 의자에 앉아 눈을 감고 있거나 졸고 있는 사람의 모습을 많이 발견할 수 있다. 이렇게 아무런 행동도 하지 않는 사람들 말고 무언가를 하면서 시간을 보내는 사람들이 가장 많이 하는 것은 무엇일까?

십 년 남짓 과거에는 신문이나 주간지를 보는 사람이 가장 많았다. 지금은 상상하기 힘들지만, 출퇴근 지하철의 그 많은 사람들 틈을 헤집고 다니며 신문을 판매하는 사람들이 있었다. 주간지 역시 당시에는 꽤 높은 판매부수를 기록했다. 그런데 2002년 5월 〈메트로〉라는 타블로이드 판형의 신문이 창간되면서 상황이 묘하게 바뀌어갔다. 이 날렵한 판형의 신문이 무료 신문을 표방하고 있었기 때문이다. 지하철역마다 배포대가 설치되고 누구나 공짜로 신문을 가져갈 수 있었다. 그 후 몇 개의 무료 신문이 더 창간되었고 이를 이용하는 사람들은 빠른 속도로 늘어갔다. 그렇게 몇 해가 흐르자 전철에서 〈○○일보〉나 〈○○신문〉이라는 이름을 사용하던 전통적인 신문을 읽는 사람을 찾기가 어려워졌다. 주간지를 보는 사람도 덩달아 줄었다. 신문이나 주간지를 읽으면서 얻었던 만족이 무료 신문을 통해 대체되었는지, 출근시간에 무료 신문을 집어 드는 사람들이 예전부터 신문을 읽었던 사람들인지를 확인할 방법은 없지만 어쨌든 사람들이 전철에서 가장 많이 하는 행동은 무료 신문 보기가 되었다.

인쇄매체 차원의 변화가 무료 신문이라는 모습으로 나타났다면 기술적이고 기계적인 차원의 변화는 PMP(Portable Multimedia Player)라는 기계의 등장을 통해 나타났다. PMP를 통해서 방송, 영화, 애니메이션 등의 영상 콘텐츠를 이동하면서 자유롭게 즐길 수 있게 된 것이다 (PMP라고 정식 명칭이 붙은 기계뿐만 아니라 소니나 닌텐도에서 만든 휴대용 게임기들도 휴대용 멀티미디어 플레이어로 활용되었다). 게다가 기술의 발전으로 기계의 가격은 갈수록 낮아졌고 통신망의 발전으로 영상 콘텐츠를 구하는 것은 더욱 수월해졌다. 전철에서 PMP에 시선을 고정하고 이어폰을 꽂은 채 혼자서 킬킬거리는 모습을 자주 만나게 되었다. 무료 신문을 보는 사람만큼 수가 많진 않았지만 적어도 책을 읽는 사람들보다는 훨씬 많은 수의 사람들이 PMP를 시청했던 것으로 기억된다.

그렇다고 모든 사람들이 무료 신문이나 PMP만 즐기는 것은 아니었다. 책을 읽는 사람들은 여전히 존재했고 휴대폰을 들고 게임을 즐기거나 문자를 주고받는 사람들의 수도 많았다. 구체적 행위는 없지만, 귀에 이어폰을 꽂고 음악을 듣는 사람들 역시 많았다. 사람들이 비교적 다양한 선택지를 가지고 자신의 시간을 활용하고 있었던 것이다.

그런데 언제부터인가 전철을 타고 있는 사람들의 모습이 비슷해지기 시작했다. 스마트폰이라고 불리는 기계 하나만 있으면 모든 것을 해결할 수 있게 된 것이다. 영상 콘텐츠를 보기 위해 PMP를 가지고 다닐 필요가 없고, 뉴스를 읽기 위해 번거롭게 무료 신문을 집어들 필요도 없다. 음악 플레이어로서의 기능도 포함되어 있고 예전에 비해 훨씬 많은 종류의 모바일 게임도 즐길 수 있게 되었다. 뿐만 아니라 PC로만 가능하다고 생각했던 다양한 일을 할 수 있다. 사람들이 그 편리함의 진가를 알아서인지 아니면 휴대폰을 만드는 회사가 '스마트'하지 않은 휴대폰을 더 이상 생산하지 않아서인지는 알 수 없지만 어쨌든 스마트폰 보급률은 빠르게 올라갔고 이제는 스마트폰이 아닌 휴대폰을 쓰는 사람은 찾아보기 힘들게 되었다. 이 모든 것이 2009년 12

월, 아이폰이 한국에 처음 출시되고 나서 불과 3년 만에 벌어진 일이고 당분간은 지속될 것으로 예상되는 우리의 현재 출퇴근 풍경이다.

스마트폰은 출퇴근 전철의 풍경만 바꾼 것이 아니다. 소소한 일상생활도 예전과 다른 방식으로 바꾸어놓았다. 누군가와 만나기로 약속했는데 만약 상대방이 늦게 도착한다면 멍하게 약속 장소를 서성일 수밖에 없다. 다행히 약속 장소 근처에 시간을 보낼 만한 장소, 예를 들어 서점이나 옷 가게 같은 것이 있다면 구경 삼아 시간을 보낼 수도 있겠지만 10분, 15분의 자투리 시간으로 무언가를 적극적으로 시도하기에는 또 애매한 것이 사실이다. 가방에 책이나 잡지라도 있으면 그걸 읽으면서 기다림의 무료함을 달랠 수 있을 텐데, 우리가 잘 알다시피 가방에 책이나 잡지를 항상 가지고 다니는 사람은 (아마도) 거의 없다. 그런데 스마트폰만 있으면 이 자투리 시간마저 아주 알차게 보낼 수 있다. SNS에서 새 글을 확인한다거나 인터넷에 올라온 뉴스를 읽는다거나 게임을 한 판 즐긴다거나, 적극적으로 선택할 만한 일이 많아졌다.

스마트폰은 우리의 혼자 있는 시간을 위한 구원자로 등장했다. 특히 그 시간의 쓰임새를 결정하기 애매한 상황에서 아주 유용하다. 미용실에서 순서를 기다릴 때나 병원에서 진료 순서를 기다릴 때 더 이상 멍하게 있거나 딱히 관심이 많이 가지도 않는 잡지를 뒤적이지 않아도 된다. 스마트폰으로 자신이 하고 싶은 것을 선택해서 할 수 있기 때문이다.

이제 스마트폰은 혼자 있는 시간만을 함께 보내는 벗의 역할을 넘어서고 있다. 대부분의 직장인들은 회사 바깥에 있는 식당에서 점심을 먹는다. 직장인이란 게 정해진 시간에만 밥을 먹어야 하는 처지들인지라 대개는 사람들이 한꺼번에 몰려서 음식을 주문하고 제법 오래 기다려야 하는 경우가 종종 있다. 그 시간은 함께 식당에 온 직장 동료들과 일 얘기가 아닌 사적인 대화를 나눌 수 있는 기회이다. 수다스러움의 정도에 차이는 있겠지만 대부분 전날 저녁에 무슨 일이 있었는지, 어제 저녁에 본 드라마는 어땠는지에 대해 자연스럽게 얘기를 나누게 된다. 하지만 최근 들어서는 한 테이블에 앉은 네 명 모두가 아무런 대화도 없이 각자 스마트폰만 만지작거리고 있는 장면을 자주 보게 된다. 식사 시간에 꼭 정겨운 대화를 나눌 필요가 있는 것은 아니니까 이 현상에 대해 어떤 평가를 내릴 이유는 없을 것이다. 같이 밥을 먹으러 온 직장 동료라고 해도 공통된 대화의 소재를 찾기 힘든 어색한 사이일 수가 있으니, 이 경우에는 오히려 스마트폰이 그 어색함을 해결해준다고 볼 수도 있을 것이다. 그렇지만 가치 판단의 유무를 떠나서 그것이 '이상한' 현상이라는 것만은 분명해 보인다. 사람들 사이의 관계에 지금까지는 없었던 뭔가 다른 것이 개입하고 있기 때문이다. 불과 한 평도 안 되는 면적에 모여서 공간을 공유하고 있는 사람들이 시간은 공유하지 않는 현상이 발생한 셈인데, 이런 상황에 개입했던 우리에게 익숙한 맥락은 주로 불화의 감정이나 그 자리를 피하고픈 욕망(또는 어쩔 수 없이 자리를 지켜야만 하는 의무)이었다. 그런데 이제는 타인과 함께 있지만 자기만의 무언가에 집중한다는 것이, 예의 없음이 아닌 정상적인 맥락을 가지게 되었다. 스마트폰은 언제라도 자신만의 세계를 창조할 수 있도록 도와주는 마법의 기계가 되었다.

　세상의 이러한 개별적 변화 모두가 콘텐츠를 만들고 유통하는 사람들에게 의미를 주는 것은 아니다. 어떤 것은 깊이 분석하고 연구해야 할 대상일 수 있고 어떤 것은 그저 변화 그 자체의 의미만 가지고 있을 수 있다. 사람들이 점심시간에 대화 없이 각자의 스마트폰을 만지작거린다는 것은 후자에 가까울 것이다. 거기에서 콘텐츠 퍼블리싱과 관련된 무언가를 읽어내기는 어려워 보인다. 하지만 전철을 타고 이동하는 사람들 대부분이 스마트폰이라는 단일한 환경으로 SNS 메시지부터 영상까지 소비하고 있다는 것은 중요한 시사점을 준다고 생각한다. 신문과 잡지에서 무료 신문, PMP 그리고 스마트폰으로 눈에 비치는 현상은 변했지만 사람들이 무언가를 '보고' 있다는 사실은 변하지 않았고, 스마트폰이 이전에 존재했던 장치들의 기능을 몽땅 흡수해서 통합적인 환경을 제공해주고 있고, 이 현상이 제법 오랜 기간 지속될 것이라 예상할 수 있기 때문이다. 갑자기 도시인들의 행동 양식이 변해서 처음 만나는 사람과 정답게 담소를 나누거나 정치권에서 이슈가 되고 있는 사안을 토론하는 세상이 되지 않을 테니까 말이다.

커뮤니케이션 대기 상태

사람들이 콘텐츠를 소비하는, 즉 무언가 읽거나 보는 환경만 변한 것이 아니다. 기계 장치를 통해 서로 관계를 맺는 방식도 빠른 속도로 바뀌고 있다.

휴대폰을 전화하는 기계가 아니라 문자메시지를 주고받는 기계로 사용하는 전통(?)은 한국의 중고등학생들이 이미 오래 전에 이룩한 업적(?)이었다. 쉴 새 없이 떠들고 싶은 그들의 욕구를 채워주기에 전화 통화라는 시스템이 많이 부족했으리라. 한 번에 한 명하고만 대화를 나눌 수 있는 전화에 비해 문자메시지는 동시에 여러 명과 1:1 접촉을 만들 수 있다는 장점이 있다. 게다가 문자메시지는 손이 자유롭기만 하면 상대방과 소통할 수 있는 데 반해 전화는 주변 상황을 훨씬 더 많이 고려해야만 한다. 대표적으로 학교 수업 시간에 전화 통화를 하는 것은 불가능하지만 문자메시지를 통해 친구들과 대화하는 것은 얼마든지 가능하다. 그래서 이를 막기 위한 교실 정책들이 다양하게 등장하기도 했지만 그 또래 아이들이 가진 관계 맺기, 즉 네트워크에 대한 욕구를 근본적으로 막을 수는 없었다.

스마트폰이 등장하기 전까지 이러한 휴대폰 사용 패턴은 주로 학생이라는 특수한 상황에 처한 이들에게 국한되는 이야기였다. 그런데 '카카오톡'이라는, 무료로 문자메시지를 보낼 수 있는 앱이 등장하면서 상황이 바뀌었다. 이제 학생들뿐만 아니라 직장인들도 하루 종일 문자메시지를 주고받는 네트워크에 편입되었다. 점심시간이나 휴식시간뿐 아니라 공식적인 회의 시간에도 메시지를 주고받는 광경을 흔히 만날 수 있다. 메시지를 전달하는 비용이 0이 되었다는 게, 아마도 이 변화의 가장 큰 이유일 것이다. 잠시 개인적인 경험을 하나 이야기하자면, 휴대폰이 청소년들에게까지 본격적으로 보급되고 난 후에 그들과 접할 수 있는 기회가 없어서 청소년들을 대상으로 하는 휴대폰 요금제에서 강조하는 '무료 문자 3000건 제공'과 같은 항목을 오랫동안 이해할 수 없었다. 어떻게 그렇게 많은 문자메시지를 사용할 수 있는지 상상할 수 없었다. 물론 한참 나중에야 '휴대폰'에 대한 각자의 정의가 달라질 수 있다는 사실을 이해하게 되었지만, 한 번도 그렇게 살아보지 못한 입장에서 아직까지 경이로운 것 또한 사실이다.

스마트폰에서 제공하는 무료 문자 앱들은 그전에 존재했던 문자메시지 기능에 비해서 월등히 발전한 기능을 제공하는데 그중에서 가장 대표적인 바로 그룹채팅 기능이다. 여러 사람이 동시에 메시지를 주고받을 수 있는 이 기능은 한때 웹에서 유행했던 채팅방이 스마트폰으로 옮겨간 것으로 해석된다. 대부분의 경우 이미 알고 있는 사람과 단체로 메시지를 주고받는다는 측면에서, 웹의 채팅방이 제공했던 짜릿한 익명성을 그대로 구현할 수는 없지만 어쨌든 1:1로 메시지를 주고받는 시스템에서 한층 발전한 것만은 사실이다. 이 기능 하나만으로도, 한 달에 문자메시지를 수천 건씩 사용하던 청소년들이 스마트폰에 얼마나 매력을 느꼈을지 쉽게 짐작할 수 있다. 그래서 정확한 출처도 없이 소문으로만 들었던 '카카오톡을 쓰기 위해 휴대폰을 스마트폰으로 바꾼다'는 얘기가 너무나 자연스럽게 100% 사실처럼 받아들여지기도 한다.

　이러한 사례는 단순히 문자메시지를 사용하는 패턴에 대한 게 아니라, 우리가 네트워크에 얼마나 밀접하게 접속해 있느냐에 대한 문제라고 볼 수 있다. 즉, 용건이 있을 때 전화로 상대방과 통화만 하는 사람과 하루에 100통 이상 문자메시지를 주고받는 사람은 네트워크와 결합해 있는 강도가 크게 차이날 수밖에 없다는 것이다. 그 결합 강도를 달리 표현하자면 '커뮤니케이션 대기 상태'라 부를 수 있다. 필요에 의해 커뮤니케이션을 발생시키는 것이 아니라 항상 커뮤니케이션이 가능한 상태를 유지하며 메시지의 종류에 따라 반응 여부를 결정하는 상황을 말한다. 대부분의 사람들은 개인의 의도와 상관없이 스마트폰을 사용하는 순간 이러한 대기 상태에 들어오게 된다. 전화와 문자메시지 말고도 온갖 앱들이 보내는 푸시 알람으로부터 벗어나기 힘들기 때문이다. 앱을 개발하는 사람들은 당연히 사용자들이 자신의 푸시 메시지를 볼 것이라 전제하고 기능을 설계하며, SNS 앱을 설치한 사람들은 자신의 SNS 메시지가 마치 전화나 문자메시지처럼 당연하게 상대방에게 전달될 것이라 생각하며 사용한다(그래서 간혹 트위터에서 서로 팔로우하고 있다는 이유만으로, 자신의 DM[Direct Message]을 왜 확인하지 않았냐고 짜증을 내는 사람들까지 만나게 된다). 그렇기 때문에 이 대기 상태에서 벗어나면 일종의 커뮤니케이션 소외 상태가 된다.

'커뮤니케이션 대기 상태'를 주목해야 하는 이유는 그 현상이 사람들이 디지털 콘텐츠를 소비하는 환경 자체를 의미하기 때문이다. 음악 콘텐츠는 그것을 소비하면서 다른 일을 함께 수행하는 것이 일상적인 콘텐츠이다. 반면에 텍스트 콘텐츠나 게임 콘텐츠는 무언가 다른 작업을 함께 수행하지 못하고 그것에만 집중해야 하는 콘텐츠이다. 여기에 커뮤니케이션 대기 상태가 개입한다는 것은 콘텐츠 소비 환경이 전혀 다른 상태로 진입했음을 의미한다.

전자책을 예로 들면, 똑같은 전자책이라고 하더라도 킨들과 같은 전자책 전용 단말기로 읽는 것과 스마트 디바이스로 읽는 것은 전혀 다른 경험이 될 수 있다. 물론 종이책을 읽는 중에도 전화벨이나 문자메시지의 알람이 울릴 수도 있다. 하지만 다른 기계를 통해 커뮤니케이션 채널이 형성되는 것과 책을 읽고 있는 바로 그 화면에서 곧바로 커뮤니케이션 채널이 형성되는 것은 전혀 다른 문제다. 스마트한 기기의 보급이 대중화될수록 콘텐츠를 생산하고 유통하는 사람들이 고려해야 할 요소가 더 많아졌다.

이외에도 세상이 변했다고 할 수 있는 징후는 훨씬 더 많이 존재한다. 그것을 어떻게 해석하고 무엇을 실행하느냐 하는 것은, 패러다임의 전환기에 특히 중요하게 부각되는 문제이다. 자칫 지금까지 쌓아

올렸던 안정적인 기반이 한순간에 사라질 수도 있기 때문이다. 변화는 이미 시작되었지만 아직은 안정적인 궤도라고 보기 힘든 상황이다. 어쩌면 더 큰 풍랑이 기다리고 있을지도 모른다. 이 변화의 중심에 놓인 키워드는 바로 '모바일'이다. 휴대 가능한 기계의 발달을 의미하는 모바일임과 동시에 장소에 제한받지 않고 네트워크에 접속할 수 있음을 의미하는 모바일이다. 인터넷의 발달이 몇몇 산업 분야의 몰락을 가져왔듯이 모바일의 발달 또한 어떤 산업 분야에는 치명적인 독으로 작용할 것이다.

다시 반복하지만 이 책은 디지털 콘텐츠에 대한 책이다. 그러나 디지털 콘텐츠 자체를 분석하는 책은 아니다. 퍼블리싱에 대한 책이다. 그런데 디지털 콘텐츠 퍼블리싱의 시스템이나 환경 등을 체계적인 이론으로 서술하지는 않을 것이다. 아니 그렇게 할 수 없다. 디지털 콘텐츠 퍼블리싱에 관련된 모든 것이 세상의 변화와 밀접한 관련을 맺고 상호작용하고 있기 때문이다. 그래서 아마도 변화에 대한 이야기를 더 많이 하게 될 것이다. 우선은 지금까지 지속되어온 익숙한 것부터 시작할까 한다. 바로 책과 출판에 대한 것이다. 앞서 언급했듯이 콘텐츠의 생산과 유통, 소비 시스템을 가장 체계적이고 포괄적으로 바라보기에 가장 좋은 사례이기 때문이다. 책과 출판이라는 콘텐츠 퍼블리싱의 전통을 통해 눈앞에 닥친 변화의 핵심과 맥락을 제대로 볼 수 있게 되기를 바란다.

2장

콘텐츠 퍼블리싱의 전통 : 책과 출판

●

책은, 우리에게 친숙한 그 이미지만큼 오랜 역사를 자랑한다. 문자가 기록된 최초의 형식이 무엇이고, 책이라고 부를 수 있을 만큼의 형태로 완성된 시점이 언제인지를 정확히 밝혀내기는 힘들겠지만 책의 역사가 상당히 오래된 것만은 분명한 사실이다. 책冊이라는 한자의 유래라고 알려진 죽간이나 종이가 아닌 다른 것에 기록된 책(이라고 부를 수 있는 것)의 사용 시기는 생략하더라도, 종이로 만들어진 책의 역사만 2,000년 가까이 되니 책이 인류 문명의 성장 과정 전체와 함께했다고 해도 무방할 것이다. 아니 어쩌면 책이라는 매체가 있었기 때문에 인류의 문명이 발달할 수 있었다고 해야 할지도 모를 일이다.

    1964년에 유네스코UNESCO가 채택한 「서적 출판 및 정기간행물에 관한 통계의 국제적 표준화에 대한 권고안」에 따르면, 표지를 제외하고 49쪽 이상으로 구성된 비정기간행물을 '서적'이라고 하고 5쪽 이상 48쪽 이하의 비정기간행물을 '팸플릿'이라고 규정하고 있다. 아울러 공중公衆이 이용할 수 있어야 하고 인쇄된 형태로 제작되어야 한다고 되어 있다. 즉 개인 소장의 목적으로 제작되거나 특정한 대상을 위해서 한정적으로 배포되는 것은 책이라고 할 수 없고, 개인이 손으로 글씨를 직접 써서 엮은 것 또한 책이라고 할 수 없는 것이다. 외양(인쇄 기술의 적용)이나 목적(대중 공개)에 관계된 것이야 산업화 시대의 특징이 반영된 것이라고 쉽게 추측해볼 수 있지만, 왜 굳이 49쪽 이상이라는 분량을 명시했을까 하는 의문은 쉽게 풀리지 않는다. 표면적인 이유야 별다를 것이 없을 것이다. 아마도 각 나라에서 책을 저마다 다른 분량으로 정의하고 있어서 혼란이 발생할 수 있으니 국제적 차원에서 통일할 필요가 있었을 것이다. 하지만 애초에 책의 정의에 왜 분량이 명시되어야 하는지는 여전히 확인할 수가 없다. 이 의문을 해소할 수 있을지에 대한 확신은 없지만 책의 역할을 추적하면서 답변을 시도해볼까 한다.

책이란 무엇인가

책의 가장 중요한 역할은 무엇일까? 미디어 환경이 굉장히 복잡해진 현대 산업사회에서 책이라는 매체의 역할을 하나로 정의하기는 쉽지 않아 보인다. 하지만 책의 과거로 돌아가서 미디어 환경이라 부를 만한 것이 전무했던 시절이라면 책의 핵심 역할을 찾아볼 수도 있지 않을까? 미디어가 메시지를 전달하는 체계라면 미디어의 역할은 사회적으로 어떤 메시지가 유통되느냐에 따라 달라진다고 할 수 있다. 만약 그것이 산업화 이전의 시대라면 당시에 가장 중요한 메시지가 무엇이었는지에 주목함으로써 미디어, 즉 책의 역할을 정의해볼 수 있을 것이다.

대량 인쇄 기술이 발명되기 이전의 사회에서 문자로 전달되는 메시지의 종류는 굉장히 제한적이었을 것이다. 기본적으로 한 사회의 구성원 중에서 문자를 해독할 수 있는 사람의 수가 너무 적었다. 아마도 구텐베르크 혁명 이전의 유럽이 그러했을 것이고 근대 산업화 이전의 동양이 그러했을 것이다. 이런 상황이라면 메시지의 전달, 즉 미디어의 역할은 문자를 읽고 쓸 수 있는 능력이 있는 사람들의 이해관계와 밀접하게 관련될 수밖에 없다. 그리고 그들은 아마 사회의 지배층이었을 것이다.

그렇다면 책(이라는 미디어의)의 가장 중요한 역할은 어떤 '말씀'을 전달하는 것이지 않았을까 싶다. 그 말씀은 신의 것이었거나 왕의 것이었을 것이다. 여기서 중요한 것은 무언가를 얼마나 충실하게 '기록'하는가, 즉 옮겨 적는가 하는 것이다. 이때의 기록은 곧 권위나 명령을 상징한다. 조선시대를 다룬 사극에서 왕이 죄인에게 사약을 내리는 장면을 흔히 볼 수 있는데 그 시대를 살아보지 않아서 정확하게 알 수는 없지만, 통상적으로 사약은 수신자가 거처하는 곳까지 배달되는 시스템이었던 것 같다. 사약을 받는 장소는 대개 죄인의 집이거나 유배지인 경우가 (어쨌든 드라마에서는) 많다. 이렇게 사약을 받는 장면에서는 항상 두루마리에 적힌 왕의 명령을 대신 읽는 사람이 등장한다. 이때 명령 대행자의 말이 곧 왕의 말씀이 되는 이유는 바로 그 명령문에 쓰인 글이 임금의 말씀과 동일시되기 때문이다. 즉, 두루마리에는 단순한 문장뿐만 아니라 발화자의 권위까지도 포함되는 것이다. 왕의 말씀을 적은 공문서의 역할이 이 정도라면 신의 말씀을 적은 경전이 어떤 역할을 했을지 또한 쉽게 예상할 수 있다. 그 시절의 책의 역할이란 아마 대체로 이러했을 것이다.

이것은 지금 우리가 떠올릴 수 있는 책의 이미지와는 전혀 다르다. 우리가 알고 있는 책은 지식이나 이야기, 총체적으로 정보라고 하는 것을 전달하는 매체이다. 누구의 말인가 하는 것이 중요한 경우도 있긴 하지만 대부분의 경우에는 책에 포함된 내용 자체가 중요하다. 새로운 정보를 접할 수 있는 매체라는 이미지가 훨씬 강하다. 이와 비교하면 당시의 책은 새로운 정보를 생산하는 체계가 아니라 이미 존재하는 지식을 기록해서 후대에 전달하는 역할 이상을 하지 못했을 것이라 예상할 수 있다. 게다가 거기에는 책을 쓴 사람의 사회적 존재감이 함께 기록되었다. 새로운 지식을 생산하는 시스템은 존재했겠지만 그것이 책으로 만들어지기는 쉽지 않았다. 책에 담기는 지식이 되기 위해서는 아마도 혹독한 검증 과정을 거쳐야 했을 것이다. 이는 책을 구성하는 물리적 한계 때문이기도 했다. 책을 만들기 위한 재료도 충분하지 않았고 한 권의 책을 완성하기 위해 투입되는 노력 또한 상당했다. 목판을 활용한 인쇄기술이 존재하기는 했지만 상당한 시간과 노동력이 투입되는 일이었고, 그나마 대부분의 책은 사람이 직접 손으로 써서 만들었다. 그런 면에서 책은 대중 미디어가 아니라 소수의 대상을 위한 제한된 미디어였다. 이런 상황에서 책의 물질성이 강조되는 것은 당연했을 것이다. 내용의 권위 못지않게 책의 물질적 완성도가 중요했을 것이다. 어쩌면 책의 물질적 완성도가 내용을 권위를 표현했을 수도 있다. 지금 우리가 박물관에서 만날 수 있는 당시의 책들은 하나의 예술작품이라 불러도 무방할 정도의 존재감을 가지고 있다는 사실이 이를 뒷받침해준다.

이러한 경향은 대량 인쇄술의 발명 이후 변화를 맞게 된다. 필경사들이 정성껏 만든, 일반인들은 무슨 내용인지 알 수도 없었던 라틴어 성경이 아니라 각 나라의 고유한 언어로 인쇄된 성경이 유통되기 시작했다. 과거에 비하면, 권위라고는 찾아볼 수 없는 사소한 말들이 책에 기록되기 시작했다. 그리고 그 사소함들이 모여 고대 그리스 이후에 1천여 년간 사라졌던 서양 철학의 전통이 부활했고 대중 문학이 탄생했다. 물론 인구의 대부분이 농업에 종사했던 구조 탓에 사회 전체 문맹률에는 큰 변화가 없었지만 과거에 비하면 책은 훨씬 대중적인 매체가 되었다.

이러한 대중화의 과정을 거치면서 적어도 책의 물질적 완성도에 대한 압박은 느슨해지게 된다. 기술적 차원에서도 대량으로 생산되는 상품이 수작업을 통해 소량으로 생산되는 상품의 완성도를 따라갈 수는 없는 노릇이다. 거기에다 내용의 권위가 약해지면서 책을 하나의 예술 작품처럼 만들어야 한다는 강박은 자연스럽게 사라지게 된 것이다. 책의 집필과 제작이 대중화되었음에도 책의 권위가 완전히 무너진 건 아니었다. 누구나 책을 써서 인쇄할 수 있게 되었지만 그렇다고 아무나 자신의 책을 만드는 사회가 되지는 않았다. 책을 통해 자신의 생각을 사람들에게 정식으로 공표하는 것이기 때문에 그에 대한 책임을 져야만 했던 것이다. 책이 그것을 쓴 사람의 존재감까지 담았던 시절에 비하면 책의 물질적 완성도에 대한 강박은 줄었을지 몰라도 책에 담기는 사상이나 예술 작품의 완성도는 여전히 중요했다.

완성도에 대한 요구는 책이 완전한 대중 매체로 탈바꿈한 산업화 시대에도 여전히 유지되었다. 산업화된 사회의 필요에 따라 전 지구적으로 문맹률은 빠른 속도로 감소했다(언제 산업화가 되었느냐에 따라 국가별로 문맹 감소가 빠르게 이루어진 시기는 차이가 날 것이다. 한국은 해방 직후 78%에 달했던 문맹률이 1950년대를 거치면서 10~20% 수준으로 급감한다). 대부분의 사람들이 문자를 익히게 됨으로써, 즉 책을 읽을 수 있게 됨으로써 책의 역할 역시 훨씬 대중적으로 변했다. 취미 생활로서의 독서가 유행하기 시작했고, 새로운 지식을 얻기 위한 통로로써 책이 활발하게 사용되기 시작했다. 산업화 이전의 시기와 비교해서 새로운 지식과 이야기를 생산하는 창구로서의 책의 역할이 더 중요해졌다. 문자를 아는 소수의 사람들끼리의 매체가 아니라 일반 대중을 상대로 한 '상품'이 된 것이다. 이는 지금 우리가 알고 있는 책의 역할과 큰 차이가 없다. 이렇게 책이 진정한 의미의 대중적인 매체가 되었음에도 불구하고 책이 가져야 할 완성도에 대한 요구는 크게 줄어들지 않았다. 아직까지 책은 아무나 쓸 수 있는 것이 아니라 지적, 예술적 측면에서 일정 수준 이상의 자질을 갖춘 사람들이 쓸 수 있는 매체로 남아 있다.

책의 역할이 말씀의 기록과 보존에서 새로운 지식의 전파나 대중적 취미로 변했음에도 불구하고 책의 구성에 있어서 완성도가 미치는 영향은 크게 변하지 않았다. 여전히 일정한 완성도를 갖추어야만 책으로 대접받을 수 있다. 그렇다면 책의 정의에 '분량'이 명시된 것도 결국 책이 가져야 할 완성도에 대한 요구라고 볼 수 있다. 책이 내용적인 완성도를 가지기 위해서는 물질적 완성도가 일정 수준(분량) 이상이 되어야 한다는 조건을 두고 있는 셈이다.

여기서 말하는 물질적 완성도는 대량 인쇄 이전의 물질적 완성도와는 다른 개념이다. 오늘날에는 인쇄 기술을 활용한 매체가 다양하게 분화했기 때문에 상대적으로 책의 가치를 드러내기 위한 것이라 볼 수 있다. 예컨대 위에서 언급한 책의 조건에 맞지 않는 인쇄물을 특수한 목적에 부합하는 '일회적 사용'이라는 의미가 강하게 내포된 팸플릿이라고 정의하는 것은, 상대적으로 책이 오랫동안 보존할 가치가 있는 즉 완성도 높은 인쇄물이라는 걸 강조하는 효과가 있다. 요약하자면 책의 역할이 사회적으로 변하는 것과 상관없이 (적어도 아직까지는) 책을 정의할 때 일정한 수준 이상의 완성도라는 개념이 중요하게 개입하고 있기에 책의 정의에 분량이 명시되는 것이라 볼 수 있다. 그리고 이러한 정의는 우리가 알고 있는 책의 일반적인 관념과도 크게 다르지 않다.

책의 제작 과정

책은 어떻게 만들어지는 것일까? 이 질문은 출판사에서 일하는 사람들, 특히 편집자들을 늘 곤란하게 만든다. 대부분의 사람들은 책이 '그냥' 만들어지는 줄 안다. 학교 리포트나 직장 보고서처럼 컴퓨터에서 작업한 문서를 출력하는 과정을 연상해서 그것을 책 만드는 과정에 투사한다. 저자가 쓴 글이 인쇄기계를 통과하면 아주 당연하게 책이 만들어지는 줄 아는 경우가 많다. 대체 출판사(편집자)가 무엇을 하는 회사(사람)인가를 설명하기가 쉽지 않다. 사람들의 인식 속에 책을 '만든다'는 행위는 물질적 존재로서의 책에 가까운데 반해, 실제로 책을 만드는 사람들이 사용하는 '만든다'는 의미는 콘텐츠를 담은 미디어로서의 책에 가깝기 때문이다. 그렇다면 콘텐츠를 창작하는 저자도 아니면서 콘텐츠가 포함된 매체로서의 책을 만드는 역할을 어떻게 설명해야 할까?

앞서, 책의 정의에 분량이 포함된 이유를 책이 가져야 할 완성도의 문제라고 말했다. 그렇다면 책이 만들어지는 과정은 콘텐츠가 일정한 완성도를 유지하며 책이라는 매체에 고정되는 과정이라 볼 수 있다. 이 말을 거꾸로 해석하면 저자에게서 생산된 콘텐츠가 날것 그대로인 상태로는 우리가 기대하는 책의 완성도에 미치지 못하는 경우도 있을 수 있다는 말이다. 책의 정의를 다루며 물질적 차원과 내용적 차원을 포함하는 완성도란 단어를 썼는데 지금부터는 그와 다른 두 가지 뜻이 함축된 완성도라는 단어를 사용하도록 하겠다.

첫째는 내용 자체의 완성도이다. 책에 담긴 내용이 소설과 같은 창작물이건 이론적 주장이건 간에 그 내용 자체가 우리의 기대를 충족시켜야 한다. 자본주의식으로 말하자면 지식과 상상력의 표현으로서 상품 가치가 있어야 한다는 것이다. 같은 언어, 같은 주제, 같은 분량으로 쓰였다고 해서 글의 가치까지 동일할 순 없다. 심지어 '비가 내린다'는 사실을 표현함에 있어서도, 누가 어떻게 쓰느냐에 따라 초등학생의 일기에나 어울리는 내용이 될 수도 있고 노벨문학상을 수상할 만한 내용이 될 수도 있다. 결국 우리가 기대하는 무엇인가를 채워줄 때 책으로 쓰일 만한 가치가 있다고 인정하는 것이고 그런 의미에서 책의 내용에 대해 완성도란 말을 쓸 수 있다.

둘째로는 책이라는 매체의 구성 요건에 해당하는 완성도의 문제가 있다. 출판사가 책을 '만드는' 행위는 바로 이 완성도를 다루는 과정이다. 여기에는 맞춤법이나 띄어쓰기 같은 언어 표현의 문제, 문장의 논리적인 전개, 내용의 사실 여부 확인이나 출처의 정확성 확인, 전체적인 구성의 매끄러움, 책의 제목이나 목차 구성 등이 포함된다. 출판사는 이러한 부분의 완성도를 높임으로써 책으로서의 상품 가치를 높이고 궁극적으로는 저자의 작품이 제대로 된 평가를 받을 수 있도록 돕는다.

그렇다고 해서 출판사의 역할이 책의 구성적 완성도에만 국한되는 것은 아니다. 책을 만드는 생산자이자 그 책의 첫 번째 독자로서 수시로 책의 내용에 개입한다. 어떤 경우에는 챕터 하나를 통째로 다시 써줄 것을 저자에게 요청하기도 하고 어떤 경우에는 불필요한 내용을 과감하게 덜어냄으로써 책의 밀도를 높이기도 한다. 완성된 원고 상태에서만 책의 내용에 기여하는 것은 아니다. 내용을 적극적으로 기획해서 책 자체의 탄생에 결정적 역할을 하는 경우도 아주 많다. 저자 본인도 인지하지 못했던 작은 아이디어나 가능성을 기획안으로 발전시켜 저자의 내용이 책으로 탄생할 수 있는 기회를 제공하기도 하고, 저자가 산발적으로 흩어놓은 지식의 단편을 하나의 얼개로 엮어서 책이라는 상품으로 만들기도 한다. 특히 최근의 출판 트렌드에서는 이러한 기획 역량이 갈수록 강화되고 있는 추세이다.

다시 말하면 출판사가 책을 만든다는 것은 콘텐츠가 일정한 완성도를 유지하며 책에 고정되는 일련의 과정을 실행함을 의미한다. 그리고 출판사에서 이 일을 수행하는 사람들이 바로 편집자이다(물론 편집자가 출판사 외부에서 출판사와는 별개로 책을 만들 수도 있지만, 한 권의 책이 아니라 도서 목록이라는 일종의 지식 체계까지 염두에 두고 체계적으로 작업하기 위해서는 출판사라는 공간이 필요하다는 점과 기획-편집-인쇄-유통까지 안정적인 프로세스로 처리할 수 있는 단위가 출판사라는 점 때문에 출판사가 책을 만든다고 표현한 것이다). 이 과정을 조금 더 자세히 살펴보면 다음과 같다. '책 만드는 사람의 거의 모든 것에 대하여'라는 부제를 달고 있는 『편집자란 무엇인가』(김학원, 휴머니스트, 2009)라는 책에 따르면 편집자를 크게 기획 편집자, 개발 편집자, 본문 편집자, 윤문 편집자로 나눌 수 있다고 되어 있다.

기획 편집자란 "저자와 출판사에 신간 기획을 제안하고, 이를 원고로 발전시키는 편집자"를 말하며 "일반적으로 단행본 출판사에 많으며, 주로 기획과 편집에 대한 경험이나 역량을 두루 갖춘 편집자가 이 역할을 맡는" 경우가 많다. 책이 탄생할 수 있는 아이디어나 기획 단계에 깊게 관여하는 편집자라고 보면 될 것이다. 그 다음 개발 편집자의 역할을 이해하기 위해서는 먼저 '편집 개발'이 무엇인지 알아야 한다. 글과 사진, 일러스트, 도표 등 다양한 재료로 구성되는 책의 경우 이들의 수준을 높이기 위해 별도의 과정을 필요로 하는데, "이렇게 저자와 편집자 또는 다양한 전문 인력과 편집자 사이의 협력을 바탕으로 원고와 편집의 질적 수준을 높이는 과정을 '편집 개발' 과정이라고 하고 이를 담당하는 편집자를 개발 편집자"라고 부른다. "전통적으로 교과서, 참고서, 전집이나 특별 기획, 그 외 학습 교재용 출판물을 주로 다루는 출판사"에서 개발 편집자의 역할이 중요하게 요구되는 경향이 있다. 그리고 "기획과 편집 개발 과정을 거친 원고는 본문 편집자의 손에 의해서 문법이나 어법에 맞지 않는 단어나 문장, 정확하지 않은 사실과 표현, 내용의 오류 여부 등이 초교와 재교의 과정을 거쳐 꼼꼼하게 수정"되는데 이렇게 원고를 출판 가능한 상태로 마무리 하는 작업을 하는 편집자를 본문 편집자라고 부른다. 마지막으로 "특별한 기획 원고의 경우 본문을 교정하기 전에 문장을 좀 더 매끄럽게 만드는 윤문의 과정" 즉, 문장 자체를 다듬거나 새로 쓰는 과정을 거치게 되는데 이러한 역할을 하는 사람을 윤문 편집자라 부른다.

이러한 편집자의 분류는 책이 만들어지는 데 필요한 과정의 분류라고도 할 수 있다. 모든 책이 네 가지 과정을 다 거치는 것은 아니지만 대략 기획-편집 개발-윤문-본문 교정·교열의 단계를 거쳐 우리가 읽는 책의 형태로 만들어진다. 항상 이 과정에 따라 편집자의 역할이 완벽하게 분화되어 있는 것은 아니다. 어떤 업무를 주로 맡게 되느냐에 차이가 있을 뿐 대부분의 경우 한 사람의 편집자가 네 가지 역할 모두를 담당한다. 하지만 어떤 역할을 맡게 되더라도 편집자가 책의 완성도와 상품 가치를 높이기 위한 일을 한다는 사실에는 변함이 없다.(『편집자란 무엇인가』, 26~32쪽 참조).

콘텐츠의 선택과 가공

출판사에서 일해본 경험이 있거나 책 만드는 일에 관심이 있었던 사람이라면 알 만한 얘기를 새삼스럽게 언급한 이유는 책이라는 것을 선택 가능한 일련의 과정으로 파악하기 위해서이다. '책 만들기'라는 행위는 콘텐츠 퍼블리싱의 유일한 방법이 아닐 수도 있다. 또한 그것을 과정으로 이해함으로써 우리가 놓치고 있었던 것을 발견할 수도 있다.

책에 담기는 내용, 즉 콘텐츠라는 것은 언제나 여러 개의 매체에 고정될 수 있는 가능성을 가지고 있다. 극단적인 비유로 설명하자면, 『해리 포터』의 매력적인 이야기가 책으로 출간되지 않고 공동체에서 대대로 전승되는 민담이 되었을 수도 있다는 것이다. 우리가 지금 『해리 포터』를 책으로 만날 수 있는 것은 작가가 책이라는 매체를 사용해서 이야기를 표현하겠다고 선택했기 때문에 가능한 것이다. 그런데 이러한 선택은 사실상 불가피한 선택이었다고 볼 수 있다. 미디어로서 책이 가진 존재감이 너무 크기 때문에 그것을 벗어나기 힘들기 때문이다. 창작된 이야기가 되었건 학술 이론이 되었건 간에 책으로 출판된다는 것은 여러 가지 의미를 함축하고 있다.

첫째, 많은 사람들에게 공개될 수 있는 기회를 얻는다. 출판된 책이라고 해서 모두가 많이 팔리는 것은 아니지만 적어도 상품의 형태로 시장에 공개되는 것이기 때문에, 대개의 경우 제한된 대상을 독자로 하는 팸플릿이나 강연의 형태보다는 훨씬 더 많은 사람들에게 알려질 기회를 얻게 된다. 둘째, 앞서 길게 설명했던 '완성도'라는 측면에서 책이 가지는 권위를 자연스럽게 획득하게 된다. 글을 쓴 사람이 애써 강조하지 않더라도 책으로 출판되었다는 사실 하나만으로도 (대부분의 경우에는) 읽을 만한 가치가 있는 콘텐츠의 지위를 확보하게 되는 것이다. 셋째, 일단 출판된 책은 영원히 저자의 것으로 남는다. 사회적인 저작권 관리 시스템이나 책의 보존 시스템이 잘 구축되어 있기 때문에 자신의 이름으로 출판된 책에 포함된 고유한 이론이나 창조적 이야기는 법이나 사회적 인식의 테두리 안에서 보호된다. 책은 이렇게 다양한 상징성을 이미 획득하고 있는 매체이다. 이것을 대체할 수 있는 방법이 마땅치 않기 때문에 콘텐츠를 가진 사람들이 책이라는 매체 이외에 다른 것은 선택하기 힘든 것이다.

책 만들기가 과정이라고 하는 것은 콘텐츠가 책이라는 매체에 고정되는 과정을 해체해서 분석할 수 있다는 말이며, 크게 보자면 두 가지 프로세스로 나눌 수 있다.

먼저 책에 고정될 콘텐츠를 선택하는 과정이 있다. 편집자의 분류에서 '기획 편집자'가 이 과정을 주로 담당한다고 보면 맞을 것이다. 그리고 특별한 경우(예컨대 학습지나 참고서 등의 책을 만들 때) '개발 편집자' 역시 이러한 역할을 일정 부분 담당할 것이다. 이 과정이 필요한 이유는 책이라는 매체가 상품으로서 가지는 한계 때문이다. 출판사의 입장에서는 시장에서의 수익성을 고려하지 않을 수 없으며, 소비자의 입장에서도 너무 많은 상품의 범람은 다양성의 확보가 아니라 혼란이 될 수도 있기 때문이다. 그래서 출판사 혹은 시장의 입장에서는 일정한 기준을 정해서 그것을 충족하는 내용을 고를 수밖에 없다.

이 과정을 통해 일단 선택된 콘텐츠에 대해서는 책이라는 매체에 상응하는 완성도를 갖추기 위해 콘텐츠를 가공하는 과정이 추가된다. 대개의 경우 '본문 편집자'와 '윤문 편집자'가 이 역할을 담당한다.

이 과정이 필요한 이유는 앞에서 길게 설명했기 때문에 다시 언급하진 않겠다. 다만 시장의 논리에서는 상품 간의 경쟁이라는 측면에서, 어쩌면 콘텐츠의 가공 과정이 콘텐츠의 선택 과정보다 더 중요할 수도 있다는 것만 얘기해두고 싶다. 아주 독창적이고 매력적인 콘텐츠는 언제나 제한적으로 존재할 수밖에 없으므로 내용의 수준 차원에서 큰 변별력이 없는 대부분의 콘텐츠를 어떻게 상품으로 잘 가공하는가 하는 것이 시장 경쟁에서 중요할 수밖에 없는 것이다.

이렇게 책 만들기를 선택과 과정이라는 측면에서 살펴보면, 지금까지 콘텐츠 퍼블리싱이 책과 출판이라는 굉장히 협소한 영역에서 독점되어왔다는 사실을 알 수 있다. 그리고 책이 하나의 권력으로 작동해왔음을 발견할 수 있다. 권력과 독점이라는 딱딱한 단어를 굳이 사용한 이유는, 이제는 책 이외에 다른 방식으로 콘텐츠를 퍼블리싱하는 것이 가능해졌기 때문이다. 예전처럼 실현 가능한 유일한 방법이 책이기 때문에 어쩔 수 없이 선택하는 것이 아니라 다른 대안이 있음에도 불구하고 여러 가지 힘이 작동한 후에 선택하는 것이 책을 통한 콘텐츠 퍼블리싱, 즉 출판이기 때문이다. 물론 이 권력이 조금씩 약해지고 있기는 하지만 어쨌든 아직은 강력한 영향력을 행사하고 있다.

콘텐츠 퍼블리싱의 대안으로 등장한 것 중 가장 대표적인 것은 인터넷-웹 환경이다. 웹에서 지원하는 다양한 시스템과 서비스를 활용하면 과거와는 전혀 다른 방식으로 콘텐츠를 퍼블리싱하는 것이 가능하다. 개인이 누구나 콘텐츠를 만들 수 있으므로 책 만들기 과정에서 필요한 대부분의 사항을 출판사를 거치지 않고 콘텐츠 생산자가 직접 결정해서 실행할 수 있다. 웹을 통한 콘텐츠 소비와 관련된 생태계 또한 이미 풍부하게 발달해 있다. 아니 생산자와 소비자의 분리가 명확하지 않은 웹에서는 굳이 이러한 것을 따로 생각할 이유가 없다. 모든 사람이 생산자이자 소비자이다.

하지만 웹을 통해서 해결할 수 없는 한 가지가 아직 남아 있다. 바로 '완성도'라는 측면이다. 콘텐츠를 고정시킬 매체로 책이 아닌 다른 것을 선택할 수 있게 되었지만, 콘텐츠가 지식이나 이야기로서의 가치를 획득하기 위해서는 여전히 책 만들기의 세계로 진입해야만 하는 것이다. 이는 웹 콘텐츠가 무료로 유통되는 시스템이 유지되는 한 어쩔 수 없다. 책이 (유료) 상품이라는 것은 그만큼 강력한 것이다. 따라서 웹 퍼블리싱의 성공을 통해 콘텐츠 퍼블리싱의 세계에 수월하게 진입하는 기회를 획득할 수 있을지는 몰라도 아예 출판(책을 통한 콘텐츠 퍼블리싱)을 대체할 수는 없다. 그래서 웹의 등장과 성장과는 별개로 출판산업 역시 계속 성장하거나 일정한 수준을 유지하며 독자적인 영역을 지켜올 수 있었던 것이다.

하지만 이러한 상황에 변화가 찾아왔다. 모바일 환경의 등장이다. 전자책의 성공, 앱이라고 하는 새로운 디지털 콘텐츠 상품, 앱스토어 유통 모델의 성공 등 웹으로는 제한적이었던 여러 가지가 새로운 사업 모델에서 실현되고 있다. 유료화 모델로 발전시키기 힘들었던 웹 콘텐츠의 한계를 한 번에 뛰어넘어버렸다. 이제 디지털화된 콘텐츠도 하나의 상품이 되었다. 시장은 계속 발전하고 있고 성장률은 엄청나다. 어쩌면 이제 출판이라는 단어의 정의를 바꿔야 할지도 모르는 상황이 되었다. 하지만 그렇다고 해서 이 모든 것이 완전히 새롭게 창조된 세계는 아니다. 콘텐츠를 책이라는 매체에 고정시키는 과정에서 발생했던 문제들이 디지털 콘텐츠의 영역에서도 동일하게 적용될 것이기 때문이다. 디지털 콘텐츠에도 여전히 완성도라든가 선택이라든가 과정이라든가 하는 개념들이 고려될 것이다. 그런 측면에서 본다면 디지털 콘텐츠 퍼블리싱이란 것은 어쩌면 책과 출판의 확장일 수도 있다. 앞에서 책의 정의와 역할에 대해서 길게 설명한 것은 이런 이유에서다. 이제 남은 것은 출판에 대해 살펴보는 것이다.

전통적 출판과 디지털 콘텐츠 퍼블리싱

출판에 대해 말하기 전에 퍼블리싱의 정의부터 명확하게 해야 할 것 같다. 일반적으로 퍼블리싱이란 단어는 출판으로 번역된다. 하지만 퍼블리싱이란 단어가 가지고 있는 뜻을 출판이라는 단어로 담기에는 많이 부족하다. 한국어 단어 '출판'은 책이라든가 인쇄라든가 하는 개념과 너무 밀접하게 닿아 있다. 그래서 무언가를 세상에 공표한다는 의미의 퍼블리싱을 제대로 표현하기 힘들다. 특히나 미디어 환경이 다양해진 지금에는 더욱 그렇다. 블로그에 쓴 글을 사람들이 볼 수 있도록 게시하는 행위도 퍼블리싱이라고 표현하며, 심지어 컴퓨터 게임을 유통하는 행위 역시 퍼블리싱이라고 하고 게임 유통사를 퍼블리셔라고 표현한다. 이러한 의미를 출판이라는 단어로 표현할 수는 없는 것이다. 그렇다고 해서 디지털 콘텐츠에 대해 얘기하며 퍼블리싱을 너무 넓은 의미로 사용할 수도 없는 노릇이다. 책 만들기를 말하며 다루었던 주제들을 넓은 의미의 퍼블리싱을 사용해 드러내기 힘들기 때문이다. 그래서 아마 앞으로 쓰이게 될 퍼블리싱이란 단어는 모호한 경계를 가진 표현이 될 것이다. 한편으로는 책과 연결된 출판이라는 단어보다는 느슨한 의미를 담게 될 것이고 한편으로는 블로그 글의 퍼블리싱보다는 제한된 의미를 담게 될 것이다. 그러면서 콘텐츠 완성도의 문제나 생산자와 소비자의 구분된 개념 그리고 상품 가치와 시장성에 대한 개념이 담기게 될 것이다.

앞서 책에 대해 말했던 것을 자연스럽게 '출판'의 개념으로 확장해 볼까 한다. 책이 책을 쓴 사람의 존재감까지 함께 기록되는 물질적 차원의 완성도와 콘텐츠 차원의 내용적 완성도 두 가지로 구성되어 있듯이, 출판 또한 책이라는 상품이 생산되고 유통됨을 표현하는 전통적인 의미와 무형의 콘텐츠가 생산되고 유통되는 과정을 표현하는 새로운 의미(퍼블리싱), 두 가지로 구성되어 있다고 볼 수 있다. 그리고 책의 대량 인쇄 이후에 물질적 완성도보다 내용적 완성도가 훨씬 중요해졌듯이, 출판의 개념에 포함된 의미의 중요성 역시 변하고 있다.

지금까지의 출판은 주로 활자를 인쇄하는 행위로서의 출판이었다. 책의 역할이나 정의가 조금씩 달라졌음에도 불구하고 이러한 출판의 의미는 크게 변하지 않았고 아직까지 지속되고 있다. 하지만 이제는 콘텐츠에 방점을 찍은 출판(퍼블리싱)의 중요성이 점점 커지고 있으며, 책의 생산과 유통을 의미하는 출판은 그 의미가 축소되고 있다.

출판, 즉 책을 통한 콘텐츠 퍼블리싱이란 행위는 아마 책이 대중화되고 난 이후에 등장한 개념일 것이다. 이미 권위를 획득한 지식과 말씀을 기록하거나 선포하는 매체로서 책이 사용될 때 거기에 퍼블리싱이란 개념이 개입할 여지는 없다고 할 수 있다. 고려시대에 팔만대장경을 간행한 것을, 그것이 인쇄 기술을 사용했다고 해서 출판이라고 부를 수 없다. 오히려 지배계급의 의지를 반영한 통치 행위의 일부라고 보는 편이 맞을 것이다. 꼭 지배계급은 아닐지라도 제한된 범위 안에서 책이 소비된다면 실행 주체의 의지가 개입할 가능성이 매우 높다. 중세 시대에 성경을 만든다는 것은 성경'책'의 문제가 아니라 그 자체로 종교 권력의 문제가 되는 것이다. 어쩌면 책이 없었어도 그 의지를 표현하는 데 전혀 지장이 없었을 수도 있다. 그렇기 때문에 출판이 독자적 개념으로 자리 잡기 위해서는 반드시 책이 대중화되어야만 하는 것이다.

책의 대중화와 함께 퍼블리싱이 사회적 개념으로 처음 등장했을 때는 표현의 자유가 무엇보다도 중요했을 것이라 예상할 수 있다. 퍼블리싱의 개념 등장 이전과 비교했을 때 가장 크게 달라지는 것이 바로 그 지점이기 때문이다. 이것은 구텐베르크의 인쇄술이 가장 먼저, 그리고 활발하게 사용된 것이 바로 종교 개혁을 위한 각종 출판물이라는 것만 보더라도 알 수 있다.

이때의 출판은 지금 우리가 알고 있는 출판과는 전혀 다른 성질의 것이다. 출판되는 콘텐츠의 성격도 달랐을 것이고 출판이라는 행위에 포함된 함의도 지금과는 다른 층위에서 존재했을 가능성이 높다. 추측컨대 책의 내용에 대한 개인적 소비보다는 사회적 행위라는 측면이 훨씬 부각되지 않았을까 생각한다. 아직 개인 차원의 문화 소비란 개념이 발생하기 이전이었기 때문이다. 그리고 당시에는 개인적 차원에서의 콘텐츠 창작자와 소비자가 명확하게 분화되지 않았다. 세상의 모든 어머니와 할머니(이상하게 아버지와 할아버지가 아이에게 이야기를 들려주는 장면은 상상하기가 힘들다)가 독창적이고 훌륭한 픽션 작가들이었고, 음악이나 드라마는 공동체의 기념일이나 축제 때 모두가 참여하는 형식으로 함께 생산-소비되었고, 순수 미술가와 장인의 경계는 뚜렷하지 않았다. 물론 국가나 귀족의 지원을 받는 전문 콘텐츠 생산자가 없지는 않았지만 일반인들의 삶과는 동떨어진 특수한 사례에 불과했다. 이러한 문화의 생산-소비 환경에서는 지금과 같은 출판의 개념이 형성되기는 힘들었을 것이다.

이후에 책의 출판 체계가 사회적으로 새로운 개념을 잉태하기까지 그리 오랜 시간이 걸리지는 않았다. 그 새로운 개념이란 바로 개인적 소비의 등장이다. 사람들은 (문화) 콘텐츠를 개인적 경험으로 소비하는 것에 곧 익숙해졌다. 우리가 익히 알고 있듯이 출판은 문화 콘텐츠 중에서 가장 먼저 상업화에 성공하면서 개인화된 소비 체계가 되었다. 구텐베르크 혁명 이후에도 음악이나 드라마(연극, 오페라 등)가 개인화된 방식으로 소비되기까지는 많은 시간이 필요했다. 라디오나 TV의 등장은 사회적으로 여러 의미를 지니겠지만 음악이나 드라마 콘텐츠를 개인들이 개별적으로 소비할 수 있게 만들었다는 측면에서 보자면 책에 있어서 구텐베르크 인쇄술의 역할을 한 셈이다. 그런데 상업화에 성공한 개인적 소비 체계로서의 출판은, 사실 인쇄술이 처음 등장했을 때부터 예견된 것이기도 하다. 일반적으로 알려진 사실과 다르게, 구텐베르크가 인쇄술을 처음 발명하고 가장 먼저 인쇄한 것은 성경이 아니라 면죄부였다. 당시에 가장 대표적인 투자 아이템(?)이었던 면죄부를 대량으로 인쇄함으로 돈을 벌 수 있다는 것을 알았던 것이다. 상업성은 대량생산이라는 체제에 필연적으로 부여되는 특징이다. 그리고 상업성이 극대화되기 위해서는 개인적 선택을 통한 경쟁적 소비가 필연적으로 요구된다. 그렇게 보자면 구텐베르크 성서로 알려진 『42행 성서』의 출판이 아니라 면죄부의 출판이 현대의 출판에 훨씬 가까운 것이라고 볼 수도 있다.

(현대적 의미의) 출판이란 개념이 보편화되지 않았을 때에는 책을 만드는 행위가 출판의 사회적 조건에 의해 영향을 받았을 가능성이 높

다. 예컨대 출판을 통한 상업적 성공보다는 책이 출판된다는 사실 자체가 중요했던 시기에는 책을 만들 때 사회적으로 어떤 '의미'가 있는가 하는 것이 우선적으로 고려될 수밖에 없는 것이다. 구텐베르크가 발행한 『42행 성서』 역시 대중적 영향력이나 상업적 성공보다는 성경이 대량으로 인쇄되어 배포된다는 의미 자체가 더 중요했을 것이다. 왜냐면 『42행 성서』는 라틴어로 쓰여졌는데 당시 유럽에 라틴어를 읽을 줄 아는 사람의 수가 아주 제한적이었기 때문이다. 이런 상황이라면 책을 만드는 행위보다는 출판의 의미 자체가 훨씬 큰 중요성을 가지게 된다. 출판 과정에서 발생하는 의미가 전혀 없지는 않았겠지만 그것이 가치 판단의 중요한 기준은 아니었을 것이다.

그런데 현대적 의미의 출판 체계가 보편화된 이후에는 책을 만드는 행위의 중요성이 훨씬 커지게 된다. 출판이라는 체계가 너무 당연한 것이기 때문에 그것을 고려할 필요 없이 책 만들기에 집중할 수 있게 된 것이다. 여기에서 책의 '완성도'라는 개념을 출판에도 적용할 수 있다. 지금 우리가 알고 있는 출판의 개념은 책의 완성도를 해치지 않고 일정한 수준으로 유지하는 것에 맞게 구축되어 있다는 말이다.

출판의 체계는 책에 고정된 콘텐츠의 불변성을 전제로 구축되어 있다. 일단 책이 만들어진 이후에는 책이 유통되거나 소비되는 과정에서 어떠한 변형도 발생해서는 안 된다. 즉 콘텐츠에 대한 저자-독자 커뮤니케이션 가능성 같은 것은 아예 고려되지 않는다. 출판이 개인 차원의 문화 소비 체계로 자리 잡기 이전과 비교해보면 차이가 명확히 드러난다. 무언가를 함께 만들고 소비하는 사회라면 콘텐츠의 불변성보다는 소비되는 과정에서 발생하는 공감이나 반론이 훨씬 더 중요할 것이기 때문이다. 공감이나 반론의 수용은 곧 콘텐츠의 변화 가능성을 의미한다.

하지만 개인적 소비 체계에서는 그런 가능성이 철저하게 배제된다. 콘텐츠가 모두에게 동일한 형태로 전달되어야 하기 때문이다. 이런 시스템에서는 저자의 역할이 중요하다. 저자만이 소유할 수 있는 원본의 영향력이 크면 클수록 원형을 유지할 가능성이 높아진다. 그리고 저자와 독자의 커뮤니케이션이 단절될수록 책의 완성도를 지키기에 유리하므로 출판 환경 또한 그에 맞춰 구성될 것이다. 독자들은 콘텐츠 생산에 개입하기보다 소비 행위에 집중하게 된다. 우리가 경험하고 있는 출판 환경은 이런 과정을 거쳐서 발전해왔다고 볼 수 있다.

이러한 출판 환경에서 핵심이 되는 것은 '배포'의 개념이다. 즉, 콘텐츠를 개인 소비자들에게 어떻게 전달할 것인가의 문제이다. 여기서 말하는 배포는 어떠한 사실의 공표나 선포와는 다른 층위의 시스템이다. 일반 공중에게 무언가 전달된다는 측면에서는 유사할 수도 있으나, 소비자가 상시적으로 접근 가능하다는 측면에서 일방적인 전달 체계와 구별된다. 일종의 참여 시스템이라고도 볼 수 있다. 생산자와 소비자가 함께 참여해서 콘텐츠 전파의 생태계를 구축하고 있는 것이다. 하지만 참여라고 해서 양자가 동등한 역할로 참여하고 있는 것은 아니다. 앞서 얘기했던 책의 완성도와 출판 환경의 관계에 의해 필연적으로 생산자의 역할이 훨씬 중요할 수밖에 없다. 책의 생산과 유통 모두 저자에서 독자라는, 단일한 방향으로 흐르고 있다. 시간적 순서도 확실하고 출발지와 목적지 역시 명확하다. 이처럼 단방향성이라는 제약이 있음에도 불구하고 어쨌든 배포 개념에 기반한 출판 환경은 콘텐츠의 개인적 소비에 대응하는 훌륭한 시스템으로 자리 잡았다.

이것이 우리가 현재 알고 있는 책의 출판 환경이자 콘텐츠의 퍼블리싱 환경이었다. 지금까지는 출판과 퍼블리싱을 구분할 이유도 없었고 필요도 없었다. 그러나 이제는 상황이 바뀌었다. 책의 출판과 콘텐츠 퍼블리싱이 분리되었다. 책의 존재와 상관없이 콘텐츠가 만들어지고 유통되기 시작했다. 그렇게 만들어진 콘텐츠가 다시 책으로 귀환하기도 한다. 기존의 출판 개념으로는 이해할 수 없는 일들이 인터넷의 콘텐츠 유통 환경에서 발생하기 시작했다. 모든 것은 동시에 발생하고 동시에 소비된다. 어디가 출발점인지를 가려내기 힘들어졌다. 목적지가 없는 퍼블리싱이 등장했다. (신문이나 잡지의 영역이 아님에도 불구하고) 콘텐츠를 무료로 제공하고 광고로 수익을 얻는 시스템이 보편화되었다. 그리고 기술의 발달과 함께 이러한 콘텐츠 퍼블리싱 환경은 계속 발전해가고 있다. 디지털 환경에서의 콘텐츠 퍼블리싱은 책과 출판이라는 과거의 방식과 결별하고 스스로를 콘텐츠 산업화하는 데 성공했다.

우리는 지금 퍼블리싱의 정의가 변하는 시기에 살고 있다. 책의 영향력을 벗어난 새로운 콘텐츠 퍼블리싱 환경이 등장하고 있음에도 불구하고, 수백 년간 지속되었던 출판의 패러다임을 완전히 계승한 퍼블리싱 체계는 등장하지 않았다. 현재의 상황에서 확실하게 말할 수 있는 것은 배포로서의 퍼블리싱이 더 이상 예전만큼 강력하게 작동하지 않는다는 정도다. 앱스토어 모델이나 클라우드 서비스 같이 전통적인 배포의 개념을 벗어나는 새로운 콘텐츠 유통 환경이 하나 둘씩 구축되고 있다. 책과 출판이라는 기존의 시스템으로는 이러한 변화에 적극적으로 대응하기 힘들다는 사실이 현실로 드러나고 있다.

출판사의 영향력이 강력했던 과거의 출판 시스템에 비해서 전자책 산업에서는 기술을 장악한 플랫폼 사업자의 영향력이 거의 절대적이다. 아마존, 애플, 구글과 같은 글로벌 기업들이 전자책 시장을 장악하려고 전쟁을 벌이는 동안 출판업계는 어떤 적극적인 대응도 하지 못하고 주도권 싸움의 변방으로 밀려났다. 출판사는 상대적으로 그나마 나은 처지를 유지하고 있지만 전통적인 서점은 파산 직전의 상황에 처해 있다. 아직은 퍼블리싱 환경의 변화가 책의 생산 시스템에 영향을 미치는 상황까지 가지 않았지만, 언젠가는 가장 오래된 콘텐츠 생산 체계인 책과 출판의 생산 시스템도 변화를 맞게 될 것이다. 콘텐츠 퍼블리싱의 미래가 어떻게 될지 아무도 예측하기 힘든 상황이다.

조심스럽게 예측을 해보자면, 새롭게 등장할 퍼블리싱 시스템이 과거의 모든 유산과 단절하지는 못할 것이다. 지식과 이야기의 전달이라는 문화적 가치 또한 그대로 유지될 것이다. 기술의 발전이나 사회 환경의 변화로 인해 퍼블리싱 체계의 외양은 획기적으로 달라질지 몰라도 삶에 필요한 콘텐츠를 생산하고 유통하는 체계로서의 의미는 변하지 않을 것이다. 모든 것이 인터넷 산업의 논리에 따라 재편되지는 않을 것이라는 말이다. 모든 콘텐츠가 검색의 대상 또는 검색 광고를 위한 데이터로 전락하지도 않을 것이며, 전문적으로 콘텐츠 상품을 만드는 생산자의 역할 또한 사라지지 않을 것이다. 왜냐하면 책과 출판이 지금까지 구축해놓은 완성도라는 개념이 쉽게 무너질 만한 체계가 아니기 때문이다. 사람들이 수백 년간 화폐를 지불하며 책을 소비했다는 것은 책이 화폐 가치에 상응하는 만족과 가치를 전달했다는 뜻이다. 누구나 약간의 비용만 들이면 스스로 책을 출판할 수 있음에도 불구하고 여전히 아무나 생산자의 영역에 진입할 수는 없다는 사실은, 소비자들이 기대하는 무언가를 채워주는 콘텐츠를 제공하는 게 쉽지 않음을 의미한다.

그럼에도 불구하고 콘텐츠의 생산과 유통 환경, 즉 퍼블리싱 환경이 변하고 있다는 것 역시 틀림없는 사실이다. 책의 완성도라는 개념이 완전히 붕괴하지는 않는다 하더라도 어떤 식으로든 해체와 재구성의 과정의 거치게 될 것이다. 사회적으로 책의 영향력이 줄고 있는 만큼 퍼블리싱 환경에서 책이 차지하는 영향력도 점점 줄어들게 될 것이다. 앞으로 많은 것이 변하게 될 것이다. 그렇지만 그 변화는 아마 어떤 식으로든 과거의 출판 개념과 인터넷의 콘텐츠 퍼블리싱 개념이 하나로 모아지는 방향으로 진행될 것이다.

　새로운 퍼블리싱이 어떤 종착지에 다다르게 될지 알 수 없지만, 책과 출판의 확장이라는 측면에서 접근하는 것은 충분히 의미 있는 일이다. 다음 장부터는 아마 출판이란 단어를 거의 사용하지 않을 것이다. 대신 더 많은 의미를 포괄할 수 있는 퍼블리싱이라는 단어를 통해 변화 이후의 패러다임이나 미래의 가치를 표현하게 될 것이다. 하지만 그 단어에는 이미 책과 출판이라는 콘텐츠 퍼블리싱의 전통이 유산으로 계승되어 있음을 미리 밝히고 싶다.

3장

디지털 콘텐츠 퍼블리싱이란?

●

언제부턴가 한국의 출판 관계자들이 외국 전자제품 제조업체의 (심지어 아직 출시되지도 않은) 신제품 발표 행사에 촉각을 곤두세우는 것이 일상이 되어버렸다. 그런데 왜 그래야 하는지에 대해서는 시원한 설명이 딱히 없다. 세계가 좁아지고 기술로 인한 삶의 변화 속도가 빨라졌다고 하지만 대체 전자제품의 신제품 출시와 출판이 어떤 상관이 있길래 이렇게나 많은 말들을 낳고 있는 건지, 누군가에게는 부화뇌동으로 여겨질 것이 분명할 이 떠들썩함의 정체는 무엇인지, 애석하게도 우리들 중 누구도 이러한 상황에 대해 명쾌한 설명을 하지 못하고 있다. 허둥대며 무언가에 끌려가고 있다는 느낌이 드는데 그 실체를 확인할 수는 없는 상황이다. 그나마 음악, 영화 등의 문화산업과 여러 인터넷산업까지도 출판산업과 똑같이 기대와 절망과 당황의 롤러코스터에 동승하고 있다는 것이 굳이 찾아야만 한다면 다행스러운 점이랄까? 출판만 허둥대고 있는 것은 아닌 것이다.

굉장히 큰 실례를 범했다. 혹시나 '허둥대는 출판'이라는 표현을 예상하셨을 분들이 계시다면, 심심한 위로의 말씀을 올리고 싶다. 글머리에 쓴 표현들 중 오늘날의 현실에서 제법 많은 사람들이 짐작했을 만한 오류와 그로 인한 결례는, 제국의 완성을 눈앞에 두고 있는 거대한 성지인 애플과 같은 기업을 감히 '외국 전자제품 제조업체'로 표현한 것이다. 맥이라는 유려한 개인용 컴퓨터뿐만 아니라 아이폰이나 아이패드와 같은 최고의 모바일 디바이스를 만드는 기업으로 흔히 알려져 있는 애플은 회사 이름에서 제조업의 흔적을 지운 지 이미 오래다. 2007년 1월 9일, 애플은 아이폰을 처음 발표하는 자리에서 회사 이름에서 '컴퓨터'라는 단어를 삭제한다고 공식 발표했다(어떤 이들은 아이폰의 발표보다 이것을 더 중요한 사건으로 보기도 한다). 이것이 단지 컴퓨터사업에서 통신사업으로 넘어가는 사업 영역의 확장이 아님을 깨닫는 데는 그리 오랜 시간이 걸리지 않았다. 애플은 이제 우리의 디지털 생활 모든 것에 영향을 미치는 하나의 제국이 되어가고 있다.

디지털 콘텐츠 퍼블리싱에 대한 장을 애플의 이야기로 시작하는 것은 애플이 구축해놓은 생태계를 벗어나 디지털 콘텐츠 퍼블리싱의 환경을 설명하기 힘들기 때문이다. 게다가 2011년에 iOS5와 함께 발표한 아이클라우드iCloud 서비스는 그 생태계의 최종 진화형이 등장할 날이 멀지 않았음을 예고하고 있다.

디지털 콘텐츠의 세 가지 범주

디지털 콘텐츠 퍼블리싱을 설명하기 전에 먼저 디지털에 대한 개념을 다시 한번 짚어보도록 하겠다. 사전적 정의에 의하면 아날로그에 대응하는 의미로, 임의의 시간에서 값이 최소값의 정수배로 되어 있고, 그 이외의 중간값을 취하지 않는 양을 디지털이라고 한다. 가장 쉬운 예로 바늘이 연속적으로 움직이며 모든 시간을 다 표현하는 아날로그 시계와 달리 숫자로 표현된 시-분-초 이외의 시간은 표현하지 못하는 디지털 시계를 들 수 있다. 하지만 이러한 사전적, 계량적 정의를 통해 지금 우리들이 느끼는 디지털이란 개념의 위력을 제대로 표현할 수는 없어 보인다. 대체 우리가 알고 있는 디지털은 어떤 개념일까?

대니얼 챈들러는 『미디어 기호학』이란 책에서 문자로 기록하는 것 자체가 '디지털 기술'이며 20세기 디지털 혁명이 일어나기 훨씬 전부터 디지털 코드가 존재했다고 말하고 있다. 말이나 숫자 같은 기호가 분절적인 단위로 이루어져 있고, 대상을 범주화하는 방식으로 작동하기 때문에 디지털 기술이란 것이다. 인류가 그전까지 의미의 풍요함이 모두 살아 있는 연속적인 흐름으로만 경험할 수 있었던 현실을, 말이나 문자의 등장으로 인해 의미의 풍요성은 떨어지지만 정확하고 정밀하게 경험할 수 있게 된 것이다. 그렇다면 혹시, 과거와 단절되는 생활방식의 변화에 주목함으로써 디지털의 개념에 다가갈 수도 있지 않을까?

음악 CD는 그 계량적 표현방식으로만 따지자면 디지털 매체임에도 불구하고 생김새나 기계적 작동방식에서 아날로그 매체인 LP와 유사하고, 결정적으로 진정한 디지털 매체라고 부를 수 있는 MP3 파일과 비교되기 때문에 아날로그 매체로 간주되곤 한다. 이때 음악이 담기는 매체를 아날로그와 디지털로 가르는 기준은 매체의 계량적 구성 문제가 아니라 물질적 실체(음반)를 소유할 수 있느냐 그렇지 않느냐 하는 생활방식의 문제를 따르게 된다.

생활방식의 문제와 더불어 또 하나 디지털의 개념에 포함되는 것으로는 성능의 뛰어남이나 편리함 같은 진보의 이미지를 들 수 있다. 대개는 디지털 TV라는 단어에서 깨끗하고 선명한 화질, 큰 화면과 얇은 모양새 등을 떠올릴 것이다. 또 디지털 전화라는 단어에서는 빠른 속도와 선명한 음질의 이미지를 떠올릴 것이다. 하지만 이는 TV와 전화 앞에 붙은 디지털이라는 단어의 핵심적 기능을 표현하는 이미지가 아닐 수도 있다. 사람들은 주말 연속극과 인터넷을 TV 화면에서 동시에 즐길 수 있고 동영상과 같은 대용량 데이터를 전화 통신망을 통해 쉽게 전송할 수 있게 되었다는 사실에서가 아니라, 아날로그의 낡음과 대비되는 상대적 이미지를 통해서 디지털이란 개념을 인식하게 되는 것이다. 이러한 사례로 나타나는 현상을 종합해보자면 디지털이란 단지 기술적 차이를 표현하는 개념이 아니라 생활방식의 차이, 낡음과 새로움의 구분을 표현하는 개념으로, 우리의 관념 속에서 작동하고 있는 것이다.

그렇다면 디지털 콘텐츠에 대한 우리의 이해는 어떠한가? 보통은 아날로그 방식으로 제작, 유통되던 문자, 음성, 이미지, 영상 등을 전기신호에 기반을 둔 디지털 방식으로 변환시킨 것을 디지털 콘텐츠라 부르는데, 이러한 디지털 콘텐츠는 크게 세 가지 범주로 나누어 구분할 수 있다.

먼저 콘텐츠를 전달하는 미디어가 새로운 것으로 대체되는 경우이다. 종이에 인쇄된 책과 컴퓨터로 볼 수 있는 전자책, 필름으로 찍은 사진과 디지털 카메라로 찍은 사진 등이 여기에 속한다. 이 경우에는 콘텐츠를 수용하는 과거의 미디어와 새로운 미디어 간의 주도권 싸움이 일어난다. 이러한 싸움의 과정에서 사진은 새로운 미디어가 과거의 미디어를 거의 대체했지만, 책은 아직까지는 과거의 미디어가 새로운 미디어보다 큰 영향력을 행사하고 있는 중이다. 이렇게 미디어가 경쟁하고 대체되는 이유는 미디어가 변하더라도 사용자들이 콘텐츠를 수용할 때 얻게 되는 경험의 차이가 거의 존재하지 않기 때문이다. 책이란 종이로 읽거나 모니터로 읽거나에 상관없이 이야기를 통한 재미와 감동, 새로운 지식이 전달되는 것이고, 사진이란 무엇을 통해 보느냐에 상관없이 사진이 전달하는 메시지나 사진에 포함된 특정 시간의 기억이 전달되는 것이다.

미디어의 고유성에 따른 경험의 차이를 이유로 이러한 견해에 대한 반론을 제기할 여지도 충분히 있다. 가장 대표적인 것이 종이책이 가지는 물질적 감수성을 이유로 종이책과 전자책의 차이를 설명하려는 시도다. 종이책이 주는 가독성, 편안함, 촉감, 냄새, 물질적 만족감 등을 전자책이 채워줄 수는 없다는 것이다. 그것은 맞는 말이다. 미디어가 갖는 차이를 부정할 수는 없다. 하지만 그 차이가 독자들로 하여금 종이에 인쇄된 책과 전자파일로 구성된 책을 전혀 다른 책으로 경험하게 만들 수 있을지에 대해서는 깊게 고민해봐야 한다.

둘째는 과거의 미디어와 새로운 미디어가 공존하는 경우이다. 이미 디지털 방식으로 제작됨에도 불구하고 극장이라는 아날로그 방식과 모니터를 통한 디지털 방식의 감상이 동시에 일어나고 있는 영화가 여기에 속한다고 볼 수 있다. 영화가 처음 등장한 이래, 극장이라는 공간을 통한 아날로그적인 소비 방식은 큰 변화가 없음에도 불구하고, 그 제작 방식은 이미 디지털이 대세가 된 지 오래다. 개봉도 하지 않은 영화가 P2P 사이트를 통해서 유포되는 사건들이 심심치 않게 뉴스에 등장한다. 하지만 사람들은 언제든지 디지털 콘텐츠로 영화를 소비할 수 있음에도 불구하고 계속 극장을 찾는다. 물론 여기에는 콘텐츠 접근에 대한 시차라는 것이 존재한다. 극장에서 영화를 개봉하고 일정한 시간이 지나야만 그 디지털 버전이 출시되기 때문이다.

그렇다면 사람들이 극장을 찾는 이유가 이 시차 때문일까? 단지 조금 먼저 콘텐츠를 접할 수 있기 때문에 지정된 공간으로 찾아가서(디지털 콘텐츠는 내가 있는 공간으로 찾아온다) 고정된 방식으로 소비하고(극장에서는 누워서 보거나 옆 사람과 떠들며 볼 수 없다) 있는 것일까? 그것보다는 극장이라는 공간이 주는 경험의 차이로 설명하는 것이 좀 더 그럴

듯해 보인다. '영화를 본다'라는 말 대신 '극장 구경'이란 말이 사용되던 시절도 있었듯이 극장에서 영화를 본다는 것은 TV 화면을 통해서 영상을 보는 것과 전혀 다른, 압도적 경험을 제공한다. 그 경험은 TV 화면의 수십 배가 넘는 스크린과 온몸을 감싸고 울리는 풍부한 음향 시스템 등을 포함한 극장이라는 공간적 특징으로부터 나온다.

언젠가부터 '홈 시어터'라는 말이 보편적으로 사용되고 있다. 극장이 주는 경험을 가정에서 구현하겠다는 것이다. 이 말을 바꾸어 해석하면 극장에서 볼 수 있는 콘텐츠를 집에 있는 TV나 모니터를 통해서 보는 것만으로는 동일한 만족을 얻기 힘들다는 뜻이 된다. 그래서 '홈 시어터'라는 개념을 통해 집이 극장을 흉내 내고 있는 것이다. 이는 똑같은 콘텐츠라도 어떤 미디어를 통해 소비하느냐에 따라 전혀 다른 경험이 될 수 있다는 걸 보여준다. 그렇기 때문에 서로 다른 미디어가 공존할 수 있는 것이다. 전자책의 미래를 논하며 종이책의 종말을 이야기하는 경우는 있어도 디지털 영화 때문에 극장이 사라질 거라 하는 경우는 거의 없는 것도 바로 이 때문이다.

마지막으로는 새로운 미디어에 맞는 콘텐츠가 등장하는 경우이다. 아날로그 방식으로는 아예 존재하지 않았던 컴퓨터 게임이 여기에 해당한다. 물론 컴퓨터 게임이 없었다고 해서 놀이나 게임에 대한 개념이 없었던 것은 아니다. 아마 책으로 따지자면 구텐베르크 혁명 이후의 상황이 여기에 해당할 것이다. 구텐베르크 혁명 이전에도 문자와 책은 여전히 존재해왔다. 하지만 대중을 대상으로 하는 출판의 등장은 책에 대한 개념 자체를 바꿔놓았다. 책에 담기는 콘텐츠가 이전에는 없었던 새로운 것들로 채워질 가능성이 열리게 된 것이다. 컴퓨터가 없던 시절에도 놀이와 게임은, 아마도 인류 역사의 길이만큼이나 긴 세월 동안 존재해왔다. 하지만 컴퓨터 게임의 등장으로 인해 혼자서도 놀이나 게임을 즐길 수 있다는 개념이 생겨나게 되고, 이 개념에 기반해서 전혀 새로운 게임 콘텐츠들이 등장했다.

웹의 등장과 미디어 환경의 변화

앞서 디지털을 생활방식의 차이, 낡음과 새로움의 구분을 표현하는 개념으로 정의했다. 디지털 콘텐츠를 이것과 연관시켜 생각해보면, 같은 디지털 콘텐츠라고 하더라도 사용자들이 그것을 디지털의 개념으로 받아들이는 정도에는 차이가 발생할 수 있음을 알 수 있다. 콘텐츠가 아날로그에서 디지털로 변하는 과정에서 미디어가 대체되거나 생활방식에 큰 변화를 가져오는 것일수록 사용자들은 더 많은 디지털 개념을 경험하게 된다. 이는 콘텐츠 본연의 디지털화 정도와 상관없이 아날로그 버전과의 비교를 통해서 얻게 되는 경험이다.

책과 사진의 예를 통해 콘텐츠의 디지털화에 따른 미디어의 대체 현상을 언급했지만, 실은 이에 대한 가장 좋은 예는 음악 콘텐츠라 할 수 있다. 책은 아직 미디어의 대체 현상이 완전히 이뤄지지 않았고 사진은 대개의 경우 판매되는 상품이 아닌데 반해, 음악은 미디어가 완전히 대체된 콘텐츠이며 유료로 판매되는 상품이기 때문이다. 즉 음악을 통해, 디지털화된 콘텐츠 상품의 생산, 유통, 소비에서 일어날 수 있는 변화를 모두 살펴볼 수 있다.

먼저 음악 콘텐츠의 (체감) 가격이 0으로 수렴하는 현상이 발생했다. 이와 관련된 무수한 논의들이 있지만 미국의 경우에만 한정해서 요약하자면, 음악 콘텐츠의 가격을 0으로 만든 주범은 냅스터Napster이고, 그들을 고소하는 것 외에는 아무 것도 한 것이 없는 미국음반산업협회(RIAA)는 공범이라 할 수 있다. 물론 한 곡당 0.99달러라는 (싸다고 하기도 비싸다고 하기도 애매한) 절묘한 가격정책으로 디지털 음원의 유료 판매를 극적으로 성공시킨 애플이 있긴 하지만, MP3 파일로 대표되는 음악 디지털 콘텐츠의 가격은 대체로 0에 수렴하는 것이 오늘날의 현실이다(한국의 경우, 유독 심하게 0에 수렴하고 있다). 이러한 현상은 음악을 돈 주고 사는 것에서 검색해서 찾는 것으로 바꿔놓고 말았다.

또 하나는 음악을 사용한 상품의 종류가 훨씬 많아졌다는 사실이다. 카세트테이프, CD, LP 등 물리적 모양은 달랐지만 '음반'이라고 하는 단일 상품이 유통되던 시장에서 MP3 파일, 휴대폰 벨소리, 스트리밍 서비스 등 다양한 상품이 유통되는 시장으로 확장된 것이다. 특히 스트리밍 서비스의 등장은 듣는 사람의 기분에 따라서 혹은 시스템의 추천에 따라서 음악을 들을 수도 있는 새로운 소비패턴까지 등장시켰다. 이외에도 여러 변화들이 있을 수 있겠으나 어찌되었건 사용자들은 과거와는 전혀 다른 방식으로 과거에 비해 훨씬 저렴하고 편리하게 음악 콘텐츠를 접할 수 있게 되었다. 다른 말로 하자면, 음악 콘텐츠 소비의 진보를 경험하게 된 것이다.

디지털(콘텐츠) 개념에 대한 이러한 설명에도 불구하고 말끔히 해소되지 않는 의문들이 여전히 남아 있다. 예컨대 책은 분명히 콘텐츠의 디지털화로 인해서 미디어의 교체가 예상되는 경우인데, 과연 책의 소비(읽기)를 둘러싼 생활방식 또한 급격하게 변할 것인가 하는 의문이다. 그런데 우리가 알다시피 책 읽기 방식은 아직 크게 변하지 않았다. 그렇다면 콘텐츠를 둘러싼 미디어 지형이 완전히 변하고 있음에도 불구하고 콘텐츠를 소비하는 생활방식은 크게 달라지고 있지 않은 상황을 어떻게 바라봐야 할까? 이는 과연 책의 디지털화가 부족해서 그런 것일까? 아니면 책이라는 미디어에 담기는 콘텐츠의 본성에 디지털화를 통해서도 바꿀 수 없는 아날로그적 성질이 존재하기 때문인 것일까?

웹의 등장은 문자를 표현하는 미디어 환경에서 대량인쇄술이 가져온 혁명적인 변화 못지않게 큰 변화를 가져왔다. 그것은 단지 컴퓨터라고 하는 기계적인 차원의 변화가 아니라 지식과 정보라고 하는 근원적인 가치의 변화를 포함하고 있다. 습득하고 체화한 것만을 지식이라 불렀던 과거에 비해 어떻게 찾을 수 있는가를 아는 것(검색 능력)까지 지식의 범주로 만들어버린 구글이 가장 대표적인 사례다.

우리는 이제까지 어떤 분야에 박식한 친구를 두고 있다는 이유만으로, 나도 그 분야의 지식을 가지고 있다고 말할 수 없었다. 그러나 지금은 (물론 해당 분야의 지식을 전체적으로 조망하고 판단할 수 있는 능력이 필요하긴 하지만) 그 분야의 지식을 어떤 검색 도구와 방법으로 빠르게 찾을 수 있는지를 아는 것(즉, 박식한 친구가 있다는 것)만으로도, 지식이 있다고 충분히 말할 수 있는 시대가 되었다. 웹의 등장, 검색 서비스의 등장으로 개인의 뇌 용량 외부까지 지식의 저장소로 활용할 수 있게 된 것이다. 『미디어의 이해』를 쓴 맥루언 식으로 말하자면, 웹이라는 미디어의 등장으로 인해 인간의 두뇌 활동 영역이 확장된 것이다. 구글과 같은 웹 서비스의 등장으로 인해 인류가 지속적으로 축적해왔던 깊이 읽기나 사색의 능력이 해체되고 있다고 하는 극단적인 논의를 빌려오지 않더라도, 일상생활에서 우리가 검색 가능하다는 이유로 얼마나 많은 지식을 습득(암기)하지 않고 단지 인덱싱하고 있는지를 자문해보면 쉽게 알 수 있다. 이런 변화는 웹이라는 미디어가 가지는 고유한 특징으로부터 출발한 것이다. 웹은 이전에는 없었던 두 가지 특징적인 요소를 가지고 있다.

하나는 (하이퍼)링크라는 개념이고 다른 하나는 네트워크라는 개념이다. 링크라는 개념은 오랜 세월 유지되어 왔던 정보의 선형적인 구성을 파괴했다. 이제 지식과 정보는 논리적 순서에 따라 선형적으로 전개될 필요가 없어졌다. 파편적인 정보들이 서로 참조하면서 찾아갈 수 있는 링크로 이어져 있기만 한다면, 선형적 완결성 없이 거미줄처럼 얽힌 네트워크만으로도 지식을 구성할 수 있게 된 것이다. 게다가 이 네트워크는 물리적인 실체를 가질 필요도, 동일한 시간과 장소에서 구성될 필요도 없다. 단지 일정한 전기적인 규칙에 따르기만 하면 되는 완벽한 가상의 세계가 열린 것이다. 이처럼 링크와 네트워크라는 개념을 통해서 완전히 새로운 방식으로 지식이 구성되고 유통되는 웹이라는 미디어가 등장했다.

마셜 맥루언은 미디어의 변화에 대해 이렇게 말했다.

새로운 미디어는 이전의 오래된 미디어에 새로 하나 덧붙여지는 것이 결코 아니며, 이전의 오래된 미디어가 평화롭게 가만히 있도록 내버려 두지도 않는다. 새로운 미디어는 낡은 미디어가 새로워진 미디어 환경에 맞는 새로운 형태와 자리를 발견하는 순간까지 쉬지 않고 압박을 가한다. (『미디어의 이해: 인간의 확장』, 커뮤니케이션북스, 312쪽)

20세기 초반부터 전기에 기반을 둔 라디오, 영화, 텔레비전, 가정용 게임기 등의 다양한 미디어가 출현했음에도 불구하고 인쇄·출판의 자리는 크게 위협받지 않았다. (세계적인 산업성장의 시기와 맞물린 현상인지는 몰라도) 오히려 신문, 잡지, 책과 같은 인쇄·출판산업은 20세기 후반까지 지속적으로 성장해왔다고 할 수 있다. 하지만, 야후의 등장으로 월드와이드웹이 본격적으로 서비스되기 시작한 지 불과 십수 년 만에 주요 산업국가들의 독서율은 지속적인 하락세를 보이게 되었고, 신문이나 잡지는 아예 존폐의 기로에 놓이게 되었다. 웹은 새로운 미디어로서 자신의 자리를 공고히 했고, 인쇄·출판은 아직 새로운 형태와 자리를 발견하지 못하고 있다.

이렇듯 전자책의 (본격적인) 등장 이전에 종이책 이후의 미디어 지형이 웹을 통해서 이미 구성되었음에도 불구하고 종이책-전자책의 구도로만 사고하게 된다면 전자책이 가지는 중요한 의미를 놓치게 된다. 전자책은 미디어 변화라는 측면에서 두 가지 방향의 변화가 동시에 진행되고 있다.

첫째는 웹이라는 새로운 미디어의 압박으로 인해 종이책이 선택한 새로운 형태와 자리가 바로 전자책이라는 것이다. 이는 물질적인 특성의 변화를 동반하기 때문에 누구나 알아차릴 수 있을 만큼 그 과정이 명확히 드러난다. 하지만 이러한 외형적인 변화의 명확함 때문에 내부적인 변화는 오히려 잘 드러나지 않는다.

둘째, 그러한 내부적인 변화는 이미 새로운 미디어로 자리 잡은 웹이 전자책에 자신의 영향력을 행사하려 한다는 것이다. 아직은 종이책을 통한 읽기와 전자책을 통한 읽기 사이에 큰 차이가 없는 것처럼 보이지만, 갈수록 사전 기능, 검색 기능, 책갈피 기능, 공유 기능, 멀티미디어 확장 기능 등과 같은 웹 콘텐츠의 특징이 강화되는 쪽으로 변하게 될 것이다. 전자책의 이러한 변화가 사용자들에게 성공적으로 수용된다면 지금 우리가 알고 있는 전자책과는 전혀 다른 미디어가 될 가능성이 높다. 즉 선형적 완결성을 지닌 책읽기의 경험과 파편적인 네트워크로 구성된 웹 콘텐츠 수용의 경험이 동시에 존재하는 또는 새롭게 융합하는 새로운 미디어가 탄생하게 되는 것이다(모두 알고 있듯이 웹은 고전적인 책읽기의 경험을 흡수하는 데 실패했다).

전자책에 대한 얘기가 나온 김에 조금 더 언급하고 지나가도록 하겠다. 약간 억지를 부려보자면, 현재 전자책의 장점이라고 언급되는 대부분의 기능들은, 조금(어쩌면 제법 많이) 불편하긴 하지만 종이책으로도 충분히 수행할 수 있는 것들이다. 종이책 역시 한 번에 수백 권씩 들고 다닐 수 있으며(적어도 불가능하지는 않다!) 필요할 때 언제든지 접근할 수 있으며(물론 약간의 시차와 비용의 문제는 존재한다) 책을 보면서 동시에 동영상이나 인터넷 검색을 사용할 수 있으며(단지 또 다른 기기가 필요할 뿐이다) 같은 책을 읽고 있는 사람들과의 네트워크도 구성할 수 있다(역시 시차와 비용의 문제가 존재한다).

부피나 가격, 접근성 같은 외형적인 문제만 가지고 종이책과 전자책을 비교한다면 결국 그 기준에 해당하는 차이밖에 발견할 수 없다. 변화를 해석하는 우리의 관념이 낡아서 변화의 실체를 볼 수 없는 것이다. 이 문제는 새로운 사업으로 전자책에 접근할 때 치명적인 약점이 된다. 디바이스와 유통 방식을 둘러싼 몇 가지 차이점을 제외하고는 종이책과 다를 것이 아무 것도 없는 상태로 사업에 임할 수밖에 없게 되고, 결국은 새로운 패러다임이 지배하는 시장에서 과거의 관행만 좇다가 실패할 가능성이 높다. 이런 측면에서 보면, 가장 성공적이라 평가받는 미국의 전자책 시장이 (거대기업의) 통합적 콘텐츠 플랫폼 전략 속에서 형성되고 있다는 사실은 많은 것을 시사해준다.

전자책을 제대로 이해한다는 것은 지식과 정보의 가치가 어떻게 변하는지, 그를 둘러싼 미디어 지형이 어떻게 변하는지의 맥락에서 전자책을 사고하는 것이다. 킨들, 아이패드와 같은 외형적 변화의 현란함에 시선을 뺏기는 것이 아니라 종이책-전자책-웹으로 이어지는 변화와 관련된 다양한 기술적, 사회문화적 특징을 모두 고려해야 한다. 전자책이 종이책의 연장인 동시에 웹의 연장임을 간과한다면 책을 둘러싼 미디어의 변화, 콘텐츠 소비 방식의 변화를 온전히 이해할 수 없다.

네트워크로 인한 콘텐츠 소비의 변화

우리들 대부분은 디지털 콘텐츠를 소비하는 데 많은 시간을 보내며 살고 있다. 인식하든 못 하든 디지털 콘텐츠는 이미 우리 주변을 에워싸고 있다. 지금부터 얘기하려고 하는 퍼블리싱에 대한 고찰은 바로 이러한 디지털 콘텐츠의 존재 방식과 소비 방식에 대한 것이다.

지금까지 사용되던 퍼블리싱이란 말은 인쇄·출판이란 말과 고스란히 겹치는 뜻이었지만 디지털 콘텐츠의 영역에서 사용되는 퍼블리싱이란 말은 그보다는 훨씬 넓은 뜻을 지니게 되었다. 1장에서 설명한 대로 고전적인 퍼블리싱(출판)이란 말에는 방향의 의미가 함축되어 있었다. 생산자와 소비자가 명확하게 분리되어 있고 그 사이를 이어주는 배포, 전달의 단계로 퍼블리싱이 필요했기 때문에, 생산자에게서 소비자로 흐르는 명확한 방향을 가졌던 것이다. 하지만 네트워크라는 개념이 등장하면서 이러한 방향성이 점점 사라지게 되었다. 종종 거미줄과 유사한 이미지로 표현되곤 하는 네트워크는 특정한 방향으로 흐르길 거부하는 체계이다. 동시에 존재하며 동시에 흐른다. 이러한 특징으로 인해 네트워크에 연결된 콘텐츠를 소비하는 사용자의 생활 방식에도 큰 변화를 가져오게 된다.

가장 극적인 변화는 컴퓨터 게임의 영역에서 일어났다. 오락실, 가정용 게임기, PC 시대의 게임은 고전적인 방식으로 퍼블리싱(배포) 되었다. 소비는 사용자의 개인 공간에서 이루어졌고 사용자들은 서로 단절되어 있었다. 하지만 어느 순간부터 네트워크에 접속되지 않는 게임은 게임으로서 매력을 잃어가기 시작했다. 사용자들은 이제 더 이상 혼자서 거대한 도시를 경영하거나 공주를 구하기 위해 모험을 떠나지 않는다. 이제는 동료들과 함께 힘을 합쳐 미션을 수행하거나 때로는 사용자끼리 적이 되어 서로에게 총을 겨눈다. 게임이 사용자들에게 배포되는 것이 아니라 게임과 사용자가 서로 연결된 것이다. 배포의 의미를 가지는 퍼블리싱은 사라졌다고도 볼 수 있다. 네트워크와 결합한 게임을 퍼블리싱한다는 것은 사용자들이 접속할 수 있는 기회를 제공한다는 의미가 되었다.

배포에서 접속으로의 전환을 보여주는 또 하나의 사례는, 애플의 아이클라우드 서비스이다. 사용자가 일단 구매하거나 획득한 콘텐츠를 어떤 장비에서도 자유롭게 이용할 수 있게 해주는 이 서비스는 사용자들이 데이터를 백업하거나 복사할 필요 없이 자동으로 모든 과정을 동기화시켜준다. 많은 클라우드 서비스가 선을 보였음에도 불구하고 애플의 아이클라우드 서비스에 주목하는 이유는 애플이 이미 구축하고 있는 콘텐츠 생태계 때문이다. 지금까지 게임, 영화, 음악, 책 등의 디지털 콘텐츠를 이용할 때 그것의 보관과 이동 문제는 전적으로 사용자의 몫이었다. 기계를 교체하거나 소프트웨어를 업데이트 할 때마다 각자의 방식으로 자신이 소유한 디지털 콘텐츠를 관리해야 했던 것이다. 이는 여전히 배포로서의 퍼블리싱 개념에 가깝다. 특히 방향성이란 측면에서, 일단 사용자에게 흘러간 콘텐츠는 더 이상 순환하지 못하고 그 흐름을 멈추었던 것이다. 하지만 아이클라우드를 통해서 사용자가 경험할 수 있는 모든 소비 환경이 하나로 연결되는 순간 배포의 방향성은 그 의미를 완전히 상실하게 된다. 이제 사용자는 구매 행위를 제외하고는 더이상 콘텐츠 관리에 신경 쓸 필요가 없어졌다. 어떤 장비를 사용하건 자신의 디지털 콘텐츠에 언제든지 접속할 수 있게 되었기 때문이다.

디지털 콘텐츠 퍼블리싱은 전통적인 출판 개념에서 아날로그라는 단어만 디지털로 바꾼 것이 아니다. 계량적 의미를 넘어서는 디지털 개념, 미디어 지형의 급격한 변화를 동반하는 디지털 콘텐츠, 배포에서 접속으로 변하고 있는 퍼블리싱 환경 등 모든 측면에서 새로운 의미의 조합으로 구성된 개념이다. 바로 이 때문에 디지털 출판이 아니라 디지털 콘텐츠 퍼블리싱을 말하는 것이다. 디지털 출판을 말하며 출판 시스템의 외형적 변화를 논하는 것만으로는 완전히 새롭게 구축되고 있는 디지털 콘텐츠 퍼블리싱의 신세계에 적응할 수 없다.

이는 출판에만 해당하는 것이 아니라 음악, 영화, 게임 같은 모든 디지털 콘텐츠에 해당한다. 또한 출판으로만 한정할 때도 경영관리, 편집, 제작, 마케팅, 고객관리 등의 모든 측면에 해당하는 것이다. 한정된 지면으로 이 모두를 논의할 수는 없기 때문에 앞으로는 스마트폰과 태블릿PC등 스마트 디바이스와 그것에 연계된 디지털 콘텐츠라는 제한된 주제에 대해서 자세히 살펴볼까 한다.

4장

디지털 콘텐츠 퍼블리싱과 출판

●

 디지털 콘텐츠 퍼블리싱에 대한 세부적인 논의에 들어가기 전에 다시 한 번 전통적인 콘텐츠 퍼블리싱을 불러오도록 하자. 앞에서 주로 과거와 현재적 의미를 추적하며 콘텐츠 퍼블리싱의 개념을 명확히 하는 것에 주력했다면 이번에는 전통적인 출판이 처한 상황에 주목하면서 디지털 콘텐츠 퍼블리싱과 비교되는 지점을 살펴볼 것이다. 디지털 콘텐츠 퍼블리싱에 대한 책에서 왜 전통적인 콘텐츠 퍼블리싱 즉, 출판을 계속 언급하는지 의아할 수도 있을 텐데 그 이유는 다음과 같다.

 음악이나 영화에 비해 훨씬 오래전부터 콘텐츠 퍼블리싱 산업으로 자리 잡았고 또한 독보적으로 많은 콘텐츠를 생산하고 유통해왔던 출판에 대해 언급하지 않고는 새로운 퍼블리싱(출판으로 직접 번역되는 퍼블리싱이란 단어를 굳이 따로 쓰는 이유는 앞에서 설명한 것처럼 네트워크, 연결, 접속 같은 개념을 표현하고 싶어서임을, 다시 한 번 강조해두고 싶다)을 설명하기 힘들기 때문이다. 종이책을 만드는 출판은 최첨단 디지털 시대에 어울리지 않는 고리타분하고 노회한 이미지를 연상시키지만, 사실은 수많은 싸움의 상처를 몸에 새긴 칼잡이의 낭비 없는 몸놀림처럼 쉽게 무시할 수 없는 내공, 즉 경쟁력이 있는 산업이다.

 출판이 사회적 재생산의 중요한 요소인 교육과 아주 밀접하게 관련되어 있다는 점 역시 이런 맥락에서 살펴볼 수 있다. 여기서 교육이란 국가나 공공기관에서 수행하는 정규교육뿐만 아니라 사회적으로 널리 통용되는 배움 전체의 개념까지 포괄한다. 책을 읽는 행위가 책에 있는 콘텐츠를 소비하는 행위 이상의 의미를 포함하고 있는 것이다. 그래서 책을 만드는 행위인 출판은 종이를 활용한 공산품을 만드는 산업 이상의 의미를 자연스럽게 지니게 된다. 같은 문화산업이라도 음악·영화와 출판은 확실히 다른 층위의 존재감을 가지게 되는 것이다. 출판을 지식기반 정보사회의 국가경쟁력, 국가의 정신적 기간산업 등으로 표현하는 것도 이런 이유 때문이다.

말이 나온 김에 출판의 다양한 장점과 비교우위를 살펴보며 이야기를 시작할까 한다. 출판이 디지털 콘텐츠 퍼블리싱에 비해 (아직까지) 유리한 고지를 점령하고 있는 것은 무엇인지 또는 출판이 디지털 콘텐츠 퍼블리싱 시장을 주도할 수 있는 잠재력은 무엇인지에 대해 살펴볼 것이다.

출판은 산업 규모가 줄어들고 있다든가 다른 미디어에 비해 사람들의 시선을 끄는 현란함이 없다든가 하는 이유로 소심해 할 필요가 전혀 없을 만큼 강력한 경쟁력을, 이미 갖추고 있는 산업이다. 물론 객관적인 수치상으로는 어쩔 수 없이 왜소해 보인다. 소위 단행본 출판사라고 부르는 곳을 기준으로 하면 업계에서 1위 기업의 연매출이 1천억 원을 넘지 못하며, 산업 전체의 매출을 합해도 늘 2조 5천억 원 언저리를 맴도는 것이 현실이다. 하지만 이 정도 규모의 산업에서 매년 4만여 종의 신제품을 쏟아내고 있다는 것에 주목할 필요가 있다. 그것도 책이라고 하는 형태의 완성도를 갖춘, 시장에서 충분히 상품가치를 가지는 콘텐츠를 생산해내고 있다. 상당히 안정적인 다품종 소량생산 체계를 갖추고 있는 것이다. 이것이 왜 출판산업의 경쟁력이 될 수 있는지를 먼저 살펴보도록 하겠다.

출판의 다품종 소량 생산 체계의 장점

우리 모두의 경험을 통해서 알 수 있듯이 웹이라는 새로운 미디어가 등장한 이후에 일상생활에서 소비할 수 있는 정보의 양이 폭발적으로 늘어났다. 흔해 빠진 수사이긴 하지만, 과거와는 비교도 할 수 없을 만큼 엄청난 정보의 홍수를 경험하게 되었다. 이 정보의 바다를 어떻게 항해할 것인지는 경제적으로 아주 중요한 가치를 지니게 되었고, 재빠른 기술기업들에 의해 '검색'이라고 하는 황금알을 낳는 서비스가 탄생하게 되었다. 검색서비스가 사업으로 성공하기 위해서는 두 가지 조건이 필요하다.

첫째는 검색할 수 있는 또는 검색해야만 하는 정보가 존재하고 있어야 하고, 둘째는 검색을 통해 돈을 벌 수 있는 수익모델이 존재해야 한다. 두 번째 항목인 수익모델이 무엇인지는 너무나 잘 알려져 있다.

2011년 5월에 발표된 KT경제경영연구소의 자료에 따르면 네이버를 운영하고 있는 NHN의 광고 매출이 KBS와 SBS의 광고 매출을 합친 것보다 많고, 〈조선일보〉, 〈중앙일보〉, 〈동아일보〉의 광고 매출을 합친 것보다 1.7배나 많은 것으로 나타났다(《연합뉴스》, 2011년 5월 30일자). 네이버에 대한 부러움은 잠시 접어두고 네이버와 방송국, 신문사, 출판사의 차이점에 대해 살펴보면, 네이버는 예외적인 경우를 제외하고는 직접 콘텐츠를 생산하지 않는다. 방송국이나 신문사로부터 사 온 콘텐츠나 사용자들이 만든 콘텐츠를 적절하게 조합해서 사용자들에게 보여줄 뿐이다. 검색서비스가 사업이 되기 위한 첫째 조건으로 언급했던 것이 검색서비스 사업자의 외부에 있는 셈인데, 이것은 엄청난 규모의 다품종 생산체계가 구축되어 있는 것으로도 볼 수도 있다. 외부에 존재하는 무수한 정보를 네트워크에 연결시키기 위한 수집행위(크롤링crawling&인덱싱indexing)가 중요하긴 하지만 네트워크에 연결된 정보들이 사용자의 질문에 대한 답을 생산해낼 때만 가치가 발생하므로 수집체계가 아니라 생산체계인 것이다. 또 사람들이 상상할 수 있는 거의 모든 질문에 대한 답(또는 답에 이르는 길)을 실시간으로 생산할 수 있다는 점에서 역사상 가장 거대한 정보 생산체계라고 할 수 있다.

하지만 여기서 주목해야 할 것은 다품종 생산이 아니라 다품종 소비체계이다. 누가 무엇을 소비할지 모르지만 모든 사람들의 소비 경험에 만족을 제공해야 한다는 것은 엄청난 수준의 난이도를 요구하는 문제이다. 웹의 검색서비스는 이 문제를 어떻게 해결했을까?

답은 의외로 간단하다. 웹 사이트 어디에서나 볼 수 있는 조그만 검색창을 통해 콘텐츠 소비의 문제를 각 개인의 도전과제로 바꿔버린 것이다. 정보를 찾기 위해서 이미 정해진 규칙을 따르는 것이 아니라 개인이 선택할 수 있는 모든 방법을 다 사용할 수 있게 만들었다. 이렇게 개인화된 환경에서는 콘텐츠의 소비자가 자신이 입력하는 검색어를 다양하게 바꾸거나 재조합함으로써 자신이 만족할 수 있는 조건을 스스로 창조해낸다. 게다가 원하는 답이 단번에 등장하지 않는다 하더라도 검색결과에 제시된 유사한 정보를 매개로 답을 찾는 과정을 스스로 확장해간다. 생산체계가 제시하는 결과에 상관없이 사용자들이 자신의 만족을 위해 스스로 노력하는 것이다. 콘텐츠, 즉 정보의 소비에 있어서 이러한 환경의 출현은 가히 혁명적이었다.

이는 웹 이전에 가장 방대한 정보를 보관하고 있었던 도서관과 비교해보면 분명하게 드러난다. 도서관에서 정보를 검색할 때, 원하는 정보를 찾을 수 없다면 대부분의 사람들은 정보의 생산체계에 불만을 표시한다. 왜 이 책이 도서관에 없는지 또는 왜 아직 이러한 책이 출판되지 않았는지에 대해 투덜거린다. 도서관에서 자신의 검색 능력의 부족함을 탓하는 사람은 없다. 아무리 방대한 자료를 갖춘 도서관이라고 하더라도 모든 사람을 만족시킬 수는 없는 것이다. 하지만 웹에서의 검색은, 사용자가 원하는 정보가 웹에 존재하지 않더라도 이러한 문제를 피해 갈 수 있게 되었다. 사용자들이 스스로 소비 방식을 창조하기 때문이다. 웹은 정보의 대량 소비에 있어 가장 완벽한 체계를 구축한 것이다.

출판의 다품종 소량생산 체계가 디지털 환경에서 장점이 될 수 있는 것은 방금 언급한 소비 방식과 연관되어 있다. 출판이 다품종 생산이라곤 하지만 웹에 존재하는 콘텐츠에 비하면 지극히 적은 양의 콘텐츠를 확보하고 있을 뿐이다. 하지만 그 소비 방식에 있어서는 웹의 개인화된 소비 방식과 마찬가지로 유연한 다품종 소비체계를 이미 구축하고 있다. 이는 방송이나 신문의 방식과 비교해보면 확실히 드러난다.

광고에 의존하는 방송이나 신문은 태생적으로 소품종 소비체계를 지향할 수밖에 없다. 누가 무엇을 소비할지 알 수 없는 문제를 소품종 대량소비, 다시 말해 매스미디어의 방식으로 해결한 것이다. 제작이나 유통에 관련된 기술적인 이유도 있겠지만 아마도 광고라는 수입원 때문에 어쩔 수 없이 그러한 방식으로 발전했을 것이라 생각한다. 어떻게 하면 동시에 많은 사람에게 소비될 것인가를 기준으로 경쟁하며 발전해온 것이다. 콘텐츠가 아날로그 환경에서 소비되든 디지털 환경에서 소비되든 상관없이 매스미디어에 대한 요구는 늘 있기 마련이므로 이러한 방식은 여전히 유효하다고 할 수 있다.

그런데 신문은 방송과 달리 조금 특별한 상황에 놓이게 된다. 사용자들이 웹에서 생산하는 다양한 콘텐츠들이 이미 뉴스의 성격을 띠고 있기 때문이다(이에 반해 방송의 성격을 띤 콘텐츠를 사용자들이 직접 만들기는 쉽지 않다). 최근에는 이러한 콘텐츠들이 매스미디어와 다른 방식으로 유통되며 더 유용한 가치를 만들고 있다. 가장 대표적인 것이 최근에 유행하는 소셜미디어를 통한 뉴스의 전파다. 신문사들은 자신들이 전통적으로 추구해왔던 매스미디어 방식뿐만 아니라 다른 방식으로도 뉴스의 상품가치를 생산해내야만 하는 상황에 처했다. 하지만 신문사들은 이 상황에 적절하게 대처하지 못했다. 신문이 새로운 소비체계에 대응해야 할 때 매스미디어 방식의 광고가 발목을 잡게 된 셈인데 그 결과는 우리 모두가 아는 그대로이다(여기서 잘 생각해 볼 문제는 웹의 광고 역시 배너광고라고 하는 매스미디어 방식에서 키워드광고라는 개인화된 방식으로 발전해왔다는 것이다). 네이버가 신문사를 제치고 최고의 뉴스 공급원이 된 이유, 그리고 소셜 네트워크의 발전으로 인해 뉴스 유통의 패러다임이 바뀌고 있는 이유 등을 살펴보면 신문사가 무엇을 놓쳤는지 알 수 있을 것이다.

출판이 광고에 의존하지 않는 산업이라는 것은, 그래서 약점이 아니라 아주 큰 장점이라 생각한다. 디지털 출판이나 전자책의 성공을 위해서 광고를 결합해야 한다는 의견이 있는데 이는 아주 위험한 시도가 될 수도 있다. 책은 읽는 사람의 수만큼 각각 다른 방식으로 소비되는 콘텐츠이다. 개인의 취향에 호소해야 하는 문화상품이 전반적으로 그러하겠지만 책은 문화상품 중에서도 이런 특징이 유독 두드러진다. 그래서 흔히들 가격과 가치의 차이가 가장 많이 나는 상품이 책이라고 말한다. 만 원짜리 책 한 권으로 인해 누군가의 인생이 송두리째 바뀌었을 때 그 책의 가치를 얼마로 측정할 수 있을까?

물론 일반적인 공산품도 그러한 경우들이 있다. 사막 한가운데서 탈수 증상으로 죽기 직전인 사람에게 주어진 생수 한 병의 가치 역시 상품의 가격과는 엄청난 차이를 보일 것이다. 하지만 일반적인 상품들에서는 아주 드물게 발생하는 이러한 현상이 책이라는 상품에서는 아무렇지도 않게 자주 발생한다. 인생이 송두리째 바뀌는 것은 아니더라도 책 한 권으로부터 받은 감동으로 인해 삶을 대하는 태도가 달라지고 인생에 대한 결심이 새로워졌다는, 어쩌면 식상하기까지 한 이야기들을 얼마나 많이 접할 수 있는가?

책은 웹 못지않게 아주 유연한 다품종 소비체계를 이미 구축하고 있다. 책의 이러한 소비 특징을 무시하고 광고를 의식한 매스미디어 소비 방식을 도입할 경우 출판 콘텐츠에 대한 독자들의 신뢰를 잃어버릴 가능성이 크다. 표현의 자유와 같은 우아한 이유 때문이 아니라 사용하기 불편하고 거추장스럽다는 이유로 독자들에게서 외면받는 사태가 생길 수도 있는 것이다. 출판이 미래의 성장 산업이 되기 위해서는 잠깐의 이익을 위해서 광고 시장에 눈을 돌리기보다 책의 유연한 소비 방식을 극대화시키는 방향으로 발전해야 할 것이다. 그것이 디지털 콘텐츠의 소비문화 속으로 들어가는 길이며 더 많은 독자들과 호흡하며 출판 콘텐츠를 지속적으로 만들 수 있는 길이 될 것이다. 그렇다고 해서 웹의 방식을 그대로 흉내 낼 필요는 없을 것이다. 출판은 출판의 방식으로 다품종 소비체계에 기반한 새로운 사업모델을 만들 수 있다고 생각한다.

출판의 이러한 다품종 생산과 소비의 특징은 소셜 네트워크가 강조되는 디지털 환경의 트렌드와도 잘 맞아떨어진다. 소셜 네트워크가 활성화된다는 것은 사용자들이 일방적으로 기업이나 단체의 웹 서비스를 통해 콘텐츠를 수용하는 것이 아니라 자신들의 콘텐츠를 스스로 유통시키는 문화가 자리 잡았다는 뜻이기도 하다. 여기에서 소셜 네트워크의 관계망을 통해서 어떤 콘텐츠들이 유통되는가에 대해서 주목할 필요가 있다.

가장 중요한 콘텐츠는 역시 개인의 심리적, 물리적 상태와 관련된 것이다. 현재 어느 장소에서 무엇을 하고 있는지, 어떤 음식을 먹었는지, 기분이 어떤지 등 일상적인 대화는 오프라인에서도 가장 많이 주고받는 이야기들이다. 이러한 이야기들은 소셜 네트워크에서도 역시 가장 큰 비중을 차지할 것이다. 그러나 사람이란 만날 밥 먹고 커피 마신 얘기만 가지고 소셜 네트워크에서 자아를 구축할 수 있을 만큼 그렇게 솔직한 존재가 못 된다. 안부 인사와 먹는 얘기 말고도 자신의 소셜 아이덴티티에 허세를 부여할 수 있는 무언가가 필요하다는 말이다. 이럴 때 각종 문화상품들은 중요한 매개체가 된다. 즉 소셜 네트워크를 통해 수많은 사용자들의 사적인 발화들이 흐르지만 결국 이미 생산된 콘텐츠의 기반 위에서 흐를 수밖에 없는 것이다.

이런 환경에서 앞서 말한 출판의 개인화된 소비 방식은 빛을 발하게 된다. 콘텐츠 하나의 소비 경험을 통해 다양한 감동과 해석이 나오기 힘든 방송, 영화, 음악 등에 비해서 책은 하나의 콘텐츠가 무수한 이야기들로 변주될 수 있다. 이 얼마나 '소셜'스러운 현상인가? 최근 몇 년간 유행했던 UCC가 결국은 무언가의 재해석하고 재창조한 콘텐츠들로 채워졌음을 상기한다면, 출판 콘텐츠는 우리의 걱정과 달리 독자들의 디지털 환경 최전선에서 소비될 수 있는 콘텐츠가 될 수 있는 경쟁력을 충분히 가지고 있는 것이다.

지금까지 디지털 콘텐츠의 소비와 출판 콘텐츠의 소비 특징이 가지는 유사성을 근거로 출판의 경쟁력을 설명했다면 이번에는 출판의 프로세스가 디지털 콘텐츠 환경에서 어떤 경쟁력을 갖추고 있는지를 설명할까 한다.

디지털 콘텐츠 퍼블리싱에서 편집자의 역할

'출판은 사람 장사'라는 말이 있다. 출판을 하다 보면 결국 사람과의 인연과 신뢰가 가장 중요한 자산으로 남는다는 뜻일 것이다. 지식노동에 근거한 출판의 고유한 특징을 잘 보여주는 이 말은 또한 출판의 프로세스를 선명하게 드러내는 말이기도 하다. 특히 원천기술이라고 할 만한 객관적인 기술력이 존재할 수 없는 성격을 잘 나타낸다.

다 쓰러져가는 늙은 기업들이 자신들의 전성기 때 확보한 특허권을 무기로 거액의 수수료를 챙기거나 천문학적인 금액으로 다른 기업에게 인수되는 일을 종종 볼 수 있다. 요즘은 동네 만두가게도 새로운 아이디어로 사업에 성공하면 그 기술에 대한 특허를 신청하고 독점적인 권리를 확보하는 시대이다. 하지만 출판은 그럴 만한 원천기술을 전혀 가지고 있지 못하다. 국가에서 독점을 인정하는 권리인 저작권이 있긴 하지만 그것은 어디까지나 저자들의 몫일 뿐이다. 출판사가 상품을 만드는 과정은 오로지 편집자 개인의 지식과 판단력, 언어감각 등에 의존하며 그것을 객관적으로 평가할 수 있는 기준이란 존재하지 않는다. 책이 만들어지는 과정의 신비한 마법과 시장에서 탁월한 우위를 점하고 있는 기술이 분명 존재함에도 불구하고 그 모든 것이 출판을 하는 사람들 속에 흩어져 존재하고 있는 것이다.

이러한 사람 중심의 프로세스는 때론 비효율적이다. 하지만 종종 계량적으로 절차화된 프로세스가 할 수 없는 일을 가능하게 만들기도 한다. 책 만드는 일을 해보지 않은 사람들이 들으면 가장 많이 놀랄 일 중 하나가 바로 '원고'를 둘러싸고 벌어지는 온갖 에피소드가 아닐까 싶다. 책을 보는 독자들은 당연히 그 책을 저자가 쓴 원고라고 생각할 것이다. 하지만 출판일을 해본 사람들은 책의 원고가 얼마나 많은 사연을 담고 있는지 잘 안다. 그 사연들 대부분은 비효율적이며 자주 비상식적이다. 편집자들이 때때로 대단하게 보이는 이유는 보통 사람의 상식을 뛰어넘는 꼼꼼함이나 빼어난 언어감각 때문이 아니라 그 비합리의 과정을 온몸으로 견디며 결국에는 책이라는 상품을 만들어내고야 마는 능력 때문이 아닐까 생각한다.

에둘러 말했지만, 출판사가 원고의 탄생과 완성에 미치는 역할이 크다는 바로 그 점이 디지털 콘텐츠 환경에서 아주 중요한 장점이 된다. 출판사가 책이라는 물질적인 상품을 만들기 위한 단순한 프로세스로 구성된 것이 아니라 자신이 속한 사회에 어떤 지식, 어떤 이야기가 필요한지를 고민하고 그것을 저자와 함께 창조하는 프로세스까지도 포함하고 있기 때문이다.

디지털 콘텐츠의 대표적인 사례로 책과 음악이 종종 비교되곤 하지만 결정적으로 다른 부분이 아마 이러한 콘텐츠 구성 능력이 아닐까 생각한다. 음악 역시 기획사나 레이블이 뮤지션들의 창작 작업에 관여할 수 있겠지만 출판사에서 하는 일과는 그 역할이 아주 다르다. 어렵게 생각할 것도 없이 음악 산업에는 출판사의 편집자 역할을 하는 직군이 전혀 없다는 것만 봐도 금세 알 수 있다(프로듀서나 사운드 엔지니어 등이 있을 수 있으나 이는 편집자의 역할과는 전혀 다르다). 출판 역시 음악과 마찬가지로 디지털 콘텐츠 환경의 영향을 피해가지는 못하겠지만 출판사가 콘텐츠의 생산에 긴밀하게 접속할 수 있기 때문에 적어도 적극적으로 대응할 여지는 충분하다는 말이다.

출판사는 저자들의 콘텐츠 생산 파트너라는 역할을 지금보다 훨씬 더 강화해야 할 것이다. 그중에서도 특히 콘텐츠를 어떻게 퍼블리싱 할 것인가 하는 부분을 적극적으로 고민해야 한다. 여기서 말하는 퍼블리싱이란 접속의 개념을 포함한 넓은 뜻의 퍼블리싱이다. 콘텐츠를 일방적으로 배포하는 것이 아니라 사용자(독자)들이 지식과 정보에 접속할 수 있도록 만드는 체계를 구축해야 한다. 거창하게 말하자면 플랫폼을 구축하는 것이고 소박하게 말하자면 콘텐츠를 매개로 독자들과 상시적으로 소통할 수 있는 채널을 확보하는 것이다. 지금까지 주로 종이책을 홍보하고 마케팅하기 위한 수단으로만 취급되었던 홈페이지, 블로그, 카페, SNS 등의 역할을 콘텐츠를 중심에 놓고 다시 설계해야 할 것이다. 이는 디지털 콘텐츠 퍼블리싱을 위한 가장 중요한 준비이기도 하며 사용자 중심의 디지털 콘텐츠 기획과 설계를 위한 필수요소이기도 하다.

이러한 역할의 중심에 바로 편집자가 있다. 편집자는 지금 이 순간에도 저자가 콘텐츠를 생산하는 데 중요한 조력자 역할을 수행하고 있다. 하지만 그 대부분은 오직 종이책만을 전제한 역할이다. 앞으로 출판 콘텐츠가 종이책으로도 유통되고 전자책으로도 유통되고 앱으로도 유통되는 시대가 온다고 했을 때, 편집자의 역할은 종이책에만 한정되지 않을 가능성이 크다. 종이책 전문 편집자, 전자책 전문 편집자, 앱 전문 편집자 이렇게 나뉘지는 않을 것이란 얘기다. 오히려 하나의 콘텐츠를 종이책으로는 어떻게 만들 것이며, 전자책과 앱으로는 어떻게 구성할 것이며 웹에서 유통되기 위해 어떻게 활용해야 할 것인지를 통합적으로 판단할 수 있는 편집자를 요구할 가능성이 크다. 종이책이 만들어진 후에 전자책이나 앱이 만들어지는 것이 아니라 하나의 소스가 개별 미디어 환경에 맞게 동시에 만들어지는 것이다 (굳이 말하자면 원 소스 멀티 유즈!). 이러한 작업을 최적의 프로세스로 처리할 수 있는 가능성 때문에 출판이 디지털 콘텐츠 환경에서도 경쟁력을 가진다고 말할 수 있다.

디지털 콘텐츠 퍼블리싱과 관련된 시장의 큰 움직임이 글로벌 IT기업에 의해 장악되어가는 분위기이지만, 그럼에도 불구하고 디지털 '콘텐츠'를 생산하는 역할은 반드시 있어야 하며 이 부분에서 아직까지는 출판사가 축적한 경쟁력을 뛰어넘을 수 있는 누군가가 등장하지는 않았다고 볼 수 있다.

여전히 출판사의 고유영역으로 간주되고 있는 전자책은 제외하고 모두에게(심지어 개인에게도) 새로운 사업기회로 간주되고 있는 앱의 경우를 살펴보자면, 콘텐츠를 전문적으로 다룬 경험은 없지만 소프트웨어 개발 기술력을 가지고 있는 IT기업들이 콘텐츠에 기반을 둔 앱을 직접 만들기 시작했다. 아직은 출판사로부터 종이책 소스를 넘겨받아 만드는 경우가 대부분이지만 명언집이나 영어단어학습과 같은 특정한 분야에서는 외부 콘텐츠를 사용하지 않고 직접 콘텐츠를 생산해서 앱을 만드는 경우도 종종 볼 수 있다. 하지만 출판 관계자의 기준으로 보자면 콘텐츠 구성이라는 측면에서 완성도가 낮은 편이다. 콘텐츠의 완성도 측면에서 출판사의 역량을 넘어서기에는 아직은 역부족인 것이다.

지금은 각종 스마트 디바이스들이 게임이나 유틸리티, 정보 검색에 주로 사용되고 있다. 하지만 언젠가는(멀지 않은 시간에) 콘텐츠의 소비를 위해서도 활발하게 사용될 것임을 예상한다면 앱 콘텐츠를 얼마나 탄탄하게 구성할 것인가 하는 것이 중요한 문제로 대두될 가능성이 크다. 시장의 크기나 활성화 정도를 봤을 때 아직은 영향력이 미미하지만 그 성장의 속도를 봤을 때 얼마 안 있어 지금까지 말한 출판사의 장점이 본격적으로 발휘될 날이 오지 않을까 생각한다.

출판사는 디지털 콘텐츠 퍼블리싱을 주도할 수 있을까?

출판사의 모든 일은 종이책을 중심에 두고 구성되어 있다. 현장에서 일하다 보면 이해하기 힘든 측면이 없는 건 아니지만 그럼에도 불구하고 제법 짜임새를 잘 갖추고 있어서 출판산업이 안정적으로 유지될 수 있는 기반이 된다. 물론 평가하는 기준에 따라 짜임새 구성의 장점을 전혀 발견할 수 없는 경우도 있다.

대표적인 것이 시간과 속도의 개념이다. 사회생활을 시작해서 출판계의 테두리를 벗어나본 적이 없는 사람들은 자신들이 얼마나 느린 시간의 개념 속에 살고 있는지를 모를 것이다. 하지만 IT 분야에서 일하다가 출판으로 전향한 나의 경험에 비추어보면 출판사에서 벌어지는 거의 모든 일은 그 속도가 너무 느리다. 비슷한 배경을 가진 몇몇 사람들에게 물어보았지만 그들이 느끼는 바는 대동소이했다. 그들이 공통적으로 하는 말은 출판사에서 일하는 걸 옆에서 보고 있자면 일 처리가 왜 저렇게 오래 걸리는지를 이해할 수 없다는 것이다. 다른 산업의 프로세스를 기준으로 보자면 짜임새가 있기는커녕 비효율적인 과정으로밖에 안 보일 수도 있다. 각자 다른 시간의 감각을 소유하고 있는 것이다. 이 차이를 극복하지 못하고 결국 출판계를 떠나는 사람들도 있다. 그러나 일단 이러한 간극을 메꾸는 데 성공하고 나면 출판사의 시간과 속도가 마냥 비효율적인 것이 아님을 발견하게 된다. 출판사의 시간과 속도 감각은 종이책을 생산하는 데 최적화되어 있는 것이지 불필요한 일을 하거나 비효율적으로 낭비되고 있는 것이 아님을 인정하게 된다.

종이책만을 기준으로 보자면 출판사는 나름대로 최적의 프로세스와 경로를 구축하고 있다. 콘텐츠의 기획과 발굴, 제작과 유통에 있어 일종의 진입장벽을 형성하고 있는 것이다. 대규모의 자본이 필요한 유통망이나 기반시설을 요구하는 것은 아니지만, 출판이 오랫동안 유지해온 관성을 무시하고 자유자재로 콘텐츠를 다루기는 힘들다. 이것은 언뜻 보면 이는 디지털 콘텐츠 퍼블리싱과 관련이 없어 보인다. 하지만 실제로는 어떤 방식으로 콘텐츠를 퍼블리싱 한다고 해도 콘텐츠에 깊게 개입하는 과정을 생략할 수 없기 때문에, 출판사가 구축한 이러한 진입장벽은 기술기업들과 비교해 장점으로 작용할 가능성이 크다.

앞서 잠깐 언급했지만, 똑같은 '영어단어학습용 앱'을 만든다고 하더라도 해당 분야의 전문출판사가 만든 앱과 기술기업이 만든 앱은 '학습'이라는 콘텐츠 측면에서 볼 때 완성도의 차이가 발생할 수밖에 없다. 물론 앱 자체의 기능이나 소프트웨어적인 측면에서의 완성도는 기술기업에서 만든 것이 더 뛰어날 가능성이 높지만, 그러한 요소들은 결국 앱의 핵심적인 기능(이 경우엔 학습)을 보조하는 역할을 할 뿐이다. 좋은 '영어단어학습' 콘텐츠를 만든다는 측면에서는 출판사가 더 뛰어날 가능성이 훨씬 높은 것이다.

　지금까지의 논의에서 출판사가 구축하고 있는 최적의 프로세스와 짜임새를 경쟁력 있는 진입장벽으로 언급했다. 하지만 거기에는 단서가 있다. 종이책만을 기준으로 봤을 때 그러하다는 것인데, 디지털 콘텐츠에 대한 논의로 확장한다면 그러한 진입장벽은 단점이 될 수도 있다. 특히 '소프트웨어적 기획'과 같은 이질적인 요소가 출판의 프로세스에 개입할 경우엔 더욱 그러하다. 출판의 기존 프로세스가 새로운 변화를 흡수하고 융합하기에는 너무 꽉 짜여 있어서 모든 이질적인 요소를 튕겨버릴 가능성이 높기 때문이다. 익숙한 것만 고수하다가 환경의 변화에 대응하지 못하고 도태될 수도 있는 것이다(많은 사람들이 전자책이나 앱을 굳이 종이책과는 다른 어떤 것, 출판사의 프로세스와는 상관없는 어떤 것으로 정의하려고 하는 시도 또한 이런 측면에서 볼 수 있을 것이다). 소프트웨어란 개념은 디지털 콘텐츠 퍼블리싱에서 아주 중요한 개념이다. 출판사가 디지털 콘텐츠 퍼블리싱을 주도할 수 있느냐 없느냐가 소프트웨어 기획력에서 판가름 날 수도 있다.

　소프트웨어는 컴퓨터의 등장으로 인해 새로 생겨난 말이다. 소프트웨어를 설명할 때 소프트웨어 자체에 대한 구체적인 서술보다는 보통 하드웨어에 반대되는 개념으로 정의하곤 한다. 여기서 하드웨어란 컴퓨터의 기계적 장치를 지칭하는 말이다. 컴퓨터 기계만 가지고 할 수 있는 일은 없으므로 우리가 컴퓨터를 사용해 무엇인가를 한다는 말은 결국 소프트웨어를 사용해 작업을 처리한다는 말과 동일한 뜻이 된다.

　컴퓨터가 생활의 필수품이 되면서 소프트웨어란 단어의 의미도 확장되어 가는데, 컴퓨터 공학의 범주를 넘어서 가장 많이 쓰이는 용례가 바로 어떤 사안에 대해서 '하드웨어보다 소프트웨어가 중요하다'라고 할 때가 아닌가 싶다. 예컨대 영어교육에 있어 '하드웨어보다 소프트웨어가 중요하다'라는 말은, 각 지자체가 경쟁적으로 영어마을이나 영어학교 등을 만드느라 삽질을 하는 것보다 현재의 학교시스템을 최대한 잘 활용해서 아이들의 영어교육에 도움이 되도록 운영하는 것이 중요하다는 의미인 것이다.

하드웨어가 구조적 요소를 지칭하는 말이라면 소프트웨어는 운영요소를 지칭하는 말이라 볼 수 있다. 하드웨어는 일단 만들어지면 그 용도를 변경하기가 쉽지 않다. 하지만 소프트웨어는 하드웨어의 시스템을 활용하여 다양한 용도를 창조하기도 하고 기존의 용도를 변형시키기도 한다. 하드웨어적으로 구성된 CCTV 시스템은 특정 장소에 대한 화면의 모니터링과 녹화라는 본연의 목적을 벗어나기 힘들지만 여기에 소프트웨어적인 요소를 결합시키면 주차장 입구에 설치된 CCTV를 활용해 건물에 드나드는 자동차의 번호판을 자동으로 인식해 출입 현황을 기록한다든지 하는 식으로 활용할 수 있는 것이다.

이렇게 확장된 의미로 접근한다면 영화, 방송과 같은 문화산업은 소프트웨어산업으로 분류할 수 있다. 산업의 기반시설로 다양한 하드웨어가 필요하지만 그것을 활용해 어떤 콘텐츠를 만드느냐가 더 중요하기 때문이다. 또한 문화산업의 최종 생산물이 하드웨어보다는 소프트웨어에 가까운 무형의 콘텐츠로 이루어져 있기도 하다.

이에 반해 제조업의 경우는 대부분 하드웨어산업으로 분류할 수 있다. 산업에서 하드웨어적 요소가 차지하는 중요도가 높기도 하고 최종 생산물이 유형의 물질적 요소로 구성되어 있기 때문이다. 그렇다면 출판은 하드웨어산업에 가까울까, 소프트웨어산업에 가까울까.

출판은 무형의 콘텐츠를 생산하는 문화산업임에도 불구하고 유형의 종이책을 만드는 제조업까지 포함하고 있다. 출판이 어떤 산업이냐고 묻는 것은 콘텐츠 생산과 종이책 제조 중 어떤 것이 더 중요한 활동인가를 묻는 질문이라고 할 수 있다. 이 글을 읽고 있는 독자라면, 출판을 하드웨어산업이라고 대답하고 싶은 사람은 한 명도 없을 것이다. 출판은 사회에 유용한 지식과 이야기를 생산하는 문화산업이라고 생각할 것이다. 하지만 과연, 정말 그럴까?

앞서 출판의 장점을 설명하면서 소비의 측면과 생산의 측면으로 나누어 설명했다. 여러 기준이 있을 텐데 굳이 생산과 소비의 기준으로 구분한 이유는 생산의 측면에서 가진 단점을 극복하고 그것을 통해서 소비의 측면에서 더 급진적인 변화를 추구하자는 말을 하고 싶어서이다.

생산 프로세스를 기준으로 살펴보자면 출판은 제조업 성격이 강한 하드웨어산업이라 볼 수 있다. 그러나 종이책이라는 제품이 마치 방송국의 스튜디오나 영화의 촬영장비처럼 고정불변의 하드웨어로 인식되었기 때문에 지금까지는 이러한 특징이 크게 드러나지 않았다. 다른 말로 하자면 출판 콘텐츠가 유통되는 유일한 채널로 종이책이라는 미디어가 고정되어 있는 듯 보였기 때문에, 미디어-콘텐츠(어떻게 보자면 하드웨어-소프트웨어)의 상관관계에 대한 고민이 없었다. '종이책 제조=콘텐츠 생산'의 등식으로 인식되면서 출판의 소프트웨어적 활용을 고찰할 기회 없이 열심히 종이책을 만드는 일에만 몰두해왔던 것이다.

그러나 콘텐츠 소비 환경의 변화로 인해 이러한 상황에 균열이 찾아왔다. 디지털 기술의 발전과 함께 도래한 이러한 변화는 출판계가 스스로 준비할 새도 없이 출판 콘텐츠의 유통 환경을 뒤흔들기 시작했다. 종이책 이외에 e잉크 단말기, 스마트폰, 태블릿PC 등의 미디어가 등장하고 소비자들이 여기에 호의적인 반응을 보이기 시작하면서 출판계는 지금까지 한 번도 고민하지 않았던 것들에 대해 고민해야만 하는 상황에 놓이게 되었다. 스스로를 하드웨어산업이라고 정의해본 적이 없음에도 불구하고 종이책을 만드는 제조업의 성격이 너무나 선명하게 드러나버린 것이다(출판이 하드웨어산업이라는 말에 너무 발끈하지는 말자. 상황이 그렇다는 표현일 뿐이다). 출판 콘텐츠를 소프트웨어적으로 어떻게 활용할 것인가에 대한 고민으로부터 출발하여 출판계가 스스로 자각하게 되었다면 그나마 다행이었겠지만 그런 기회는 이미 지나가버렸다.

사실 이러한 고민은 웹이라는 새로운 미디어가 출현했을 때 이미 시작되었어야 했다. 앞서 설명했던 하드웨어와 소프트웨어의 차이에서 한 발 더 나아가 이제부터는 소프트웨어를 하드웨어에 자유를 부여하는 능력이라고 정의하겠다. 이러한 관점에서 출판 콘텐츠가 종이책이라는 하드웨어로부터 얼마나 자유로운지 묻는 것으로 출판의 소프트웨어적 역할에 대해 판단할 수 있을 것이다.

새로운 콘텐츠 유통 플랫폼을 고민해야 할 때

웹은 적어도 지금까지는 출판 콘텐츠와는 전혀 다른 방향으로 발전해왔다. 간결하고 파편적이며 하나의 틀에 고정되기보다는 검색이나 링크를 통해 연결되어 있다. 출판의 관점에서 보자면 상품가치를 찾기 힘든 콘텐츠들이라 볼 수 있다. 그러나 사용자들은 그 정도 수준의 콘텐츠에도 충분히 만족했고 때로는 자신이 콘텐츠 공급자가 되기도 하면서 자유롭게 웹 콘텐츠 환경을 발전시켜왔다.

　어쨌든 지금까지는 웹 콘텐츠와 출판 콘텐츠가 분리되어 왔지만 이제부터는 이 두 영역이 통합될 가능성이 높다. 이러한 통합의 사례로 '네이버 캐스트'를 들 수 있다. 네이버 캐스트에 소개되는 콘텐츠는 출판의 기준으로 따지더라도 그 완성도 측면에서 종이책에 결코 뒤지지 않는다. 당연히 그럴 수밖에 없는 것이 네이버 캐스트는 네이버가 직접 생산하거나 사용자들이 생산하는 콘텐츠가 아니라 종이책의 필자급에 해당하는 전문가들이나 출판사에서 제공하는 콘텐츠들로 구성되어 있기 때문이다. 아직은 여기에 축적된 콘텐츠의 양이 많지 않지만, 만약 수백, 수천만 개의 콘텐츠들이 쌓이게 된다면, 마치 신문사와 네이버의 역할이 역전되었듯이, 출판사와 네이버의 역할에 큰 변화가 생길 수도 있다고 생각한다.

　네이버 캐스트를 살펴보면 다음과 같이 구성되어 있다. 크게 주제와 기획물로 나누어지는데 주제 항목은 인문과학, 사회과학, 자연과학, 기술·공학 등으로 우리가 익히 보던 것과 유사하게 구성되어 있다. 기획물은 '오늘의 과학', '오늘의 문학' 등의 '오늘' 시리즈와 'IT세상', '건축기행', '교양경제학' 등 특정한 주제를 부각시킨 시리즈로 구성되어서 주목도를 높이고 있다. 하나의 콘텐츠는 당연히 양쪽 분류 모두에 속하게 되는데, 예를 들어 '행복한 삶―긍정심리학'이란 항목을 보면 '주제 전체〉인문과학〉심리학'에 속하면서 '기획물 전체〉오늘의 심리학〉생활 속의 심리학'에 속하는 식이다. 콘텐츠 뷰의 우측에는 연관 콘텐츠를 함께 보여주는데, 같은 주제에 속한 것과 같은 기획물에 속한 것을 모두 보여준다. 그리고 하단에는 특히 연관성이 높은 콘텐츠를 '관련글'이라는 항목으로 보여준다. 사용자들은 이 콘텐츠를 '네이버me'를 통해 구독하거나 '미투데이'에 퍼가거나 할 수 있고, 댓글을 통해서 사용자들끼리 의견을 주고받거나 카페나 블로그에서 공유할 수 있다. 또한 네이버 캐스트 메뉴를 통해서 이러한 콘텐츠에 접근할 수도 있고 네이버 검색창(통합검색결과의 '지식백과' 항목)을 통해서도 접근할 수 있다. 책이 가진 일방향성과 고정성에 비하면 굉장히 역동적으로 구성되어 있음을 알 수 있다.

이런 구조로 이루어진 미디어 채널에 (지금과 같은 수준을 유지하면서) 수천만 개의 콘텐츠가 누적된다면 어떤 일이 일어날까? 원하는 주제에 맞춰 쉽게 개별 콘텐츠를 분류할 수 있으며 시스템이 추천해주는 연관 콘텐츠들이 언제나 풍부하게 제공되며 모르거나 궁금한 사항은 검색시스템과 실시간으로 연동되어 결과를 알려주고 스크랩-퍼블리싱 시스템을 통해서 PC뿐만 아니라 스마트폰, 태블릿PC, 종이 출력까지 유기적으로 연동되는 (일종의 자동출판시스템이라고 부를 수 있는) 콘텐츠 유통 플랫폼이 등장하는 것이다. 게다가 웹의 일반적인 콘텐츠와도 연결되어 있으므로 이 플랫폼에서 찾을 수 없는 정보란 사실상 존재하지 않는다고 볼 수 있다. 웹에서 이런 플랫폼이 구축된다면 그것은 종이책을 대체할 수 있을까? 아마 완전히 대체하기는 힘들 것이다. 그러나 출판사를 위협하기에는 충분할 만큼의 역할은 할 수 있을 것이라 생각한다.

이렇게 웹의 콘텐츠가 출판 콘텐츠의 역할을 담당할 수 있다면 출판사는 어떻게 대응해야 할까? 다른 말로 한다면 어떤 소프트웨어적 기획을 준비해야 할까? (여기에서 웹이 출판 콘텐츠만큼 수준 높은 콘텐츠를 생산하지는 못할 것이라는 문제 제기는 큰 의미를 가지지 못한다. 스스로 콘텐츠를 생산하지 않더라도 소비자의 만족을 극대화시키는 플랫폼을 구축하고 콘텐츠 제공자가 그 규칙에 따를 수밖에 없도록 강제하는 웹의 능력을, 우리는 이미 신문의 사례를 통해 충분히 경험하였다)

출판사가 가장 주목해야 할 것은 역시 종이책이라 생각한다. 정확하게는 종이책을 둘러싸고 벌어지는 모든 일이 출판사의 활동 영역 속에 들어오도록 만들어야 한다. 베스트셀러 중심의 출판시장과 독서 문화의 폐해에 대한 이야기들이 있지만 이 글에서 문제 삼고 싶은 것은 책 읽기가 '한 권'의 경험에서 멈춰버린다는 것이다.

책을 읽는 진짜 재미는 세상의 모든 책들이 서로 연결되어 있음을 발견하는 순간임을, 책을 좋아하는 사람들 대부분은 알고 있다. 지금 읽고 있는 책의 저자가 책 속에서 추천하는 다른 책이 금방이라도 읽고 싶어서 마음이 조급해졌던 기억, 좋아하는 작가의 작품을 침대 머리맡에 가득 쌓아놓고 행복했던 기억, 궁금했던 주제의 책을 연거푸 읽으면서 지식의 깊이와 넓이가 확장되는 것 같아서 스스로 뿌듯했던 기억들이 바로 책을 읽는 진짜 재미, 콘텐츠 소비자로서 가장 즐거운 경험이 아닐까 생각한다.

그러나 베스트셀러 중심의 출판시장은 이러한 즐거움의 기회를 허용하지 않는다.『정의란 무엇인가』와『아프니까 청춘이다』가 밀리언셀러를 기록했다고 해서 우리 출판시장에서 정의론이나 사회철학에 대한 논의가 풍성해지고, 젊은이들이 고통받을 수밖에 없는 구조를 분석하는 사회과학서들이 주목받았는가. 베스트셀러 중심의 출판시장에서 베스트셀러 다음에 필요한 것은 결국 또 다른 베스트셀러일 뿐이다. 출판사들은 혹시 종이책이 화폐로 환산되는 순간 자신의 역할이 끝났다고 생각한 것은 아닐까? 출판의 소프트웨어적 기획을 강화한다는 것은 독자에게 책이 전달된 이후의 상황까지 출판사의 활동 영역 안으로 품는 것이다.

  출판사들은 왜 네이버처럼 콘텐츠를 제공하지 못할까? 지금의 상황에서는 출판사가 그렇게 콘텐츠를 제공한다고 하더라도 독자들의 감동을 이끌어내기가 힘들기 때문이다. 그리고 출판사의 모든 활동이 종이책의 생산과 판매에만 제한되어 있기 때문이다. 이제는 출판 활동의 영역을 과감하게 확장해야 할 때라 생각한다. 종이책의 생산 이전, 판매 이후에 무엇이 있는지를 발견해야 한다. 그래서 책을 기획하는 방식, 마케팅과 프로모션을 진행하는 방식, 독자의 목소리를 듣는 방식, 독자를 만나는 방식을 모두 바꿔야 한다. 출판 활동의 모든 영역에서 주도권을 발휘하며 새로운 콘텐츠 유통 플랫폼에 대해 고민해야 할 때이다.

5장

플랫폼이란 무엇인가?

2011년 9월 28일(미국 현지시간), 아마존이 드디어 자신들의 첫번째 태블릿을 발표했다. 안드로이드 운영체제를 탑재하고 아마존이 직접 개발한 클라우드 기반의 웹브라우저 실크Silk를 장착한 199달러짜리 이 기계의 이름은 킨들 파이어Kindle Fire. 제품이 발표되자마자 국내외 언론과 관계자들은 아마존에 대한 찬사를 아끼지 않았다. 애플의 아이패드에 대항할 수 있는 태블릿이 등장했다는 기사에서부터 지금까지 출시되었던 다른 안드로이드 태블릿 및 e북 리더기들에게는 재앙에 가까운 위협이 될 것이라는 기사들까지 제품이 출시되기 전부터 성공을 확신하는 분위기였다. 나 역시 그러한 예상에 동의할 수밖에 없었다. 아마존의 클라우드 서비스니 뭐니 하는 자세한 설명은 생략하더라도 기사들 중 유독 눈에 띄는 부분이 있었기 때문이다. '킨들 스토어에 등록된 100만 권에 가까운 책, 10만 편이 넘는 영화와 TV쇼, 1700만 곡의 노래'. 아마존이 스스로 통제할 수 있는 디지털 콘텐츠 플랫폼의 구축에 성공한 기업—애플과 마찬가지로—이라는 것을 새삼스럽게 확인할 수 있는 순간이었다. 아마존의 첫번째 태블릿인 킨들 파이어가 가진 영향력이란 결국 아마존의 플랫폼이 가진 영향력이란 생각이 들었다. 그리고 이어지는 생각은, 만약 애플과 아마존의 그 플랫폼이 국내 콘텐츠를 담아 한국어로 정식 서비스된다면 어떻게 될까 하는 것. 그중에서도 특히 전자책이 서비스된다면, 현재 고군분투하고 있는 국내 전자책 유통사들은 어떻게 대응할 수 있을까? 솔직히 말하자면 두렵다는 생각이 가장 먼저 들었다. 대체 플랫폼이란 무엇이길래 이토록 위협적인 것일까?

　컴퓨터 기술이 등장하기 전까지 플랫폼이라는 단어를 통해 떠올렸던 가장 대표적인 이미지는 아마 열차의 승강장일 것이다. 그다지 복잡할 것도 어려울 것도 없는 생활용어였던 셈이다. 하지만 컴퓨터 기술 분야에서 플랫폼이란 개념을 사용하면서 단어의 정의가 복잡해지게 되는데, '소프트웨어가 구동 가능한 하드웨어 아키텍처나 소프트웨어 프레임워크(응용프로그램 프레임워크를 포함하는)의 종류를 설명하는 단어. 일반적으로 플랫폼은 컴퓨터의 아키텍처, 운영체제(OS), 프로그램 언어, 그리고 관련 런타임 라이브러리 또는 GUI(Graphic User Interface)를 포함한다.'고 정의된다. 또한 가장 친근한 플랫폼으로는 'x86 아키텍처가 돌아가는 마이크로소프트 윈도'의 사례가 소개된다. 최근에 자주 사용되는 플랫폼이란 단어는 컴퓨팅 분야의 이러한 정의에서 출발했다고 있다고 볼 수 있다.

이 글에서는 플랫폼의 사전적 정의를 설명하기보다는 플랫폼을 둘러싼 변화의 사례를 설명함으로써 플랫폼의 개념에 접근하려 한다. 출판 콘텐츠와 연계된 디지털 콘텐츠 퍼블리싱의 플랫폼에 대해서 설명하기 전에 먼저 출판보다 먼저 디지털화를 겪었던 게임과 음악의 변화를 통해서 플랫폼에 대한 이야기를 시작해보겠다.

게임산업·음악산업 플랫폼의 변화

1990년대 초중반, PC게임산업의 전성기에 게임을 즐긴 사람이라면, 당시와 비교해서 지금의 게임산업이 얼마나 많은 변화를 겪었는지 잘 알고 있을 것이다. 하지만 2000년대 초반이나 그 이후부터 컴퓨터게임을 즐기기 시작한 사람들이라면 게임 종류의 다양화, 그래픽 표현의 발전과 같은 기술적인 요소의 변화 외에는 당시의 게임산업과 지금의 차이를 느끼기 힘들 것이다. 전자의 사람들이 대격변이라 부를 만한 플랫폼의 변화를 경험했다면 후자의 사람들은 지속적으로 발전하는 흐름을 타고 기술의 변화 정도만을 경험했다고 볼 수 있기 때문이다.

한국의 PC 보급 역사를 간단히 살펴보면, 1980년대 후반부터 1990년대 중반까지 인텔의 386, 486, 펜티엄PC로 넘어가는 과정이 있었다. 그리고 펜티엄PC의 보급이 활성화되기 시작하면서 1996년에 드디어 PC 보급대수가 1,000만 대를 넘어서게 된다. 이 시기의 게임산업은 아케이드게임 플랫폼에서 PC게임 플랫폼으로 빠르게 변했다. 오락실로 상징되는 아케이드게임은, 1991년 출시되어 전국을 강타한 〈스트리트 파이터〉라는 게임을 마지막으로 서서히 쇠락의 길을 걸었다(오락실과 별개로 '닌텐도'와 같은 가정용 게임기 시장도 있었지만, 한국의 문화적·경제적 상황으로 볼 때 게임산업의 주요 플랫폼이 되기에는 무리가 있었다). 그리고 그 자리를 PC가 파고들면서 1990년대 중반 이후 가장 대표적인 게임 플랫폼이 되었다.

PC가 게임산업 플랫폼의 핵심적인 역할을 수행하던 시절에는 컴퓨터게임을 이렇게 정의할 수 있었다. 'CD를 사용하여 PC에 게임을 설치한 후 모니터의 화면을 보며 키보드와 마우스를 이용해서 조작하는 것'이었다. 이런 방식으로 게임을 즐기기 위해서는 두 가지가 필요하다. 하나는 CD라는 형태를 가진 게임 상품의 구매이고 또 하나는 그 게임을 실행할 수 있는 PC라는 기계적 장치이다. 지금 생각하면 첫 번째 조건이 굉장히 어색하게 여겨질 것이다. 지금도 여전히 PC를 사용해 게임을 많이 즐기긴 하지만 CD라는 물리적 실체를 가진 상품을 구매하진 않기 때문이다.

CD로 유통되는 게임이라는 상황에 변화가 일어나기 시작한 것은 1990년대 후반 전국에 피시방이 보급되기 시작하면서부터였다. 또한 김대중 정부가 IT산업을 육성하기 위하여 시행했던 '초고속인터넷' 보급 정책과도 긴밀하게 맞물려 있었다. 변화는, 애초에 모든 의미 있는 변화들이 그렇듯 급작스럽게 찾아왔다. 어느 날 갑자기 CD 패키지로 팔리던 게임들 대부분이 사라져버렸다. 그리고 사람들은 컴퓨터로 게임을 즐기기 웹 사이트에 접속하기 시작했다. 전국에 〈한게임 고스톱〉 열풍이 불기 시작한 것이다. 이전과는 전혀 다른 방식으로 게임 콘텐츠에 접근하는 세상이 된 것이다. 이러한 변화로 인해 컴퓨터 게임을 즐기는 사용자 층이 폭발적으로 늘어나게 된다. 초등학생부터 환갑을 훌쩍 넘긴 어른들까지 컴퓨터 앞에 앉아서 게임을 즐기는 시대가 되었다.

이후에 게임산업은 또 한 번 중요한 변화를 경험하게 되는데 그것은 바로 휴대폰 기술의 발전이다. 단색의 좁은 화면에서 넓은 컬러 액정화면으로 기계들이 발전하면서 휴대폰용 게임들이 엄청나게 쏟아져 나왔다. '그렇게 좁은 화면으로 무슨 게임을 하겠는가?'라는 불신을 비웃기라도 하듯이 참신한 아이디어로 무장한 게임들이 속속 등장했다. 그리고 게임산업에서 무시 못할 정도의 규모로 성장했다. 사람들 또한 휴대폰으로 게임을 즐기는 것에 금세 적응했다. 몇 년 전까지 '전철에서 신문이나 책을 보던 사람들이 휴대폰에 시선을 고정시키고 게임에 열중하는 현상'에 대한 기사들을 종종 접할 수 있었다. 스마트폰이 등장하기 전에 이미 많은 사람들이 휴대폰을 게임 플랫폼의 일부로 받아들이기 시작했던 것이다.

지금의 게임산업은 훨씬 더 복잡해졌다. 웹게임이나 휴대폰게임 외에도 마치 헐리우드 블록버스터 영화처럼 대규모의 자본을 투입해 만드는 각종 MMORPG(Massive Multiplayer Online Role Playing Game)게임들, PSP나 닌텐도DS 같은 휴대용 게임전용기기들, 그리고 아이폰이나 아이패드 같은 모바일기기의 등장을 계기로 게임산업은 이제 미래가 촉망되는 중요한 문화산업의 영역이 되었다. 불과 20여 년 전까지만 하더라도 상상할 수 없었던 일이다. 고가의 컴퓨터를 구입할 수 있는 여력이 있는 사람들이나 새로운 기술에 접근하기 쉬웠던 일부 학생들을 중심으로 마니아들의 취미 생활 정도로 간주되던 컴퓨터게임산업이 이제는 전 국민이 언제 어디서나 즐길 수 있는 엔터테인먼트 산업이 된 것이다. 이러한 변화들의 핵심에 플랫폼의 변화가 있다는 것은 따로 강조하지 않아도 짐작할 수 있을 것이다. 어떤 내용의 변화가 포함되어 있는지는 나중에 다루기로 하고 이번에는 음악에서 어떤 변화가 일어났는지를 살펴보자.

아시다시피 웹의 등장으로 가장 처참하게 몰락한 분야가 바로 음반산업이다. 이제는 재기가 불가능해 보이는 이 산업에 대한 이야기를 꺼내는 이유는 음반산업과 음악산업을 분리해서 살펴보기 위해서이다. 음반산업이 몰락했다고 해서 음악산업이 몰락했다고는 볼 수 없다. (적어도 산업적인 측면에서는) 오히려 음악산업은 계속해서 성장하고 있다. 콘텐츠의 생산자와 그 콘텐츠에 기반을 둔 제품의 생산자가 다르다는 측면에서 음반산업과 출판산업은 그 구조가 비슷하다. 그래서 음반산업과 음악산업에 대한 구분이 출판산업의 미래를 예측하는 데 유의미한 시사점을 줄 수 있지 않을까 생각한다.

한때 음반산업이 곧 음악산업을 뜻하던 때가 있었다. '길보드'라 불리며 유통되던 불법복제물을 포함해서 제법 큰 규모로 CD나 카세트테이프의 유통시장이 형성되어 있었다. 1992년에 발매된 서태지와 아이들 1집 〈난 알아요〉는 170만 장이 판매되어 데뷔앨범 최고 판매량을 기록했고, 1995년에 발매된 김건모 3집 〈잘못된 만남〉은 무려 280만 장이나 판매되어 역대 앨범 최대 판매량을 기록했다. 지금은 가장 잘나간다는 아이돌 그룹의 앨범도 10만 장을 넘기기가 힘든 상황임을 생각해보면 당시 음반시장이 얼마나 컸는지 짐작할 수 있다. 하지만 이렇게 큰 시장이 몰락하는 데 그리 오랜 시간이 걸리지 않았다. MP3 파일의 대중화, 소리바다와 같은 P2P 공유사이트의 등장, 편리하고 다양한 MP3 플레이어의 등장으로 인해 불과 몇 년 만에 완전히 몰락하고 만다.

 2000년에 4,104억으로 정점을 찍은 음반산업은 2001년 3,733억, 2002년 2,861억, 2003년 1,833억, 2004년 1,338억으로 매출이 급감하면서 불과 4년 만에 3분의 1 규모로 매출이 축소되었다. 이에 반해 디지털 음악시장의 규모는 2000년 450억에서 시작해 2001년 911억, 2002년 1,345억, 2003년 1,850억, 2004년 2,014억까지 성장하며 역시나 불과 4년 만에 다섯 배 가까이 커졌다. 2003년에 이미 전통 음반시장과 디지털 음악시장의 규모가 역전되기 시작했고 2007년에는 음반산업이 788억, 디지털 음악산업이 4,276억으로 그 규모에 있어서 비교할 수 없는 상황이 되었다(한국음악콘텐츠협회, 한국소프트웨어진흥원 통계자료 참조). 부질없는 가정이긴 하지만 만약 국내에서도 아이튠즈 뮤직스토어와 같이 좀더 제값을 받을 수 있는 디지털 음원 서비스를 만드는 데 성공했다면, 디지털 음악시장의 규모는 지금보다 훨씬 더 커졌을 것이다.

 음악산업은 이제 (더 이상 음반산업이 아니라) 디지털 음원과 관련된 사업이 되었다. 디지털 음원의 가격에 대한 아쉬움이 존재하기는 하지만 어쨌든 이제는 디지털 음원을 둘러싼 플랫폼이 음악산업의 핵심 플랫폼이 된 것이다. 디지털 음원 서비스는 구매와 동시에 소비가 이루어지는 휴대폰 벨소리나 컬러링 등의 서비스와 웹에서 구매가 이루어지지만 웹뿐만 아니라 MP3 플레이어나 휴대폰 등을 통해서 소비되는 BGM/다운로드/스트리밍 서비스로 구성된다. 구매와 소비의 시차도 다양해지고 감상의 목적뿐만 아니라 기능적 사용성을 염두에 두고 가공된 상품까지 등장하면서, 전통적으로 유지되었던 앨범 단위의 음악이 가지는 가치에 많은 변화가 생겼다.

음반에서 디지털 음원으로 빠르게 전환되긴 했지만 보기에 따라서는 집이나 사무실처럼 고정된 공간에서 음악을 듣거나 휴대용 기기를 이용해서 움직이는 동안에 음악을 듣는 소비 행위 자체에는 큰 변화가 없는 것처럼 보일 수도 있다. 오디오에서 듣던 음악을 컴퓨터에서 듣고, 카세트테이프나 CD 플레이어에서 듣던 음악을 MP3 플레이어나 휴대폰에서 듣게 된 디바이스의 변화 정도로만 보일 수도 있다. 하지만 음악이라는 상품의 내용에 대해서 분석해보면 예전과는 전혀 다른 개념의 서비스들이 등장하게 되었다는 것을 발견할 수 있다. 이전에는 존재하지 않았던 벨소리, 컬러링 등의 음악상품이 등장했고, 과거에는 주로 앨범 단위로 소비되던 음악이 이제는 곡 단위로 소비되고 있음을 알 수 있다. 마치 게임이 일부 마니아들의 취미에서 전 국민의 엔터테인먼트 산업이 된 것처럼 음악이라는 상품 역시 내재적 가치의 변화를 겪게 된 것이다. 그리고 이러한 변화의 핵심에는 음악을 둘러싼 플랫폼의 변화가 있었다.

지금까지 주로 소비의 측면에서 게임과 음악산업의 변화를 살펴보았다. 산업 차원에서 플랫폼을 논할 때 생산과 유통, 소비가 모두 포함되어 있지만 그중에서 소비 환경이 가장 중요하다고 생각했기 때문이다. 생산과 유통의 변화를 통해서 플랫폼을 변화시키기는 어렵지만 소비의 변화를 통해서는 가능하다고 생각한다. 왜냐면 소비 환경의 변화라는 것은 상품이 가지는 의미적 차원의 변화를 포함하고 있기 때문이다. 생산과 유통 현장에서 일어나는 변화의 개별적 파편들에 방향성을 제시해주는 것이 바로 그 의미적 차원의 변화이다. 생산자 측에서 시작된 변화라고 하더라도 결국은 소비자의 문화적 감수성이나 생활방식의 변화를 동반할 수 있을 때만 플랫폼 차원의 변화가 가능한 것이다(애플이나 아마존이 그래서 대단하다고 생각한다). 앞서 외형적인 변화를 살펴보았다면 이제는 그러한 외형적 상황의 이면에 존재하는 내부적인 변화들을 분석하면서 플랫폼이란 개념에 대해 조금 더 접근해볼까 한다.

게임산업·음악산업을 통해 본 플랫폼 변화의 특징

게임산업과 음반(음악)산업은 이미 플랫폼이 완전히 전환되었고 그로 인해 산업 생태계 전체가 엄청난 변화를 경험했다. 단순히 유통 시스템이 바뀐다거나 디바이스가 교체되는 수준을 뛰어넘어 생산자의 존립을 위협하거나 소비자의 생활방식에 영향을 미치는 수준까지 변화가 진행되었다. 여기에서 두 산업 모두에 해당하는 공통점을 추출해보면 플랫폼의 변화에서 다음과 같은 몇 가지 요소를 발견할 수 있다.

첫째, 플랫폼의 변화는 디지털기기의 발전과 밀접하게 맞물려 있다. 플랫폼이 변한다는 것은 생산, 유통, 소비의 요소 중 무언가가 변한다는 말이다. 그중 하나가 나머지의 변화를 이끌 수도 있고 동시에 모든 것이 변할 수도 있다. 그런데 이러한 변화는 대개 기술의 발전과 관련이 있게 마련이다. 항해술의 발달로 인한 무역 시스템의 구축, 대량인쇄술의 발명으로 인한 출판 환경의 변화, 전신 기술의 발명으로 인한 통신 시스템의 등장 등을 예로 들 수 있다. 이들 각각을 무역 플랫폼, 출판 플랫폼, 통신 플랫폼으로 정의하면 기술의 발전이 플랫폼의 변화에 어떻게 영향을 미치는지 쉽게 알 수 있을 것이다.

지금은 디지털기기의 발전이 사람들의 삶을 변화시키는 시대다. 생명공학이나 뇌과학 등에 비해서 과학기술의 관점에서는 중요도가 덜할 수도 있으나 우리의 일상생활에 가장 크게 영향을 미치고 있는 것이 바로 디지털기기의 발전이다. 그리고 이와 맞물린 통신기술의 발달이다. 개인의 생활습관부터 시작해 사람들이 관계를 맺고 소통하는 방식, 공동체의 여론을 형성하고 의사를 결정하는 방식에 이르기까지 많은 것이 디지털기기의 발전과 맞물려 변하고 있다.

특히 문화 콘텐츠 분야에서 이러한 변화가 두드러진다. 디지털기기를 통한 콘텐츠 소비 시간의 증가는 이미 각종 조사를 통해 증명되고 있다. 스마트폰이라고 하는 새로운 디지털기기는 TV나 컴퓨터 같은 기존의 콘텐츠 소비 채널의 역할을 위협하고 있다. 그리고 이러한 소비의 변화로 인해 콘텐츠 생산과 유통 환경 전반이 변화를 요구받고 있다. 이제 전통적인 콘텐츠 사업자라고 하더라도 디지털기기의 새로운 변화에 대응하지 않고는 생존하기 힘든 시대가 되었다.

디지털기기의 발전으로 인한 플랫폼의 변화는 그 구성이 A에서 B로 대체되는 식으로 진행되는 것이 아니라 A에서 B, C, D 등으로 분화되며 다양성이 확장되는 쪽으로 진행된다. 그래서 변화가 발생한

후의 상황 전체를 제대로 이해하지 않고는 적절히 대응할 수가 없다. 음반이 LP에서 CD로 대체되었을 때와 디지털음원을 활용한 다양한 소비활동이 생겨났을 때의 차이가 이런 상황에 해당한다고 볼 수 있다. 중요한 것은 기술 자체보다 그 기술의 등장이나 발전으로 인해 어떤 일이 발생했는가를 이해하는 것이다.

둘째, 플랫폼의 변화나 분화가 콘텐츠의 변화를 가져왔다. 특히 앞서 말한 것처럼 플랫폼의 구성이 다양하게 분화될 경우 동일한 콘텐츠라고 하더라도 사용 환경에 따라 다양한 가치를 지니게 된다. 언젠가 한참 유행했던 '다마고치'류의 게임은 혼자서 기계 속 애완동물을 키우고 돌보는 생활밀착형 육성게임이라 할 수 있다. 그전까지의 육성게임들과 다른 점은 사용자가 정한 시간에만 게임 콘텐츠를 즐기는 것이 아니라 게임시스템이 원하는 시간에 사용자가 게임에 참여해야 한다는 것이다. 만약 그렇지 않을 경우 애완동물의 건강이 나빠지거나 주인에 대한 애정이 줄어드는 등의 패널티가 발생하게 된다. 이런 생활밀착형 게임이 등장할 수 있었던 것은 게임이 설치된 전용기계 자체를 '디지털 애완동물'이란 이름으로 판매했기 때문이다. 즉, 휴대성을 제공함으로써 게임시스템이 원하는 시간에 사용자가 게임에 참여해야 한다는 것을 아예 게임시스템의 일부로 설계해버린 것이다(PC로는 이러한 게임시스템을 구현하기가 매우 힘들다). 이 게임은 전국의 학생들 사이에서 게임이 아닌 '다마고치' 그 자체로 엄청난 인기를 끌었고 학생들의 게임 참여도 열정적이어서 결국은 교육청이 다마고치 기계의 학교 반입을 금지하기도 했다. 그런데 여기에 네트워크 기능이 장착되어 있었다면 어떻게 되었을까? 아마 우리가 기억하고 있는 다마고치와는 전혀 다른, 육성게임과 SNS가 결합된 새로운 개념의 게임이 되었을 가능성이 아주 크다.

　이렇듯 소비 환경이 콘텐츠에 미치는 영향력은 중요하다. PC에 CD를 설치해서 즐기던 게임과 휴대폰이나 웹을 통해서 즐기는 게임은 그 성격 자체가 완전히 다르다. 마찬가지로 CD나 카세트테이프로 듣던 음악과 곡 단위 다운로드, 스트리밍을 통해 듣는 음악이나 핸드폰의 벨소리, 웹 사이트 BGM 역시 같은 음악이라고 하더라도 콘텐츠의 가치 자체가 새롭게 정의되었다고 볼 수 있다.

　셋째, 이와 같은 변화의 과정을 통해서 콘텐츠의 사용자 수가 그전에 비해서 훨씬 더 많아졌다. 웹에서 간단히 플래시게임을 즐길 수 있기 전에, 출퇴근 시간에 휴대폰을 이용해서 야구게임을 할 수 있기 전에, 컴퓨터게임을 즐기는 사람의 수는 아주 제한적이었다. 〈스타크래프트〉라는 걸출한 게임이 국내 게이머의 수를 폭발적으로 늘려놓았다고는 하지만 여전히 여성과 중장년층은 게임산업의 사용자로 흡수되지 않은 채 남아 있었다. 하지만 플랫폼의 변화를 통해 소비 환경이 다양해지면서 '시간을 쪼개서' 게임을 즐길 수 있게 된 후에는 거의 전 국민이 잠재적인 게임 소비자가 되었다. 음악산업도 마찬가지이다. 싸이월드 미니홈피에 배경음악을 깔아서 친구들에게 소개하고, 최신 MP3 플레이어에 넣을 음악파일을 P2P사이트에서 밤새 다운로드 하고, 휴대폰의 컬러링을 유행하는 드라마의 주제곡으로 매번 새롭게 바꾸기 시작하면서 사람들의 일상적인 음악 소비는 크게 증가했고 사용자의 수도 훨씬 많아졌다.

　넷째, (특히 디지털 기반의) 플랫폼 변화를 경험하면서 제품의 가격이 대폭 낮아졌다. 이는 앞서 설명한 사용자 수의 증가와 밀접한 관계를 맺고 있으나 그 전후 관계를 밝히는 것은 쉽지 않은 일이다. 제품이 가격이 낮아진다고 해도 사용자의 수는 증가하지 않을 수 있고 사용자의 수가 증가한다고 하더라도 제품의 가격은 그대로 유지되거나 더 높아질 수 있기 때문이다. 하지만 게임과 음악의 사례를 통해 한 가지 확실하게 말할 수 있는 것은 무료상품의 등장이 사용자의 수를 증가시키는 데 크게 기여했다는 사실이다. P2P사이트를 통한 MP3파일의 공유나 웹 사이트를 통해 제공된 수많은 무료 게임들은 그전까지 사용자로 흡수되지 않았던 많은 사람들을 고객층으로 만들었다. 하지만 이러한 사례를 출판에 그대로 적용할 수 있을지는 의문이다. 책이라는 상품이 이미 낮은 가격임에도 불구하고 고관여상품인 점을 생각한다면 가격을 더 낮춘다고 해서 사용자 수가 많아질 가능성은 거의 없어 보인다. 출판 콘텐츠의 디지털화가 어려운 점이 바로 이 부분이 아닐까 생각한다. 디지털화된 콘텐츠들의 가격이 낮아지는 것이 거스를 수 없는 대세인 상황에서 마땅한 대처방법을 내놓기가 어렵기 때문이다.

다섯째, 게임과 음악산업을 보자면 플랫폼의 변화 이후에 시장의 매출 규모가 증가했다. 플랫폼 환경에 맞는 다양한 상품의 개발과 가격정책 등으로 새로운 사용자를 유인하는 데 성공했기 때문이다. 하지만 플랫폼의 변화가 꼭 긍정적인 시장의 변화로 나타나는 것만은 아니다.

신문산업을 보자. 신문산업의 콘텐츠, 즉 뉴스에 접근하기 위한 비용은 아주 낮아졌다. 아니 낮아진 정도가 아니라 0이라는 가격 하나로 통일되었다. 이제는 누구나 신문사의 웹 사이트나 포털 사이트를 통해서 모든 뉴스를 아무런 비용 없이 접할 수 있다. 당연히 뉴스의 사용자들도 종이신문만 존재하던 예전에 비하면 엄청나게 증가했다.

하지만 시장의 매출 규모는 성장하지 못했다(뉴스콘텐츠로 인한 포털 사이트의 광고 매출 증가를 신문산업의 매출 증가로 보기에는 무리가 있다. 포털 사이트가 뉴스콘텐츠에만 의존하는 것은 아니기 때문이기도 하고, 뉴스콘텐츠의 소비 환경에 검색 기술의 발달이나 SNS서비스의 활성화 등이 다양하게 영향을 미치고 있기 때문이다). 신문산업은, 애석하게도 언제 망해도 이상하지 않은 산업이 되어버렸다.

마지막으로, 플랫폼의 변화로 인해 산업이 성장할 경우에도 기존 플랫폼에 관계된 누군가는 배제되는 방식으로 변화가 진행되었다.

게임의 경우에는 이러한 배제 현상이 크게 나타나지 않았다. 게임은 콘텐츠 내용의 생산자와 제품의 생산자가 동일하기 때문에 플랫폼의 변화에 맞춰 콘텐츠의 내용과 형식을 동시에 바꿀 수 있는 통제력이 있었기 때문일 것이다. 게임산업의 플랫폼 변화는 예전보다 훨씬 더 많은 게임 생산자를 양산했다. 다만 유통환경에서 기존의 게임콘텐츠 유통망은 완전히 배제되었다. 게임CD 판매를 중심으로 형성되어 있던 유통망은 사라지고 새로운 퍼블리싱시스템이 등장하거나 생산자가 직접 유통하는 환경이 되었다. 비록 유통환경에 변화가 생기긴 했지만 콘텐츠 생산자가 플랫폼의 변화 과정에서 배제되지는 않은 게임산업에 비해서 음악산업은 콘텐츠 생산자가 배제되는 방식으로 변화가 일어났다. 정확하게 표현하자면 콘텐츠 제품(CD가 되었건 디지털 음원이 되었건)의 생산자가 배제되었는데, 이는 콘텐츠 '제품'의 생산자와 '내용'의 생산자가 분리되어 있었기 때문이었다. 결국 제품의 주도권을 획득한 것은 플랫폼 환경의 주도권을 쥐고 있었던 통신사나 웹서비스 업체였다. 통신사는 30초짜리 음악상품을 통해 새로운 시장을 개척했고, 싸이월드를 비롯한 웹서비스 업체는 BGM이라는 음악

상품을 통해 신규 수익모델을 창출했다.

이처럼 음악산업은 기존의 제품과 관련된 생산과 유통시스템(음반산업)을 완전히 배제하는 방향으로 변화가 진행되었다. 음반산업의 몰락이 우려스러운 것은, 출판 역시 콘텐츠 내용의 생산자(작가)와 제품의 생산자(출판사)가 명확하게 분리된 산업이기 때문이다. 물론 음악과 출판의 콘텐츠가 가진 각각의 고유한 특성이 많이 다르다고는 하지만 그 다름이 과연 플랫폼의 변화와 관련된 출판산업의 미래를 보장해줄지에 대해서는 더 깊게 고민해야 할 것이다.

출판사가 콘텐츠 플랫폼에 관심을 가져야 하는 이유

출판산업의 플랫폼은 한창 변화하고 있는 중이다. 그러나 한국의 상황에서는 이러한 변화를 체감하기가 쉽지 않다. 아직 디바이스 차원의 변화 정도만 접할 수 있고 플랫폼의 변화라고 부를 만한 시스템을 접하기 힘들기 때문이다. 애플이 제공하는 아이튠즈 스토어나 아마존의 콘텐츠 생태계 전반을 경험하지 않고서 디지털 콘텐츠 플랫폼의 변화 방향을 예측한다는 것은 너무 섣부른 접근이라 생각한다(물론 추세적으로 미국의 상황을 따라갈 가능성이 높다). 음악, 영화, 게임, 책 등의 모든 콘텐츠를 단일한 사용자 경험으로 접할 수 있고 클라우드 서비스를 통해 장소나 기기에 구애받지 않고 언제나 접속할 수 있는 플랫폼 환경에서, 소비자들의 소비패턴은 어떻게 변하고 생산자와 소비자는 어떤 관계를 맺게 되며 그것이 생산시스템에 어떤 영향을 미치는지에 대한 것까지 폭넓게 고민되어야 할 것이다. 플랫폼에 대한 개념 설명보다 변화 상황을 분석하는 것으로 플랫폼을 설명하려 한 것도 그러한 이유에서다.

플랫폼이 무엇인가를 정의하는 것보다 중요한 것은 그것으로 인해 어떤 사건이 발생하는가 하는 것이다. 앞서 설명한 다양한 변화의 양상들도 개별적인 변화가 아니라 플랫폼을 둘러싼 종합적인 변화의 맥락으로 파악해야 한다. 사회 환경에 어떤 변화가 발생했는지, 사람들의 생활방식이 어떻게 변하고 있는지, 기술이나 제품의 내재적 가치가 어떻게 변하고 있는지를 파악할 수 있어야만 한다. 그럴 때만이 우리가 무엇을 할 것이며 또 무엇을 해야 하는지 제대로 모색할 수 있을 것이다.

언젠가 불과 며칠 간격으로 출판산업의 살길에 대해 언급하는 글 두 개를 읽은 적이 있다. 글쓴이 중 한 명은 출판계 외부에 있는 사람이었고 다른 한 명은 출판계에 오랫동안 적을 두고 있는 분이었다. 두 글 모두 당연하게도 전자책에 대한 내용을 포함하고 있었으며 인세나 제작비, 유통환경 등 현재 출판계의 현실이 가진 문제점을 조목조목 분석하고 있었다. 그러나 결론은 사뭇 달랐다.

한쪽에서는 전자책의 유료 대여시스템을 통해 저자와 독자의 살길을 찾자고 말하고 있었다. 가격을 낮춰서 많은 사람들이 보게 하고 그 이익이 저자에게 직접 돌아가게 만들자는 말이었다(출판사나 서점을 제 밥그릇 챙기기 바빠서 저자나 독자의 이익 따위는 안중에도 없는 집단으로 상정하고 글을 쓰고 있어서인지 특별히 출판사의 살길에 대한 언급은 없었다). 다른 쪽에서는 출판산업의 공공화를 통해서 붕괴를 막아야 한다고 말하고 있었다.

이 두 글을 읽고 들었던 생각은 '정말로 출판산업의 위기를 극복할 희망이란 존재하지 않는 것일까?' 하는 것이었다. 오죽했으면 조금만 논리적으로 접근해도 금방 알 수 있는 비현실적인 얘기를 저자와 독자가 함께 행복해지는 대안이랍시고 제시하거나 출판계 외부의 총체적 변화와 사회적인 지원을 통해서만 출판계가 생존할 수 있다고 말하고 있는 것일까? 과연 출판계 내부의 고민과 역량으로 출판산업을 지속가능하게 만들 수 있는 방법은 없는 것일까?

출판산업의 위기는 유통질서의 혼란이나 전자책의 등장으로 인해 발생한 것이 아니다. 너무 뻔한 이야기이긴 하지만 출판산업이 위기인 이유는 오직 하나, 독서율의 저하 때문이다. 고객들이 출판의 상품으로부터 멀어지고 있는 것이다. 독서율의 저하는 다양한 사회적 환경이 만들어낸 현상이다. 유통질서의 혼란이나 전자책의 등장은 출판산업 위기의 원인이라기보다 그 위기에 따른, 또 위기의 원인에 의해 촉발된 결과에 가깝다고 말할 수 있다. 그래서 종이책을 전제로 디지털로 단순 변환되는 전자책은 절대로 출판의 위기를 해결해주지 못한다. 그러한 전자책 역시 독서율의 변동에 영향을 받는 출판 콘텐츠일 뿐이다.

출판의 고객들은 플랫폼 자체를 옮겨가고 있다. 각각의 콘텐츠가 개별적으로 유통·소비되던 플랫폼에서 영화나 음악, 게임이 함께 유통되는 새로운 콘텐츠 소비 플랫폼으로 이동하고 있다. 그리고 이 새로운 플랫폼은 완전한 디지털 환경에 기반하고 있다. 디지털 콘텐츠 퍼블리싱이란 어떻게 하면 전자책을 잘 만들고 또 어떤 앱을 만들까에 대한 고민이 아니라 이러한 환경의 변화에 대한 고민을 담고 있어야 한다.

비유가 좀 과감하긴 하겠지만, 출판사가 디지털 콘텐츠 퍼블리싱을 고민한다는 것은 어쩌면 독자들의 독서율 자체를 높이기 위한 활동을 고민하는 것이라고도 볼 수 있다. 여기서 말하는 독서율이란 지금까지 종이책을 대상으로 계산했던 독서율(한 달에 책을 몇 권 읽느냐, 일 년에 책을 몇 권 구매하느냐 등)이 아니라 출판산업이 생산하는 콘텐츠를 독자들이 얼마나 소비하느냐를 나타내는 수치가 될 것이다. 이제 출판사들도 자신들의 플랫폼 영역을 확장할 필요가 있다. 종이책이든 전자책이든 책이라는 상품에만 갇혀 있을 것이 아니라 사람들이 일상적으로 콘텐츠를 소비하는 플랫폼 환경으로 진입할 필요가 있다.

앞서 언급했던 네이버 캐스트의 사례로 잠깐 돌아가자면, 동일하게 웹 사이트에 구현된 콘텐츠라 하더라도 인터넷서점에서 제공하는 콘텐츠와 네이버 캐스트의 콘텐츠는 큰 차이점을 보인다. 인터넷서점의 콘텐츠가 유명 저자의 인터뷰, 도서의 리뷰, 출간 행사의 후기, 작가들의 연재물 등으로 구성되며 책의 언저리를 벗어나지 못하는 반면, 네이버는 마치 출판사들이 책을 출판하는 것처럼 세상의 모든 지식과 정보를 원천으로 삼아 콘텐츠를 구성하고 있다.

출판사와 훨씬 가까운 관계인 인터넷서점보다 네이버가 오히려 출판 매커니즘과 더 비슷한 이유는 무엇일까? 아마 어떤 플랫폼 환경에 속해 있느냐에 따른 차이 때문일 것이다. 인터넷서점은 출판과 관련된 콘텐츠의 일부일 뿐이지만 네이버는 검색이라고 하는 지식과 정보 유통 플랫폼의 일부를 차지하고 있는 것이다.

이전에는 출판 플랫폼과 웹 플랫폼이 각자 독자적으로 존재할 수 있었을지 모르지만 어느 순간부터 지식과 정보 소비의 측면에서 하나의 플랫폼으로 통합되어가고 있다. 웹 플랫폼이 출판 플랫폼을 포괄하면서 더 큰 영향력을 발휘하고 있다. 게다가 이제는 책과 웹이라는 구분뿐만 아니라 영화, 음악, 게임까지 하나의 소비경험으로 만날 수 있는 환경으로 통합되어가고 있다. 책이라는 존재만 붙잡고 있어서는 점점 활동의 영역이 줄어들 수밖에 없는 상황이다.

디지털 콘텐츠 퍼블리싱에 주목하는 이유는 전자책을 더 잘 만들어서 많이 팔기 위해서도 아니고 〈앵그리 버드〉와 같은 앱을 만들어서 높은 수익을 올리기 위해서도 아니다. 스마트폰이나 태블릿PC들이 가진 콘텐츠 소비 미디어로서의 가능성 때문이다. 아이폰과 아이패드로 대표되는 새로운 스마트 디바이스들이 말 그대로 날개 돋힌 듯한 속도로 팔리고 있다. 2011년, 스티브 잡스 사망 직전에 발매된 아이폰4S는 출시 사흘 만에 무려 400만 대가 팔리면서 지금까지 가장 빠른 속도로 판매된 IT 상품에 이름을 올렸으며 이 기록은 2012년에 발매된 아이폰5에 의해 다시 깨졌다. 또한 주요 산업국가들의 스마트폰 보급률이 이미 50%에 육박하고 있으며(〈money〉 2012년 7월호) 국내의 경우에도 벌써 3,000만 명을 넘어선 것으로 확인되고 있다(《경향신문》 2012년 8월 22일자).

하지만 이러한 스마트 디바이스의 등장이 출판산업에 긍정적인 영향을 미치고 있지는 못한 상황이다. 한때 유행처럼 출시된 e잉크 단말기의 부진으로 곤란에 처했던 전자책 유통사들이 앱을 통해서 전자책 판매에 숨통을 틔우기는 했으나 아직까지는 종이책 매출의 1% 전후로 추산될 만큼 미미한 수준에 머무르고 있다. 몇몇 발 빠른 출판사들이 출시한 도서 앱들이 다운로드 순위의 상위를 차지하며 선전하였으나 도서 앱을 통해 안정적인 수익을 창출하기에는 아직 시기상조라는 것이 공통된 의견이다.

어쩌면 이런 현상은 당연하다. 아직은 그러한 스마트 디바이스들이 콘텐츠 소비를 위한 용도로 쓰이고 있지 않기 때문이다. 지금 인기 있는 앱을 보면 게임이 압도적이며 그 외에 SNS와 관계된 앱, 기능성 유틸리티 앱, 검색과 연계되는 정보 제공 앱이 주종을 이루고 있다. 사용자들이 일상생활의 편의성을 높이기 위한 용도로 스마트 디바이스를 사용하고 있는 것이다. 물론 가장 인기 있는 앱은 게임이다. 그리고 앱스토어의 순위에는 나타나지 않지만 사람들이 가장 많이 소비하는 콘텐츠는 아마 음악일 것이다. 지금의 상황으로 보자면 출판 콘텐츠가 끼어들 자리가 보이지 않는다.

하지만 미래까지 비관적인 것은 아니다. 지극히 개인적인 전망이긴 하지만, 그리 멀지 않은 시기에 각종 스마트 디바이스들이 콘텐츠 소비 미디어로 자리매김할 것이라 예상한다. 이미 음악과 게임 콘텐츠는 충분히 즐기고 있는 상황이고, 지금까지 웹에서만 접근하던 콘텐츠나 영화, 출판 콘텐츠는 점점 더 영역을 확장하게 될 것이다. 일상생활의 편의성을 높여주는 기능성 앱에 익숙해진 이후에는 결국 디바이스의 활용법이 콘텐츠 지향이 될 수밖에 없기 때문이다. 앱에 주목하는 것도 바로 이러한 이유에서다. 상품으로서의 앱이 아니라 매체로서의 앱을 주목하는 것이다. 출판이 책 못지않게 앱(더 확장한다면 웹과 연계된 시스템)을 통해 독자를 만날 수 있다고 생각한다. 이런 상황에서 가장 중요한 것은 디지털 콘텐츠를 어떻게 기획하고 설계해야 하느냐다. 하지만 그것에 관해서는 나중에 다시 얘기하기로 하고 우선은 디지털 콘텐츠 퍼블리싱의 플랫폼에 대한 얘기를 좀더 해볼까 한다.

디지털 콘텐츠 퍼블리싱 플랫폼

디지털 콘텐츠 퍼블리싱 플랫폼에서 출판사들이 고려해야 할 요소에는 어떤 것들이 있을까?

우선 가격 문제가 있다. 특히 디지털 콘텐츠는 가격이 낮아야만 한다는 심리적 압박을 피해가기 힘들다. 디지털화된 콘텐츠가 (디지털화되기 전보다) 낮은 가격을 가지는 것은 추세적으로 어쩔 수 없는 상황이다. 분명히 사용자들이 낮은 가격을 원하고 있다. 하지만 이것을 가격의 높낮이 문제가 아니라 가격의 다양화로 인식한다면 훨씬 주도적으로 대응할 수 있다고 생각한다. 무료 상품을 비롯해 때로는 종이책보다 훨씬 비싼 상품까지 다양한 방식으로 독자들에게 콘텐츠를 제공하는 것이다. 물론 이를 위해서는 상품도 다양해져야 하고 콘텐츠 가공의 프로세스도 다양해져야 한다. 이러한 다양성을 가지고 어떤 경우에는 낮은 가격의 상품으로 고객층을 넓히는 데 주력할 수 있고 어떤 경우에는 정확하게 타깃팅된 고객들을 대상으로 고가의 상품을 판매할 수 있어야 한다.

그러나 이는 말처럼 쉬운 일이 아니다. 상품의 가격에 따라 고객의 반응을 다변화시킬 수 있을 만큼 넓은 고객접점이 마련되어 있어야 한다. 또한 이러한 가격전략이 성공적으로 정착하기 위해서는 높은 가격의 고급 상품에 반응해줄 수 있는 고객, 흔히 말하는 충성고객이 확보되어야 한다(이들이 중요한 이유는 높은 마진을 주기 때문이 아니라 상품의 만족이 전파되는 데 선도고객으로서 큰 역할을 하기 때문이다). 쉽지 않은 일이라 하더라도 지금부터 출판 콘텐츠에 기반한 상품 가격의 다변화를 고민하지 않는다면, 외부에서 조여오는 가격 하락의 압박만 방어하다 플랫폼의 주도권을 상실하게 될 것이다.

다음은 디지털 콘텐츠 퍼블리싱의 플랫폼을 사회적 시스템과 연계시키는 문제를 생각해볼 수 있다. 출판이 다른 문화산업에 비해 사회적으로 인정받을 수 있는 이유는 바로 지식을 다루고 있기 때문이다. 이러한 지식을 어떤 방식으로 받아들이느냐 하는 것은 (확장된 의미까지의) 독서율에 직접적으로 영향을 미친다. 검색이라는 패러다임의 등장, 사진 공유나 SNS와 같은 사용자 참여 서비스의 등장, 스마트폰의 등장으로 인해 출판산업이 받은 타격은, 단순히 사람들이 책을 볼 시간이 줄었다는 차원의 것이 아니라 지식을 대하는 태도나 지식을 습득하는 방식이 변했다는 것이다.

이런 상황에서 필요한 것은 출판 콘텐츠를 무조건 웹이나 모바일 환경에 맞게 파편적으로 재구성하는 것이 아니다. 왜냐면 지식이 가치를 유지하기 위해서는 일정 수준 이상의 완결성을 필요로 하기 때문이다. 무조건 잘게 나누고 가볍게 포장하는 것만이 능사가 아니라, 제법 무겁고 완성도가 있는 디지털 콘텐츠가 유통될 수 있는 환경을 고민해야 한다. 그러한 환경은 기다린다고 해서 주어지는 것이 아니다. 또한 출판사들만 나서서 할 수 있는 일도 아니다. 급변하는 디지털 환경에서 지식의 가치를 확장시킬 수 있는 사회적 환경을 제안하고 함께 만들어야 할 것이다.

종이책이 획득한 사회적 패러다임을 참고하는 것이 좋은 방법일 것이다. 종이책은 사회의 교육시스템과 맞물리면서 지식의 권위를 획득했다. 과거에는 책을 읽지 않는 사람은 책을 많이 읽는 사람을 부러워하고 존중하는 풍토가 존재했다. 지금에 와서 그러한 사회적 풍토를 다시 조성한다는 것은 불가능에 가까운 일이겠지만 어찌되었건 디지털 콘텐츠와 지식의 가치를 아우르는 새로운 사회적 연계를 고민해야 할 것이다. 지금처럼 종이책으로 표현된 출판 콘텐츠의 완성도와 품격을 주장하며 고개를 뻣뻣이 세우고 있어 봤자 출판사에게 돌아오는 것은 독서율의 하락, 독자의 이탈이라는 결과뿐이다. 이제는 무언가 다른 시도를 해야만 하는 상황이다.

디지털 콘텐츠 퍼블리싱의 플랫폼과 연관시켜 생각해볼 수 있는 또 하나는 기술적 차원에서 활용 가능한 것들을 적극적으로 플랫폼 내부로 흡수해야 한다는 것이다. 이미 사람들은 스마트 디바이스를 이용해서 SNS 서비스를 사용하는 것이 생활화되어 있다(싸이월드와 같은 웹 기반 SNS와는 그 영향력이 전혀 다르다). 또한 디지털 콘텐츠 뷰어로 사용될 각종 디바이스들은 위치정보와 사진, 동영상과 같은 멀티미디어 정보를 실시간으로 활용할 수 있는 기술을 가지고 있다. 따라서 디지털 콘텐츠와 관련 플랫폼에서는 이러한 요소들이 반드시 기본적인 기능으로 활용되어야만 한다. 구체적으로 어떤 기술적인 모습으로 구현될지는 알 수 없지만, 그러한 요소들이 빠진 디지털 콘텐츠 퍼블리싱은 여러 조건들의 제한과 활동의 제약에 직면할 가능성이 크다고 할 수 있다. 매력적인 서비스가 될 수 없는 것이다.

간단히 요약하자면 디지털 콘텐츠 퍼블리싱 플랫폼은 종이책 중심의 출판 플랫폼이 선형적으로 발전하는 것이 아니라, 애초에 다른 층위에서 설계되어야 한다. 그런 의미에서 지금까지 유지되었던 출판 플랫폼에 대해서 살펴보고 디지털 콘텐츠 퍼블리싱 플랫폼으로 전환하려면 어떤 단절과 비약이 필요한지, 왜 그렇게 해야 하는지 등에 대해 알아보도록 하겠다.

지금까지의 출판 플랫폼은 출판사와 서점을 축으로 저자와 독자를 아우르며 다양한 지식과 정보, 이야기를 만들고 소비하는 시스템이었다. 여기에서 가장 중요한 역할을 수행한 것은 역시 출판사였다. 소비자들의 생활방식이 변함에 따라 유통의 주도권이 동네 중소서점(중대형 도매상), 많은 체인을 거느린 대형서점, 인터넷서점 등으로 이동하며 환경의 변화를 겪는 동안에도 출판사의 역할은 비교적 일정하게 유지되어왔다. 저자들과 직접 대면하고 콘텐츠의 소스를 제어하며 책이라는 상품 제작의 모든 결정권을 쥐고 있었기 때문에 외부 환경의 변화에 의한 영향을 비교적 덜 받으며 안정적으로 자신의 위치를 고수할 수 있었던 것이다. 즉, 출판사는 책이라는 상품의 생산과 유통 전 과정에 영향력을 행사할 수 있었다. 모든 과정을 장악하지는 못하더라도 정확히 핵심을 파악해서 대응할 수 있는 역량을 갖추고 있었다.

그러나 고객관계관리(Customer Relationship Management)라는 측면에서는 그다지 큰 영향력을 발휘하지 못했다. 일단 출판사가 직접 고객을 만나며 커뮤니케이션을 할 수 있는 방법이 없었다(또는 아주 많은 비용이 소모되는 일이었다). 그런데 웹이라는 미디어가 등장하면서 상황이 바뀌었다. 출판사가 비교적 쉽고 저렴한 방법으로 독자들과 직접 만날 수 있는 환경이 조성되었다. 마음만 먹는다면 상시적으로 독자들과 소통하면서 그들의 욕구가 무엇인지, 상품에 대한 만족과 불만은 무엇인지 듣고 고객의 만족을 위해 더 깊게 고민할 수 있는 창구를 확보할 수 있는 환경을 만나게 된 것이다. 특히 독자들이 책을 읽고 얻었던 만족의 경험을 출판사의 자산으로 축적할 수 있는 기회가 주어졌다. 환경이 조성되었다고 해서 그에 따른 변화가 저절로 일어나는 것은 아니다. 대부분의 출판사들은 이러한 환경 변화에 큰 관심을 기울이지 않았다. 하지만 인터넷서점의 등장으로 인해 모든 출판사들이 독자들과 직접 대면할 수밖에 없게 되었다.

불과 십여 년 사이에, 웹은 가장 중요한 콘텐츠 소비 미디어로 발전했다. 뉴스와 같은 텍스트 기반의 콘텐츠뿐만 아니라 음악, 동영상 등의 멀티미디어 콘텐츠 그리고 게임 콘텐츠까지 다양하게 소비되고 있다. 유일하게 책만이 웹에서 소비할 수 없는 콘텐츠로 남아 있다. 누군가는 이런 상황을 웹이라는 매체의 포괄적인 확장 출판이 잘 견디고 살아남은 것이라 표현할 것이다. 책이라는 상품의 특수성 때문에 웹에 포섭되지 않고 자신의 고유한 가치를 잘 지켜온 것처럼 보일 것이다. 음반산업의 몰락을 생각하면 이런 식의 위안은 더욱 설득력이 있어 보인다. 그러나 나는 이 과정을 온전한 실패로 정의하고 싶다.

웹이 사람들의 가장 중요한 콘텐츠 소비 미디어로 자리 잡는 동안 출판은 아무런 역할도 하지 못하고 스스로 고립을 자초했다. 출판이 책이라는 물건을 만드는 제조업이 아닌 이상, 사람들의 콘텐츠 소비 환경이 변하는 과정에 어떤 식으로든 개입해서 역할을 만들었어야 했다. 출판사들은 지금까지 여러 실수를 저질러왔다. 인터넷서점에 유통의 주도권을 완전히 넘겨주는 바람에(나는 아직까지도 소매서점보다 인터넷서점에 책을 더 싸게 공급해야 하는 이유를 도저히 이해할 수가 없다) 갈수록 출판사의 입지가 좁아지고 있으며, 반값할인이나 오픈마켓 판매 등을 통해서 지나치게 낮은 가격에 책을 판매하여 스스로 수익구조를 악화시키고 있다. 그러나 웹이 콘텐츠 소비 미디어로 발전하는 동안 출판사가 아무런 역할도 하지 못하고 웹으로부터 분리되었다는 것이 더 큰 실수라 생각한다.

유통이나 소비자로부터 발생한 변화가 생산자에게 미치는 영향은 생산자의 사정으로 인해 발생한 변화가 소비자에게 미치는 영향보다 훨씬 크다. 생산자는 유통이나 소비 환경에 비해 더 경직된 시스템을 가질 수밖에 없기 때문이다. 웹의 등장으로 발생한 변화는 소비자 생활방식의 변화를 원동력으로 하고 있기 때문에 출판사에게 미치는 영향이 클 수밖에 없음에도 불구하고, 출판사는 그 영향력을 받아들이는 것을 거부했다. 결국 웹이라는 거대한 플랫폼을 출판 콘텐츠와 연계하는 데 실패한 것이다.

그런데 벌써 두 번째 변화가 시작되었다. 바로 모바일이라는 환경의 등장이다. 모바일은 단순히 어떤 기계나 장비를 휴대할 수 있게 되었음을 의미하는 것이 아니다. 지금 진행되고 있는 모바일 환경의 변화를 혁명이라고까지 부를 수 있는 것은 언제 어디서라도 네트워크에 접속할 수 있는, 네트워크의 모바일화가 진행되고 있기 때문이다. 지금까지 PC에 기반을 둔 웹 환경을 통해 책상(우리가 보통 사용하는 컴퓨터를 데스크탑이라고 부른다)까지만 접근하면 언제든지 네트워크에 접속할 수 있었다면, 이제는 모바일 디바이스를 통해서 사람들의 신체 자체가 네트워크에 접속할 수 있게 되었다. 책상이라는 공간 수준의 네트워크 접속만으로도 그렇게 엄청난 변화들이 발생했는데 신체 자체가 네트워크에 접속한다면 대체 얼마나 더 큰 변화들이 일어날까?

플랫폼 변화와 출판사의 생존 전략

한 번의 이행기를 건너뛰면서 출판은 플랫폼의 변화를 따라가기 어려운 상황이 되어버렸다. 플랫폼의 변화와 관련해 출판이 가진 문제점은 다음과 같다.

첫째, 디바이스가 다양화되고 있음에도 불구하고 콘텐츠 자체의 성격은 그대로이다. 종이책과 유사한 경험을 제공하는 데 최적화된 e잉크 단말기는 그렇다 치더라도 아이폰이나 아이패드 같은 각종 스마트 디바이스를 통해 제공되는 출판 콘텐츠들도 종이책의 내용을 그대로 옮긴 수준을 크게 못 벗어나고 있다. 이는 디지털 콘텐츠 상품 기획력의 문제이기도 하지만 그보다는 새로운 플랫폼에 출판 콘텐츠가 제대로 융합되지 못한 한 탓이 더 크다.

둘째, 전자책이나 앱의 가격을 낮추기가 어렵다. 현재 전자책은 종이책 대비 50~70% 수준의 가격을 형성하고 있는데, 이미 종이책의 각종 할인 이벤트를 통해서 고객들이 경험할 수 있었던 가격일 뿐이다. 앱의 경우에는 전자책에 비해 많은 제작비가 투입되기 때문에 문제가 더 심각하다. 평균적으로 다운로드되는 수치를 고려해서 손익분기를 산정하고 앱의 가격을 결정할 경우, 앱 구매자의 심리적 저항선을 훨씬 넘는 가격이 되기 일쑤다. 그래서 출판사가 외부 개발업체에 콘텐츠를 제공하고 수익을 나눠가지는 방식으로 앱들이 출시되고 있지만, 이런 상황에서 앱으로 만들어질 수 있는 콘텐츠는 몇몇 베스트셀러로 제한되고 있는 상황이다.

셋째, 가격을 낮춘다고 해서 사용자 수가 증가한다는 보장이 없다. 전자책이건 앱이건 '책'이라는 정체성을 유지하는 한 결국은 기존의 독자를 대상으로 할 수밖에 없기 때문이다. 이는 인터넷서점의 반값 할인이벤트를 통해서도 알 수 있다. 어떤 책을 반값으로 할인해서 판매하면 그 책의 판매량이 일시적으로 높아지는 효과가 분명히 있다. 그러나 그 판매량은 기존의 독서시장에 존재하지 않던 독자들의 구매가 아니다. 즉 이미 종이책을 꾸준히 구매하고 있던 독자들이 반값으로 할인된 책을 사는 것이지 책을 읽지 않던 사람들이 반값이라고 해서 책을 구매하는 경우는 거의 없다는 말이다. 이것은 책이라는 상품이 가진 고유한 특성에 해당한다. 디지털화되었다 하더라도 책의 정체성이 확고할수록 가격 정책을 다변화시키기 힘들다.

넷째, 시장의 크기를 키울 방법이 없다. 새로운 상품, 낮은 가격, 새로운 유통 환경 등이 시너지를 내며 시장의 크기를 키우는 것이 아니라 각자 따로 움직이며 불필요한 간섭작용만 일으키고 있을 뿐이다.

다섯째, 애플이나 아마존이 제공하는 디지털 콘텐츠 플랫폼은 기존의 상품 생산자나 유통사가 배제되어도 상관없도록 설계되어 있다. 애플은 자신들의 앱 내 구매 정책을 빌미로 기존의 음악이나 도서 유통사들이 앱스토어 내에서 판매행위를 못 하게(물론 30%의 수수료를 내면 판매를 할 수 있지만, 똑같이 유통마진으로 매출을 일으키는 입장에서 다른 사업자에게 30% 수수료를 낸다는 것은 거의 불가능한 일이라 볼 수 있다) 막고 있고, 아마존은 KDP(Kindle Direct Publishing)를 통해 출판사를 거치지 않고 직접 전자책을 출판할 수 있는 시스템을 지원하고 있으며 이미 밀리언셀러 작가를 배출하는 등의 성과를 거두고 있다. 물론 아직까지는 책에 관한 한 출판사 가진 영향력이 크지만, 새롭게 등장한 시스템에 의해 그 영향력을 조금씩 잠식당하고 있다고 볼 수 있다.

이렇듯 출판의 플랫폼을 둘러싼 상황은, 외부에서 변화의 바람이 강력하게 불어오고 있지만 내부에서는 마땅히 그에 대한 대응책을 내놓지 못하고 있는 형편이다. 출판사들이 기대할 수 있는 것은 종이책의 매출이 감소하는 대신 전자책을 통해 매출을 늘려나가는 것일 텐데, 현재 상황으로 보자면 종이책 매출과 전자책 매출의 비율만 달라질 뿐 그 둘을 합한 전체 매출을 키울 방법은 없다. 그렇다면 출판사가 새로운 미디어 환경에 대응하기 위해서는 어떻게 해야 할까?

새로운 플랫폼 환경에서 생존하기 위해서는 가장 먼저 유통에 대한 개념을 전환해야 한다. 지금까지 출판사는 서점만 바라보며 책을 만들어도 아무런 문제가 없었다. 직접 독자를 만날 기회가 없었을 뿐더러 만나야 할 필요성도 그다지 높지 않았다. 하지만 이제는 상황이 달라졌다. 유통이란 결국 고객을 만나기 위해 필요한 하나의 과정일 뿐임을 깨달아야 한다. 서점 말고도 독자를 만날 수 있는 채널을 만들어야 한다.

우선 웹을 적극적으로 활용해야 할 것이다. 요즘 유행하는 페이스북이나 트위터뿐만 아니라 홈페이지, 블로그까지도 단순히 매출과 연계된 마케팅 도구로만 볼 것이 아니라 고객과 만나고 소통하는 새로운 미디어 채널로 인식해야 한다. 또한 독자들을 출판사의 회원으로 관리할 수 있는 멤버십 제도의 도입이나 오프라인에서 직접 접촉할 수 있는 다양한 공간을 만드는 사업도 활용해야 한다. 그래서 출판사가 저자와 독자 사이에 존재하는 튼튼한 다리가 되어야 한다. 출판사는, 미래에 어떤 변화를 겪더라도 결국은 저자와 독자를 잇는 역할을 제대로 수행할 때 그 역할이 빛날 것이다.

생산 시스템의 변화도 시급하다. 콘텐츠가 디지털화되고 다양해지면서 지금까지는 한 번도 경험할 수 없었던 '원본'에 대한 문제가 발생할 가능성이 크다. 종이책을 전제로 짜여진 생산 시스템에서는 언제든지 종이책을 만들 수 있는 상태로 존재하는 데이터가 원본이었다. 그러나 앞으로는 종이책을 위한 가공작업이 전혀 되지 않은, 그러나 저자의 원고를 상품성 있는 콘텐츠로 다듬은 순수한 텍스트 상태의 데이터가 원본이 될 가능성이 크다. 즉 하나의 텍스트 데이터를 가지고 그 필요에 따라서 종이책의 모양을 입히기도 하고, 전자책의 모양을 입히기도 하고, 앱으로 만들기도 하는 식으로 생산 시스템을 변경해야 한다는 말이다. 물론 이러한 준비가 없다고 해서 종이책과 전자책과 앱을 만들지 못하는 것은 아니다. 그러나 비용과 작업 효율, 속도의 측면에서 비교하기 힘든 차이가 생겨날 것이다.

따로 언급하진 않았지만 그 외에도 출판사가 해야 할 일은 아주 많다. 이러한 변화의 요구사항들을 모아 보면 결국은 출판의 플랫폼을 새롭게 구축해야 한다는 결론과 만나지 않을까 생각한다. 물론 그것은 쉽지 않을 것이다. 하지만 애석하게도 진짜 문제는 다른 데 있다. 출판 고유의 플랫폼 자체가 사라지고 있다는 것이다.

앞서 말했던 것처럼, 이제는 음악, 영화, 게임, 책 콘텐츠들이 하나의 경험으로 소비되는 플랫폼 환경이 구축되고 있다. 출판이 따로 자신들을 위한 생산·유통·소비의 플랫폼을 고민하지 않아도 이미 외부에서 더 거대한 플랫폼을 제공하고 있다. 디지털 콘텐츠와 관련된 플랫폼은 출판이 통제할 수 있는 범위를 훨씬 넘어섰다. 디지털 콘텐츠 퍼블리싱의 플랫폼이란, 분명히 존재하기는 하지만 우리(출판) 것이 아닌 상황이다. 그래서 앞으로 나올 디지털 콘텐츠 기획에 대한 논의도 이것을 전제로 설명할 것이다. 출판의 특징과 역할에 대해서 진지하게 고민하되 사용자들이 이미 경험하고 있는 애플이나 구글, 아마존의 통합적 플랫폼만 고려할 것이다. 그것이 바로 미래의 유일한 플랫폼이기 때문이다.

6장

디지털 콘텐츠 소비 환경의 변화

우리는 이미 디지털화된 콘텐츠의 범람을 경험하며 살고 있다. 여기서 말하는 디지털 콘텐츠는 상품화의 과정을 거치지 않고 유통되는 웹 콘텐츠까지 포함한 것이다. 상품화 여부를 기준으로 한다면 아직은 디지털화된 콘텐츠의 수가 아날로그 양식으로 남아 있는 콘텐츠의 수에 미치지 못할 것이다. 아니 어쩌면 앞으로도 꽤 오랫동안 아날로그 양식의 콘텐츠가 디지털 콘텐츠의 수를 압도할 것이라 예상할 수 있다. 지금까지 아날로그 양식으로 제작된 음악, 영화, 책 등의 콘텐츠 모두가 디지털로 전환된 것은 아니기 때문이다. 디지털로 변환할 수 있는 데이터 자체가 없는 완전한 아날로그 콘텐츠뿐만 아니라 디지털 데이터가 확보되어 있음에도 불구하고 수익성이나 상품 가치의 문제 때문에 디지털 상품으로 전환되지 않고 여전히 아날로그 양식으로만 접할 수 있는 콘텐츠들이 많이 존재한다. 아마 이러한 현상 때문에 앞으로 디지털 전용으로 제작되는 콘텐츠 상품의 수가 일정한 수준에 도달하지 않는 한 여전히 생산된 콘텐츠의 수 자체는 아날로그가 디지털에 비해 더 많을 것이다. 하지만 접근성을 고려한다면 단순히 아날로그 콘텐츠의 양이 많다는 사실은 큰 의미를 가지지 못한다. 디지털의 접근성이 훨씬 뛰어나기 때문이다. 그리고 상품화 여부에 상관없이 콘텐츠의 구성 양식만으로 디지털화를 정의한다면 이미 디지털 콘텐츠가 아날로그 콘텐츠를 압도하고 있다. 뿐만 아니라 디지털 콘텐츠는 웹 플랫폼을 통해 끊임없이 생산-유통되고 있다.

2011년 'Things That Happen On Internet Every Sixty Seconds'라는 인포그래픽infographic이 화제가 된 적이 있었다. 제목 그대로 1분이라는 시간 동안 인터넷에서 어떤 일이 발생하는지를 수치화된 자료를 통해서 보여준다. 이 자료에 의하면 1분 동안 유튜브에 등록된 동영상의 수는 600여 개이며 이를 시간으로 환산하면 약 25시간, 즉 1,500분 가량 된다고 한다. 현실에서 흘러가는 시간의 1,500배에 해당하는 콘텐츠가 생산되고 있는 것이다. 우리가 TV를 통해 소비하는 방송 콘텐츠가 현실 시간의 배수로 증가하기 위해서는 방송 채널의 수가 그만큼 증가하는 수밖에 없다. 1분이라는 현실의 시간 동안 3분 분량의 방송 콘텐츠가 생산되기 위해서는 3개의 물리적인 채널이 있어야 하는 것이다. 그런데 유튜브는 이러한 아날로그의 규칙을 무시하고 단일 채널만으로 엄청난 분량의 콘텐츠를 만들어내고 있다. 간단히 말하면 (적어도 생산량에서는) 유튜브가 방송국 채널 1,500개의 역할을 하고 있는 셈이다. 미국의 케이블 TV 채널 수를 300개로 잡으면 전체 미국 TV 방송 콘텐츠의 5배에 해당하는 콘텐츠가 유튜브라는 사이트 단 한 곳에서 생산되고 있다. 이러한 사례뿐만 아니라 이메일 발송이라는 항목에 이르면 그 차이가 현실과 비교조차 불가능한 상태에 이른다. 자료에 의하면 1분 동안 약 1억 6천8백만 개의 이메일이 전송된다고 나오는데, 이를 현실 세계의 편지에 대입하면 60억 인구 전체가 41.7분에 한 번씩 계속 편지를 써야 하는 것과 동일한 수치이다.

 이런 현상은 무료로 유통되는 웹 콘텐츠에서만 일어나는 현상이 아니다. 디지털 콘텐츠를 유료로 판매하는 서비스 중 가장 대표적인 애플과 아마존의 서비스를 살펴보면 상품화된 디지털 콘텐츠의 양도 이미 아날로그 방식의 콘텐츠를 압도할 수준에 이르렀음을 알 수 있다. 최근에 발표한 애플의 자료에 따르면 애플 앱스토어에 등록된 앱의 수는 65만 개에 이르며 누적 다운로드는 300억 건을 돌파했다 (2012년 6월, 애플이 미국 샌프란시스코에서 열린 세계개발자컨퍼런스[WWDC]에서 발표한 자료 참조).

이를 한국에서 출판되는 도서의 통계와 비교해보면, 앱 수는 한국에서 1년 동안 출간되는 전체 도서 종수 4만 4천여 종의 약 14배에 달하며, 다운로드 수는 역시 1년 동안 발행되는 도서 부수 1억 9천만 부의 약 150배에 이른다(대한출판문화협회에서 발표한 2012년 출판 통계 자료). 여기에서 우리를 놀라게 하는 것이 숫자의 크기만은 아니다.

애플이 앱스토어를 오픈한 것은 2008년 7월이다. 그러니까 불과 4년이라는 짧은 시간에 이렇게 엄청난 숫자의 성과를 이룩한 것이다. 게다가 성장속도가 여전히 매서운 상황이다. 이러한 성과는 애플 앱스토어가 글로벌 플랫폼이기 때문에 가능했다. 애플 앱스토어는 이미 150개 이상의 국가에서 사용할 수 있는 플랫폼이며, 애플이 제공하는 국가별 계정만 있으면, 마치 로컬 서비스를 이용하듯이 모든 콘텐츠에 접근할 수 있다. 아직 애플 앱스토어만큼은 아니지만 주요 산업국가에서는 이미 글로벌 서비스로 자리 잡고 있는 아마존이 보유한 콘텐츠 역시 엄청난 수를 자랑한다. 아마존이 2011년 11월 15일에 '킨들 파이어'를 출시하면서 발표한 자료에 따르면, 10만 편의 TV 프로그램과 영화, 1,700만 곡의 음악, 100만 권의 전자책을 이용할 수 있다고 한다(《조선일보》 2012년 2월 18일자).

이런 상황에서 주목해야 할 것은 사용자들이 콘텐츠를 어떤 방식으로 소비하는가 하는 것이다. 우리의 일상은 아날로그 방식과 디지털 방식이 혼재된 상태로 구성되어 있다. 콘텐츠의 형식을 디지털로 정의할 수 있는 것이라 하더라도 소비 방식은 아날로그일 수도 있으며 그 반대의 경우도 발생할 수 있다. 중요한 것은 사용자들이 아날로그와 디지털을 의식적으로 구분하지는 않는다는 것이다. 동일한 방송 프로그램이라고 하더라도 TV로 볼 수도 있고 태블릿PC로 볼 수도 있다. 사용자들이 어떤 채널을 통해서 콘텐츠를 소비할지를 결정하는 것은 아날로그냐 디지털이냐에 달려 있지 않다. 그들이 처한 상황에 맞춰 자연스럽게 선택할 뿐이다. 하지만 사용자의 이러한 선택 때문에 콘텐츠 생태계에 속한 사업자들은 극심한 혼란을 겪게 된다.

전통적으로 아날로그 콘텐츠 사업자라고 할 수 있는 TV 방송국은 사용자들이 자신들의 콘텐츠 소비 채널로 태블릿PC를 선택하는 것 때문에 수익에 큰 타격을 입을 수도 있다. 사용자들이 방송 프로그램을 디지털 방식으로 소비하면 표면적으로는 방송국의 추가 수익이 발생하게 된다. 무료로 배포되는 방송 프로그램을 유료로 판매할 수 있는 기회가 생기기 때문이다. 만약 아이튠즈 스토어를 통해 판매할 경우 일정한 수수료(애플의 플랫폼에서는 통상적으로 판매가의 30%를 지불하게 되어 있다)를 지불해야 하기 때문에 방송국 자신이 직접 프로그램을 판매했을 경우에 얻을 수 있는 기대 수익에 비하면 30%의 손실이 생기는 것이기는 해도 어쨌든 방송국의 새로운 수익이 발생한다. 하지만 이 서비스를 이용하는 사람들이 많아질수록 TV 방송국의 핵심적인 사업인 광고 수익이 치명타를 입을 수도 있다.

첫째, 실시간으로 방송을 보지 않더라도 언제든지 다시 볼 수 있기 때문에 방송 시청자의 수가 점진적으로 줄어들 것이라 예상할 수 있다. 그렇다면 자연스럽게 광고 단가는 하락할 것이다. 둘째, 방송국뿐만 아니라 방송 프로그램을 유통하는 플랫폼 사업자가 직접 광고를 삽입할 수 있는 가능성이 발생한다. 동일한 콘텐츠에 달라붙는 광고라면 광고비의 집행 주체가 동일할 수도 있다는 말이고 이렇게 광고비가 채널에 따라 분산되게 된다면 결국엔 TV 방송국 가져갈 수 있는 수익은 줄어들 것이다. 광고비를 두고 TV 방송국과 모바일 플랫폼이 경쟁할 수도 있다는 말이다.

이런 현상은 방송 프로그램뿐만 아니라 음악이나 영화 등의 모든 콘텐츠 산업에서 발생할 수 있다. 생태계 내에 얽혀 있는 구체적인 상황은 조금씩 다르겠지만 아날로그 소비에서 디지털 소비로 바뀌면서 공통적으로 발생하는 현상은 전통적인 사업자(아날로그)의 위기와 새로운 사업자(디지털)의 성장이라고 봐도 무방하다.

디지털 콘텐츠 소비 환경의 글로벌화

디지털 콘텐츠의 소비 환경에서 중요하게 살펴봐야 할 것은 글로벌이라는 키워드이다. 디지털 콘텐츠의 유통은, 너무나 당연한 말이지만 공간적 제약을 받지 않는다. 전기신호가 전달될 수 있는 시스템만 구축되어 있다면 물리적 거리와 상관없이 콘텐츠의 소비가 어디서든 동시에 발생한다. 실물 상품이 지역이나 국가의 장벽을 넘기 위해 치러야 했던 비용 대부분이 생략된다. 심지어 상거래 시스템의 핵심이라고도 볼 수 있는 세금제도마저 무력화시키곤 한다.

애플의 예를 들면, 현재 150개국 이상에서 앱스토어를 이용한다. 앱스토어 사용자들은 애플이 공식적으로 지원하는 신용카드나 일종의 선불카드인 아이튠즈 기프트카드를 사용해서 누구나 앱을 구매할 수 있다. 그런데 앱스토어를 통한 거래 과정에서 발생하는 세금은, 애플(이라는 기업)과 미국(이라는 국가) 사이 문제가 되어 다른 국가들은 부가적 조항이 되어버린다. 그에 따라 한국 개발자가 등록한 앱을 한국 사용자가 구매한 경우에도 세금은 미국에 납부하는, 지금까지의 무역시스템으로 보면 이해할 수 없는 일이 발생한다.

 디지털 콘텐츠의 글로벌화는 산업 구조의 측면에서만 나타나는 것이 아니다. 문화적 측면에서 드러나는 파급력 역시 아날로그 콘텐츠에 비할 수 없이 크게 나타난다. 필름 영사기로 영화를 상영하던 시절에도 전 세계적으로 유행하는 트렌드와 당대의 대표적인 아이콘이라 부를 수 있는 상징들이 있었다. 그것은 〈007 시리즈〉 같은 특정한 장르이기도 했고, 마를린 먼로나 이소룡 같은 유명 인물이기도 했고 디즈니의 애니메이션에 나오는 캐릭터이기도 했다. 하지만 아날로그 방식에는 한계가 있기 마련이다. 물리적 공간의 제약으로 인해 전 세계적으로 동시적으로 소비되는 것이 아니라 순차적으로 전파될 수밖에 없었던 것이다. 하지만 디지털 콘텐츠의 세계에서는 모든 것이 실시간으로 소비된다. 유명한 스마트폰 게임인 〈앵그리 버드〉가 그랬고, 순식간에 1억 뷰를 넘기며 유튜브를 강타한 싸이의 〈강남 스타일〉이 그랬다. 이제 어디에서 생산되건 간에 계기만 주어지면 전 세계적으로 동시에 소비되는, 진정한 의미의 글로벌 환경이 되었다.

 글로벌 소비 환경은 디지털 본연의 성질에 기인한 것이기 때문에 강제로 막을 수 있는 방법이 없다. 국가 차원에서 나선다면 못할 것도 없지만 그럴 경우 굉장히 부자연스러운 시스템이 만들어진다. 국가가 공식적으로 인터넷을 검열하는 나라 중 하나인 중국이 그러한 시스템을 가진 나라에 속한다.

 정치적으로 민감한 단어를 검색하지 못하게 막는 것이야 그렇다고 치더라도, 페이스북이나 트위터 등에 아예 접속할 수 없게 하는 것은 누가 봐도 이해하기 힘든 상황이다. 전 세계적으로 수억 명의 사람들이 사용하는 서비스를 사용하지 못하게 막고 있다는 사실만으로도 충분히 이상한 현실인데, 만약 IT 지식이 조금만 있는 사람이라면 그 규제가 사실상 실효성이 없다는 것 때문에 훨씬 더 이상함을 느낄 수밖에 없다. 국가에서 사이트의 접근을 차단한다고 하더라도, 비교적 손쉽게 VPN이나 프록시 서버를 사용해서 우회적으로 접속할 수 있기 때문이다. 디지털 환경에서 누군가의 실제 존재 위치를 결정하는 요소는 IP 주소인데, 이것이 얼마든지 조작 가능하다. 누가 어디에 '실존'하는가 하는 것은 디지털에서 사실상 의미가 없다.

 이와 같은 일은 중국처럼 극단적인 정치체제에서만 발생하는 사건이 아니다. 한국에서도 디지털 콘텐츠의 특성과 국가의 전통적인 규제 방식이 불협화음을 내면서 사용자가 불편을 겪었던 적이 있다. 애플 앱스토어는 앱의 성격에 따라 다양한 카테고리로 나눠서 서비스되고 있다. 교육, 유틸리티, 생산성, 엔터테인먼트, 음악, 스포츠 등 제법 상세하게 분류되어 있다. 한국에서 문제가 되었던 것은 '게임' 카테고리였다. 국내 게임 규제 방식에 따르면, 모든 게임은 게임물등급위원회의 등급 심사를 받아야만 한다. 그런데 한국의 개발자가 앱스토어에 등록하는 게임에 대해서만 따로 심사할 수 있는 방법이 없었기 때문에 결국 '게임' 카테고리가 제외된 채 앱스토어가 서비스되었다. 그렇다고 해서 앱스토어에 게임 앱이 없었던 것은 아니었다. 앱스토어의 국가를 변경하는 것만으로도 한국의 규제가 적용되지 않는 수많은 게임을 만날 수 있었기 때문이다. 많은 사용자들이 미국 앱스토어에 계정을 만들어 게임을 즐겼다. 또 어떤 앱들은 '엔터테인먼트' 카테고리를 선택하는 것으로 규제를 피해 갔다. 사실상 전통적인 규제가 무력화된 것이다. 결국 게임물등급위원회는 오픈마켓에 등록되는 게임에 대해서 자율심의를 허용했고, 2011년 11월이 되어서야 애플 앱스토어에 게임 카테고리가 정식으로 등장하게 되었다.

디지털 콘텐츠의 글로벌 플랫폼은 웹 서비스의 성장과 함께 등장했다. 구글이나 아마존이 대표적인 글로벌 플랫폼에 속한다. 쇼핑몰의 성격을 가지고 있는 아마존은 그나마 소박한(?) 수준의 글로벌 플랫폼이라 볼 수 있다. 검색이라는 완전한 디지털 서비스를 제공하는 구글은 한국이나 일본, 중국 등 몇 개 국가를 제외하고는 대부분의 나라에서 검색 점유율 1위를 기록하며 전 세계인의 검색 엔진이 되었다. 이러한 현상을 단순히 '독점'이라는 단어로 설명하기에는 무리가 따른다. 왜냐면 서비스 자체가 무료이기 때문이다. 자본주의에서 독과점을 금지하는 이유는 그로 인해 소비자들이 받을 수 있는 피해를 예방하기 위해서다. 시장에서 경쟁자가 사라진 상황에서 독점 기업이 갑자기 상품 가격을 올리거나 서비스의 질을 낮출 경우 그 피해가 고스란히 소비자에게 가기 때문이다. 하지만 애초에 서비스 자체가 무료로 제공된다면 이러한 독점의 잣대로 판단하기 어려워진다.

기업 대 기업의 관계에서는 비록 무료 서비스라고 하더라도 문제가 발생할 수 있다. 실제로 구글이나 마이크로소프트는 자신의 무료 서비스에 대해 반독점법 위반 혐의로 제소를 당하거나 제재 행위를 당하기도 했다. 기업 경쟁에서 발생하는 불공정이 장기적으로 소비자에게 피해를 줄 수 있기 때문이다. 그런데 이런 상황을 고려한다고 하더라도, 적어도 사용자의 입장에서는 글로벌 플랫폼의 등장으로 인해 더욱 편리해지고 있다. 독점의 폐해보다는 이점으로 누리는 편리함이 훨씬 많다. 언젠가는 글로벌 독점으로 인한 문제가 드러날 수도 있겠지만 적어도 아직은 아닌 것 같다. 애플의 성장으로 인해 오히려 글로벌 플랫폼의 확장과 독점 현상은 더욱 가속화될 것으로 보인다.

그렇다고 모든 웹 서비스, 디지털 콘텐츠 서비스가 글로벌 플랫폼을 통해서만 서비스되는 것은 아니다. 아직은 지역이나 국가가 생활의 여러 가지를 결정짓는 중요한 요소이기 때문에 이러한 이점을 잘 살린 로컬 서비스가 우위를 점하는 경우도 많다. 공교롭게도 여기에 해당하는 대표적인 예가 동아시아의 3국, 중국-한국-일본이다. 중국과 일본에서는 각각 '바이두'와 '야후재팬'이 50%가 넘는 검색 점유율을 보이고 있으며 한국에서는 '네이버'가 70% 전후의 압도적인 점유율을 보이고 있다. 지역 상황에 맞게 서비스를 차별화함으로써 충분히 글로벌 플랫폼과 경쟁할 수 있음을 증명하는 사례라 할 수 있다. 그러나 로컬 서비스의 약진이 지나쳐서 부정적 상황을 초래하기도 한다.

예를 들어 한국의 디지털 음원시장은 생산자에게 수익이 제대로 분배되지 않는 구조로 설계되어 있으며 이로 인해 많은 비판을 받고 있다. 디지털 음원 한 곡의 가격인 600원을 기준으로 하면, 유통사가 276원(46%)로 가장 많은 수익을 가져가고 제작사가 240원(40%), 작곡·작사가 54원(9%), 가수·연주자 30원(5%) 순으로 수익을 가져간다. 애플이 아이튠즈 뮤직스토어에서 30%의 수수료를 가져가는 것에 비하면 유통사의 몫이 너무 크다는 것도 문제지만, 그보다 더 심각한 것은 '정액 요금제'이다. 월 9,000원으로 150곡을 다운로드 받을 수 있는 상품에 가입할 경우 노래 한 곡당 가격이 60원으로 떨어진다. 애플 아이튠즈 뮤직스토어의 가장 낮은 가격인 0.99달러에 비교해도 턱없이 싼 가격이다. 그런데 디지털 음원 사용자의 91.3%가 이런 식의 정액제 상품을 사용하고 있기 때문에 사실상 국내 디지털 음원의 가격은 미국에 비해 20분의 1에 해당하는 셈이다(《미디어스》 2011년 9월 19일자). 소비자들은 이러한 로컬의 특수성으로 인해 엄청난 혜택을 누리고 있다. 정말 말도 안 되는 가격으로 음악을 즐긴다. 하지만 그로 인해 음악가들은 생존의 위기에 내몰리고 있다.

이렇게 로컬 서비스가 글로벌 플랫폼과의 경쟁에서 우위를 점하는 사례들에도 불구하고 디지털 콘텐츠의 소비 환경에서 글로벌 플랫폼 파워가 점점 커지고 있다는 사실에는 변함이 없다. 특히 모바일 환경으로 넘어오면서 그 속도가 점점 빨라지고 있다. 사용자들이 글로벌 플랫폼에 접속해서 서비스를 이용하는 데 어떠한 제약도 없다. 서비스 품질의 차이에만 주목할 뿐이지 그것이 로컬 서비스인가 글로벌 서비스인가는 신경 쓰지 않는다. 자신이 편리한 대로 서비스를 선택하기만 하면 되기 때문이다. 언어의 장벽이 존재하긴 하지만 그것이 글로벌 플랫폼을 사용하는 데 불편을 초래하는 결정적 요인이 되지는 않는다.

글로벌 플랫폼 체제의 등장은 두 가지 시사점을 제공한다.

먼저 변화의 방향이 소비자에게 편리한 쪽으로 진행되고 있다는 것이다. 플랫폼은 생산자보다 소비자를 우선적으로 배려한다. 비용을 직접 지불하는 쪽이 소비자이기 때문이다. 스마트폰으로 게임을 즐기고자 하는 사람은, 그 게임을 아시아에서 만들었는지 유럽에서 만들었는지 아프리카에서 만들었는지를 상관할 필요가 없다. 그저 게임이 재미있기만 하면 된다.

반면에 생산자는 더욱 치열한 경쟁 아래 놓인다. 누구나 자유롭게 콘텐츠 생산자가 될 수 있는 상황인 데다 전 세계의 콘텐츠 생산자들과 함께 경쟁해야 하기 때문에 품질이나 가격 면에서 더 큰 압박을 받게 된다. 경쟁력을 가지려면 가격은 낮고 품질은 훨씬 좋아야 한다.

생산자들에게 과거에 없던 성공의 기회를 제공한다는 측면에서 긍정적인 면도 있다. 예전에 비해 훨씬 수월하게 더 많은 소비자를 만날 수 있으며 대개의 경우 글로벌 플랫폼에서의 성공은 로컬 시스템에서의 성공에 비해 훨씬 큰 보상을 제공한다. 하지만 가장 큰 이익을 보는 것은 결국 소비자들이다.

다음은 기존의 체제가 글로벌 플랫폼이 변하는 속도를 따라가지 못하고 있다는 점이다. 가장 대표적인 사례가 앞서 언급한 여러 가지 규제의 측면이다. 그 외에도 과거의 관행 때문에 새로운 대안을 제시하지 못함으로써 어려움을 겪는 사례들이 있다. 애플 앱스토어에서 디지털 콘텐츠를 판매하기 위해서는 앱 가격의 30%를 애플에 수수료로 지불해야 한다. 이것은 절대로 거부할 수 없는 조건이다. 앱스토어에서 직접 앱을 판매하든지 앱 내에서 추가적인 콘텐츠를 판매하든지 동일하게 적용된다. 하지만 앱스토어가 처음 열렸을 때는 이를 우회할 수 있었다. 예컨대 전자책 앱 내에서 전자책 콘텐츠를 판매하는 경우(In App Purchase) 개별 결제 수단을 사용해 애플에 30% 수수료를 지불하지 않고 판매하는 것이 가능했다. 그래서 대부분의 국내 전자책 앱은 별도의 모바일 결제 서비스를 전자책 앱에 내장해서 앱에서 직접 전자책을 구매하고 읽는 기능을 지원했다. 하지만 2011년 중반에 애플이 외부 결제 시스템의 퇴출을 결정하자 모든 전자책 유통사들이 혼란에 빠졌다. 여러 대책을 강구했지만 결국은 구매 기능과 뷰어 기능이 분리된 채로 서비스되는 상황에 처하고 말았다. 이때 많은 전자책 유통사들이 놓친 것은 바로 플랫폼이란 개념이었다. 애플이 물리적 플랫폼을 선점하고 있는 상황에서 전자책이라는 콘텐츠 소비 경험의, 독자적인 플랫폼을 구축하기 위해서 무엇이 필요한가에 대한 고민이 부족했다. 이미 주어진 체제 내에서 판매 역량만으로 경쟁하던 관성 때문에 새로운 체제를 만들 시도를 하지 못한 것이다. 똑같이 앱스토어에서 전자책을 판매하는 아마존의 대응 사례와 비교하면 차이가 명확하게 드러난다.

  아마존은 애플의 정책 변화에 맞춰서 '킨들 클라우드 리더Kindle Cloud Reader'라는 서비스를 내놓았다. 전용 앱에서 전자책을 보는 것과 동일하게 웹브라우저에서 전자책을 볼 수 있는 서비스였다. 별도의 앱이 아니라 웹 페이지에서 전자책을 보는 것이기 때문에 애플의 IAP 정책에 영향을 받지 않고 뷰어 기능과 쇼핑 기능을 하나의 사용 환경에서 구현할 수 있었다. 그리고 얼마 지나지 않아 '킨들 파이어'라는 태블릿PC를 출시했다. 아마존이 이렇게 발 빠르게 대응할 수 있었던 이유는 스스로를 전자책 사업이나 디지털 콘텐츠 사업의 핵심 플랫폼 사업자로 정의하고 있었기 때문이다. 비록 어쩔 수 없는 이유로 애플의 앱스토어 시스템에서 전자책 서비스를 하고 있지만, 고객들에게 전자책 독서의 경험을 제공하는 주체는 자신들이라는 인식이 명확했던 것이다. 그에 비해 한국의 전자책 사업자들은 여전히 유통사로서의 경쟁이라는 기존 프레임에서 벗어나지 못했던 게 아닌가 하는 생각이 든다. 아직까지 한국의 전자책 플랫폼이라고 부를 만한 서비스가 등장하지 않아서인지 이러한 아쉬움은 더 크게 느껴진다.

클라우드 서비스와 빅 데이터

디지털 콘텐츠는 기술적인 영역과 밀접하게 맞닿아 있다. 책처럼 물질적으로 독립된 소비 단위로 존재하는 것이 아니라, 무형의 콘텐츠인 채로 디지털 디바이스에서 표현되기 때문이다. 그래서 디지털 콘텐츠의 소비 환경을 말할 때 IT 기술의 최신 트렌드를 언급하지 않을 수 없는 측면이 있다. 그렇다고 해서 기술적인 부분의 상세함에 대해서까지 알아야 할 필요가 있는 것은 아니다. 기술을 직접적으로 활용하는 상품이나 서비스를 기획하는 것이 아닌 이상 언론에 보도되는 수준의 상식만 이해하고 있어도 충분하다. 문제는 기술 그 자체가 아니라 기술이 가진 핵심적인 가치를 자신이 하고 있는 일, 출판의 경우라면 콘텐츠 퍼블리싱과 연결시켜 과거와 다른 무언가를 가능하게 하는 것이다.

최근 언론에서나 일상생활에서 자주 쓰이는 기술 용어 중에 최근에 가장 많이 듣는 단어가 아마 '클라우드'란 말이 아닐까 싶다. 애플이 아이클라우드라는 서비스를 제공하면서 본격적으로 대중들에게 알려지기 시작한 클라우드란 개념은, 인터넷상의 데이터 서버를 활용하여 사용자가 어떤 장비를 사용하고 있더라도 항상 동일한 상태의 작업을 지속할 수 있는 서비스다. 이때 데이터 서버에 저장되는 것은 주소록, 메모, 캘린더 등의 디지털 데이터일 수도 있고 사용자의 장비에서 실행되는 애플리케이션 그 자체일 수도 있다.

디지털 데이터를 자동으로 동기화시켜주는 클라우드 서비스를 웹하드와 비교하면 그 편리함을 금세 이해할 수 있다. 언제든지 자신의 데이터에 접근할 수 있게 해주는 기존의 웹하드 서비스만 해도, 인터넷 속도의 발달이나 데이터 저장 용량의 증가 등으로 인해 그 이전에 비해서는 업무나 개인 작업의 효율성을 크게 증가시켜 주는 서비스였다. 외장 하드 디스크 등의 대용량 저장장치를 굳이 사용하지 않더라도 편리하게 데이터에 접근하거나 전송할 수 있기 때문이다. 하지만 이러한 웹하드 서비스가 가진 문제점은 데이터의 동기화였다. 즉 최신 상태의 데이터를 유지하기 위해서는 사용자가 직접 파일 상태를 관리해야만 했던 것이다. 웹하드에서 컴퓨터로 데이터를 내려 받아서 작업을 수행한 후에는, 웹하드에 있던 원래 파일을 삭제하고 컴퓨터에서 작업한 파일을 다시 등록하는 과정을 거쳐야만 파일 버전의 혼란 없이 최신 상태의 데이터를 유지할 수 있었다. 그게 아니라면 새로 작업하는 파일명을 수정한다든지 해서 그 파일의 최신 상태를 표시해야 했다.

하지만 클라우드 서비스를 이용하면 이런 작업을 수행할 필요가 없다. 서버에 저장된 데이터와 컴퓨터에 저장된 데이터가 자동으로 동기화되기 때문에, 사용자는 데이터의 상태에 신경 쓰지 않고 작업을 마치면 그만이다. 컴퓨터가 인터넷에 연결되어 있기만 하면 클라우드 서비스가 자동으로 서버의 데이터도 변경해주기 때문에, 나중에 (심지어 처음 작업했던 컴퓨터가 아닌 다른 컴퓨터에서 작업하려고 할 때에도) 파일을 수작업으로 다운로드 받거나 복사하지 않아도 최신 상태의 파일로 작업을 계속할 수 있다. 스마트폰, 태블릿PC 등 스마트 디바이스의 종류가 많아짐에 따라 주소록이나 캘린더 같은 개인 정보의 영역에서도 클라우드 서비스의 활용이 늘어나고 있다. 자신이 사용하고 있는 어떤 디바이스에서 정보를 수정하더라도 다른 디바이스의 정보까지 자동으로 수정되기 때문에 마치 하나의 기계를 이어서 쓰는 것 같은 편리함을 누릴 수 있게 된 것이다.

클라우드 서비스는 데이터뿐만 아니라 애플리케이션 자체를 제공하기도 한다. 가장 대표적인 것이 구글에서 제공하는 '구글 드라이브

Google Drive'인데, 여기에는 사용자들이 작성한 데이터뿐만 아니라 워드 프로세스나 스프레드시트 프로그램까지 함께 포함되어 있다.

인터넷에 연결되어 있고 웹 페이지를 열 수 있는 웹브라우저만 있으면 언제 어디서나 원하는 애플리케이션과 데이터를 불러서 작업을 수행할 수 있다. 이러한 서비스는 개인 사용자의 영역에만 한정되지 않고 기업의 업무 환경을 구축하는 수준까지 발전하기도 한다.

구글에서 제공하는 '구글 앱스Google Apps'라는 서비스를 사용하면, 메일·캘린더·문서도구·메신저 프로그램·그룹 관리 프로그램·웹 사이트 구축 프로그램 등을 별도의 하드웨어 구축 없이 사용할 수 있다. 이때 기업이 준비해야 할 것은 기업을 대표하는 도메인뿐이다. 그리고 구성원 1인당 일정한 라이센스 비용만 지불하면 하드웨어 구축 비용을 전혀 들이지 않고 첨단 사무환경을 만들 수 있게 되는 것이다. 비용 절감뿐만 아니라, 모든 데이터가 클라우드 서버에 저장되어 있으므로 구성원 간의 업무 협업 역시 훨씬 편리해지고 모든 서비스가 모바일에 최적화되어 있으므로 자연스럽게 모바일 오피스 환경까지 구축할 수 있게 되는 장점이 있다.

클라우드는 서비스는 알게 모르게 우리 주변에서 많이 일상화되어 가고 있는 중이다. 애초에 사용자의 개입 없이 자동으로 모든 사용 환경을 동기화시켜주므로 서비스 자체에 대해서 크게 의식하거나 사용법을 배울 필요도 없다. 그저 서비스 자체를 사용하는 것만으로도 편리함을 느낄 수 있다. 지금은 개인화된 정보의 영역이나 사무적인 영역에서 주로 쓰이고 있지만 조만간 콘텐츠 퍼블리싱에도 클라우드 서비스의 개념이 도입되리라고 쉽게 예측해볼 수 있다.

다음은 빅 데이터Big Data라고 하는 기술 개념이다. 빅 데이터는 말 그대로 큰, 그러니까 많은 양의 데이터를 의미한다. 그런데 그저 많은 것이 아니라 엄청나게 많은 양의 데이터를 말한다. 전 세계적으로 가장 많은 사람들이 사용하고 있는 SNS 서비스 중의 하나인 트위터의 예를 들면, 2012년 8월을 기준으로 하루 평균 2억 5천만 개의 트윗이 누적되고 있다. 이 수치는 웹 사이트를 방문하는 사용자의 수나 페이지뷰 같은 소비량이 아니라 데이터가 생산되는 양을 의미한다. 그런데 기존의 데이터베이스 도구들로는 이렇게 많은 데이터를 처리하기가 힘들다. 그래서 새로운 데이터베이스 도구들이 등장하고 이를 처리하기 위한 기술이 빠르게 발전하고 있다.

  데이터의 기술적인 처리 외에도 이를 분석해서 무언가 새로운 가치를 만들어내기 위한 노력도 계속되고 있다. 가장 쉬운 예로 개인들의 데이터 패턴을 분석해서 맞춤형 정보를 제공하고 관리하는 기술이 있다. 사생활 침해에 대한 우려가 있긴 하지만 데이터를 제대로만 활용할 수 있다면 예전에는 누릴 수 없었던 생활의 편리함을 얻을 수도 있다. 예컨대 애플의 '시리'나 구글의 '구글 나우Google Now' 같은 서비스가 지향하는 바는, 단순히 인간의 음성 명령을 인식해서 수행하는 번역기가 아니라 '개인 비서'에 가까운 형태이다. 즉 개인들의 휴대폰에 저장된 정보와 생활 패턴 등의 데이터를 분석해서 판단 결과를 알려주는 것이다.

  만약 '주변에 있는 옷가게를 찾아 줘'라는 명령을 내렸을 때, 그 서비스가 단순히 번역-데이터 제공 서비스라면 주변에 있는 옷가게의 목록을 말해주는 걸로 그칠 것이다. 여기에서 데이터 가공이란, 자동으로 거리를 체크해서 가장 가까운 곳에 있는 옷가게부터 순서대로 알려주는 정도일 것이다. 그런데 개인 비서 역할이라고 한다면, 명령을 실행한 사람이 가장 선호하는 옷가게가 무엇인지를 판단하거나 그 가게를 방문한 다른 사용자들의 옷가게 선호도까지 분석해서 추천 결과를 제공할 수 있게 되는 것이다. 이러한 판단을 가능하게 하는 것이 바로 데이터의 활용이다.

개인 단위의 활용뿐만 아니라 사회 집단이나 특정 그룹 단위에서 데이터를 분석하고 활용하는 것이 가능하고, 데이터의 양이 많아지고 참여하는 사람들의 수가 늘어난다면 신뢰도와 정확도는 더욱 향상될 것이다. 개인 정보의 보호와 편리함이라는 두 가치가 충돌하는 사안이기 때문에 앞으로 어떤 식으로 대중화될지 정확하게 예측하기는 힘들지만, 기술적 트렌드라는 측면에서는 분명히 편리함을 강조하는 쪽으로 발전할 것이라고 예상할 수 있다.

데이터가 많다는 것은 장점과 단점을 동시에 지니고 있다. 빅 데이터를 활용한 정보의 분석과 활용이라는 측면에서는 생활의 편리함이라는 장점을 얻을 수 있지만, 동시에 너무 많은 데이터를 접해야 하는 정보 과다로 인한 문제가 발생한다. 지금은 원하는 정보가 없어서 애를 먹기보다는 너무 많은 정보들 사이에서 나에게 가장 필요한 정보를 찾기 위해 애를 먹는 경우가 훨씬 많다. 이렇게 많은 데이터 속에서 정보를 가치 있게 재구성하는 것은, 데이터를 분석해서 개인 비서 역할을 하는 것과 또 다른 문제에 해당한다.

그래서 이러한 불편함을 해소하기 위한 다양한 서비스가 주목받고 있다. 최근에 자주 언급되는 큐레이션 서비스가 바로 그것이다. 빅 데이터를 다루는 서비스가 자체적으로 큐레이션 기능을 하는 장치를 내장하고 있기도 하고 큐레이션만을 목적으로 해서 별도의 서비스를 제공하는 경우도 있다.

트위터의 리스트는 그 자체로 큐레이션의 성격을 갖는 기능이다. 사용법은 간단하다. 사용자가 직접 리스트를 생성해서 그 리스트의 성격에 맞는 트위터 계정을 모아서 관리한다. '친구' '관심 분야' '회사 업무' 이런 식으로 리스트를 만들어서 팔로우하는 계정을 분류하는 것이다. 그래서 특정한 주제나 인물 분류에 접근해야 할 필요가 생길 때 트위터의 타임라인이 아니라 리스트로 새 글을 확인하는 것이다. 그런데 이 리스트는 리스트 자체를 다른 사람에게 공개할 수 있고 또 팔로우할 수도 있게 되어 있다. 수많은 트위터 계정 중에서 누군가 수작업을 통해 직접 선별해낸 '가치 있는 구성'을 또 하나의 데이터 형태로 활용하는 것이다.

그런가 하면 큐레이션 역할만 수행하는 서비스도 크게 각광을 받고 있다. 가장 대표적인 사이트가 바로 핀터레스트Pinterest이다. 핀터레스트는 이미지 기반의 SNS 서비스로 트위터와 마찬가지로 사용법이 아주 간단하다. 웹 서핑을 하다가 마음에 드는 이미지를 보았을 때 핀을 꽂기만 하면 된다(핀을 꽂는 방법은 몇 가지 있다). 다만 아무렇게나 핀을 꽂는 것이 아니라 반드시 주제를 분류해서 핀을 꽂게 되어 있다. 이렇게 모인 이미지들은 다른 사람이 다시 핀을 꽂을 수도 있고 다른 SNS 서비스에 퍼갈 수도 있다. 핀터레스트는 이렇게 주제에 맞는 이미지를 모아서 공유하는 방식으로 사용자들에게 가치를 제공하며, 현재 가장 빠른 속도로 성장하고 있는 서비스로 주목받고 있다.

이 장의 서두에서도 설명했듯이 디지털 콘텐츠 소비 환경은 압도적인 양이 대표적인 특징이다. 구글이 발표한 자료에 따르면, 검색 결과를 제공하기 위해 인덱싱하고 있는 웹 페이지의 수가 2008년에 이미 1조 개를 돌파했다고 한다(〈readwrite〉 2008년 7월 25일자). 우리가 구글의 검색창에 검색어를 입력할 때, 검색의 대상이 되는 자료의 수가 1조 개를 넘어선 것이다. 만약 구글과 같은 검색 엔진이 없다면 인터넷에서 원하는 정보를 찾기란 아마 불가능한 일이었을 것이다. 정보의 양이 많아지고 원하는 정보를 찾기가 힘들어질수록 검색 기술의 중요성은 커져갔다. 그리고 사용자들이 입력한 검색어와 연관된 광고를 제공하는 사업 역시 함께 성장해갔다. 구글은 전체 매출의 99%를 광고로 버는 것으로 알려져 있으며 2011년에 약 379억 달러의 매출을 기록했다.

콘텐츠 생산자·플랫폼·사용자의 변화

최근에 SNS 서비스의 사용자 수가 폭발적으로 늘어나고 있다. 페이스북은 상장 이후에 성장세가 다소 둔화되는 모습을 보여주고는 있지만, 사용자가 이미 10억 명을 돌파했다(2012년 10월 기준). 이는 전 세계 인터넷 이용 인구의 거의 절반에 육박하는 수치이고, 페이스북의 접근을 차단하고 있는 중국 사용자들을 고려한다면 실제로는 절반이 넘는 수치라고 볼 수 있다. 그러나 이렇게 많은 사용자를 확보하고 있음에도 불구하고 광고 매출에 있어서는 아직 구글의 10분의 1 수준에 불과한 것으로 알려져 있다. 엄청난 사용자 수에 비하면 초라한 성적이라고 볼 수도 있는 상황이다.

구글과 페이스북의 광고 매출 차이에서 확인할 수 있는 것은, 사람들이 웹에서 콘텐츠를 소비하는 행위와 SNS에서 친구들과 관계를 맺는 행위에 부여하는 가치가 아직까지는 다르다는 것이다. 광고주의 입장에서 보면 콘텐츠 소비 행위에 광고를 삽입하는 것이 SNS 활동에 광고를 삽입하는 것보다 훨씬 효과적이라는 말이다. 하지만 페이스북은 구글이 시도할 수 없었던 방식으로 수익을 발생시켰다. 바로 콘텐츠를 직접 판매하는 것이다.

징가Zynga라는 업체는 페이스북 등의 플랫폼의 사용자를 위한 게임을 개발하는 회사이다. 징가의 게임이 기존의 게임들과 다른 이유는 사용자들 간의 상호 활동이 중요하게 부각된다는 것이다. 게임 자체가 목적이 되는 일반적인 게임과 달리, 사용자들의 관계가 게임 진행에서 중요한 요소로 배치되어 있다. 이러한 게임을 보통은 소셜 게임이라 부른다.

징가가 성장할 수 있었던 이유는 페이스북 사용자들을 위한 소셜 게임을 제공했기 때문이다. 페이스북 자체에는 게임 콘텐츠가 없지만, 게임 사업자가 페이스북 플랫폼에서 콘텐츠를 판매하고 수익을 얻는 행위를 허용한 것이다(비록 게임 자체는 무료이고 게임에 사용되는 아이템들을 통해 매출을 올리고 있긴 하지만). 이처럼 페이스북은 사용자들에게 콘텐츠를 제공함으로써 돈을 버는 수익 모델을 만들었으며 이는 구글과 같은 검색 서비스에서는 실행할 수 없었던 사업 모델이었다. 즉 페이스북은 사용자를 직접 비용을 지불하는 고객으로 전환시켰다.

상황이 이렇게 변함에 따라 게임 콘텐츠를 제공하는 사업자의 전략 역시 SNS 서비스의 특징에 맞게 수정되었으며 소셜 게임이라는 형식으로 성공을 거두게 된다. 만약 구글식 서비스에서 게임 콘텐츠를 제공했다면 광고 수익 이외의 매출을 기대하기는 힘들었을 것이다. 하지만 결과적으로 소셜 게임은 자신의 고유한 콘텐츠 매출을 확보하게 되었고, 징가와 같은 기업은 이제 페이스북을 벗어나서 독자적인 소셜 게임 플랫폼으로 성장하고 있는 중이다.

이러한 사례에서 우리가 주목해야 할 것은 사용자들이 웹(디지털) 서비스를 이용하면서 기대하는 가치가 달라짐에 따라, 콘텐츠의 가치도 자연스럽게 변할 수밖에 없다는 것이다. 정확한 정보를 원하는 서비스에 맞는 콘텐츠와 타인과의 관계 맺기를 원하는 서비스에 맞는 콘텐츠는 달라야 한다. 게임의 예를 들었지만 잡지나 책과 같은 콘텐츠 역시 이러한 환경 변화에 영향을 받게 될 것이다.

사용자들이 원하는 서비스 가치에 따라서 콘텐츠의 성격이 변할 수도 있다는 측면에서 보자면 앱스토어라는 유통 모델이 콘텐츠 사업자들에게 시사하는 바는 크다. 앱스토어는 여러 가지로 혁신적인 콘텐츠 유통 모델이다. 우선 일반 개인들도 아이디어만 있으면 누구나 기업과 동등한 입장에서 앱을 등록해서 판매할 수 있는 길이 열렸다. 모바일 플랫폼에 콘텐츠를 제공하던 기존 사업자들에게도 '슈퍼 갑'이 존재하지 않는 비교적 공정한 시장이 열렸다. 특히 한국처럼 통신사 중심의 폐쇄적인 모바일 환경에서는 획기적인 유통 모델이었다.

물론 앱스토어가 등장하기 전에도 휴대폰에서 실행할 수 있는 프로그램이나 게임들이 있었다. 하지만 통신사가 공식적으로 인정한 경우에만 진입할 수 있었다. 아무리 좋은 아이디어가 있다고 해도 통신사의 사업 파트너가 되지 못하면 그 아이디어를 실현할 수 없었다. 그러다 보니 수익 배분 측면에서 통신사가 지나치게 높은 이익을 취하는 구조였다. 3,000원짜리 모바일 게임을 다운로드 받기 위해서 데이터 이용료를 10,000원 이상 지출하는 경우도 있었는데, 이때 데이터 이용료는 수익 분배 대상이 아니었기 때문에 100% 통신사에게 돌아갔다. 데이터 전용 요금제를 사용할 경우에는 이보다는 적은 금액으로 게임을 다운로드할 수 있긴 했지만, 무선 인터넷을 지원하는 핸드폰이 아예 없었기 때문에 어쩔 수 없이 통신사에 데이터 요금을 지불하고 게임 콘텐츠를 이용해야만 했다. 그리고 게임 이용료에 대한 콘텐츠 제공자와 통신사의 수익 배분이 9:1이나 8:2로 콘텐츠 제공자에게 높게 책정되어 있었지만, 사용자들의 휴대폰 초기 화면에 나오는 추천 게임 등에 노출되기 위한 별도의 수수료까지 고려하면 5:5 정도까지 수익 배분율이 떨어지는 경우가 다반사였다고 한다.

이런 상황에서 통신사의 데이터 요금을 사용하지 않고 무선 인터넷을 통해서 콘텐츠를 다운로드할 수 있고, 콘텐츠 제공자와 플랫폼 사업자의 수익 배분 역시 7:3으로 고정되며 콘텐츠의 가격을 콘텐츠 제공자가 자유롭게 책정할 수 있는 앱스토어의 등장은 하나의 사건이라고 부를 만하다. 결과적으로 앱스토어 이전의 모바일 콘텐츠 유통환경에 비해 앱스토어 등장 이후의 콘텐츠 제공자의 수익 분배율이 전체적으로 올라갔다는 것이 일반적인 분석이다.

콘텐츠 제공자와 플랫폼 사업자 사이에 발생한 변화도 중요하지만 콘텐츠 자체와 사용자들 사이에 발생한 변화가 훨씬 더 주목해야 할 사항이다. 앱스토어 모델이 등장하기 전까지 각각의 디지털 콘텐츠는 자체적인 유통 환경을 가지고 있었다. 이들은 유통 사업자들이 제공하는 각각의 서비스로 분할되어 있었다. 비디오 스트리밍이나 다운로드 서비스를 통해 영화를 볼 수 있었고, 디지털 음원을 판매하는 서비스를 통해 음악을 감상할 수 있었고 다운로드 방식으로 게임을 다운받아서 즐길 수 있었다. 이들 각각의 서비스는 사업자도 모두 달랐고 사용하는 방식 또한 달랐다. 영화를 디지털 방식으로 즐기기 위해서는 TV나 PC가 필요했고 음악을 듣기 위해서는 MP3 플레이어나

MP3 플레이어 기능이 있는 휴대폰이 필요했고 게임을 즐기기 위해서는 휴대용 게임기기가 필요했다. 책을 디지털로 읽기 위해서는 킨들과 같은 별도의 기기가 필요했다.

하지만 스마트폰과 태블릿PC가 등장하면서 이러한 소비 환경에 변화가 발생했다. 스마트폰이나 태블릿PC는 앱스토어 모델로 대표되는 콘텐츠 유통 플랫폼과 연계되어 있으며, 예전에 비해서 사용자들이 소유한 디바이스와 콘텐츠 유통 환경 사이의 결합력이 훨씬 강력하다. 이 강력함은 콘텐츠가 독점되면서 발생한 강제적 결합이 아니라 엄청난 수준의 콘텐츠 확장성을 기반으로 사용자들과 플랫폼이 직접 결합하는 방식으로 나타났다. 예전에도 사용자의 디바이스와 유통 플랫폼의 결합력은 존재했다. 콘텐츠를 제공받기 위해서는 콘텐츠 제공자가 지정한 유통 환경을 사용할 수밖에 없었기 때문이다. 그래서 대부분의 사용자는 소비하는 콘텐츠의 유형에 따라 여러 개의 서비스(또는 플랫폼)에 속해 있었다. 영화나 음악이나 게임이나 책을 읽기 위해서 각각 그에 맞는 서비스를 선택해서 접속해야 했던 것이다.

하지만 앱스토어 모델에서는 과거에 분할되어 있던 여러 콘텐츠들을 단 하나의 플랫폼을 통해 모두 이용할 수 있다. 그에 따라 콘텐츠 제공자가 콘텐츠 유통 방식을 결정할 수 없게 되었다. 아마존을 예로 들자면 아마존은 이미 킨들이라는 디바이스를 통해 전자책을 서비스하지만, 애플의 플랫폼을 위해 별도의 앱을 만들어 제공해야 한다. 기존의 방식으로는 애플의 앱스토어를 이용하는 사용자들에게 콘텐츠를 제공할 방법이 없었기 때문이다. 애플의 사용자들이 모두 킨들을 구매한다는 보장이 없기 때문에, 콘텐츠를 제공하기 위해서는 어쩔 수 없이 비록 경쟁사의 플랫폼이라고 하더라도 거기에 맞는 방식으로 서비스를 제공할 수밖에 없는 것이다.

음악 역시 마찬가지이다. 예전처럼 독자적인 방법으로 디지털 음원을 판매하고 그것을 구매한 사람들이 스스로 스마트폰이나 태블릿PC 등으로 음악을 복사하고 관리하는 수고를 감당하면서 서비스를 이용해줄 것이라 기대하기 힘들게 되었다. 사용자들이 사용하고 있는 플랫폼 내에서 음악을 유통시킬 수 없다면 콘텐츠 제공자와 사용자의 거리는 갈수록 멀어질 수밖에 없다.

사용자들은 사용 환경이 복잡해지는 것을 극도로 꺼리는 경향이 있다. 단순하며 직관적이고 편리한 방식으로 서비스를 이용하기를 원한다. 그런데 현재의 디지털 콘텐츠 유통 환경에서 사용자들에게 지배적 영향력을 행사하는 것은 오직 플랫폼 사업자들뿐이다. 사용자가 직접 경험하는 플랫폼의 영향력은 커질 수밖에 없다. 그런데 이 플랫폼은 하드웨어와 소프트웨어가 직접적으로 결합되어 있기 때문에 대규모 자본력을 갖춘 기업들이 독점하는 형태로 발전하고 있다. 게다가 이 편리함은 전 세계 사용자들을 하나로 묶는 경향이 있기 때문에 단순히 자본이 많다고 해서 성공할 수도 없는 시장이 되어가고 있다. 전 세계 어디에서나 통할 수 있는 콘텐츠, 즉 영미권에서 생산되는 콘텐츠를 장악하지 않고는 글로벌 플랫폼이 될 수 없기 때문이다.

이런 상황이 반영된 결과는 우리가 이미 알다시피 아마존, 애플, 구글로 대표되는 북미 기업의 디지털(모바일) 플랫폼 독점 현상이다. 이러한 글로벌 플랫폼에 대항하는 로컬 플랫폼이 어떤 식의 성공을 거둘지 모르지만 아직은 그 등장마저 요원해 보인다. 아마도 당분간은 애플이나 구글이 앱 심사 정책이나 결제 정책 하나만 변경해도 전 세계의 콘텐츠 사업자들이 자신의 사업 전략 전체를 수정해야 하는 일이 자주 발생할 것으로 보인다.

지금까지 설명한 디지털 콘텐츠 소비 환경의 변화에서 가장 중요한 것은 소비자의 역할이 훨씬 커졌다는 것이다. 그리고 반대쪽에서는 생산자의 경쟁이 더 치열해지고 있다. 앱스토어라는 콘텐츠 유통 모델은 단순히 유통·판매 체계의 변화가 아니다. 앱스토어는 모든 콘텐츠 생산자를 강제로 평평하게 만들어버렸다. 그리고 소비자들과 접점을 확보한 플랫폼의 영향력을 거의 절대적인 것으로 만들었다. 사용자들의 소비 패턴은 지금도 계속 변하고 있다. 콘텐츠 생산자, 플랫폼, 사용자가 서로 조응하면서 새로운 환경이 만들어지고 있다.

이러한 변화 과정에서 콘텐츠와 콘텐츠 소비자와의 관계에 주목해야 하는 이유는 사용자 소비 패턴이 '접속'의 개념으로 변하고 있기 때문이다. 콘텐츠 생산자가 주도하는 과거의 퍼블리싱 개념(배포)에서 벗어나 사용자들이 선택권을 가지는 접속 개념으로의 전환을 제대로 이해하지 않고서는 가치 있는 콘텐츠를 생산하기 힘든 시대가 되었다. 콘텐츠의 형식과 소비 환경이 내용 못지않게 중요해졌다. 콘텐츠를 기획하고 만들기 위해서는 사용자들의 변화된 생활환경, 달라진 콘텐츠 유통 방식, 새로운 소비 패턴을 분석하는 것으로부터 출발해야만 함을 명심해야 할 것이다.

7장
디지털 콘텐츠 기획을 위하여

이번 장에서는 디지털 콘텐츠의 기획과 설계에 대한 이야기를 할 것이다. 이어서 달라진 환경에 맞는 디지털 콘텐츠 상품의 유통과 마케팅에 대해서 다음 장에서 다룰 것이다. 그런데 여기에는 약간의 제약이 따른다. 우선 디지털 콘텐츠 퍼블리싱 분야에서 참고할 만한 사례가 많지 않다. 어찌 보면 당연한 일일 수도 있다. 전통적인 콘텐츠 퍼블리싱에 디지털 플랫폼의 변화가 불어닥친 지 얼마 되지 않았기 때문이다. 하지만, 그 '얼마'라는 시간도 벌써 3년 가까이 되어간다는 걸 생각하면 무언가 문제가 있는 게 아닌가 하는 의심도 든다. 혹시 전통적인 콘텐츠 퍼블리싱은 이제 그 생명력이 다해가는 것이 아닐까. 지금까지 익숙했던 콘텐츠들은 새롭게 등장한 디지털-모바일 기반의 콘텐츠 소비 환경, 그리고 플랫폼 주도적 유통 환경에 적합한 것일까?

교보문고의 전자책 단말기 출시, 애플의 아이폰 한국 출시 등으로 한 해를 마감했던 2009년과 인터파크의 전자책 단말기 출시, 삼성의 첫 안드로이드 기반 스마트폰 출시와 같은 사건이 이어졌던 2010년은 출판사들이 졸지에 낡은 유산으로 전락해버린 시기였다. 당장 소멸할 것이라는 극단적 예상까지는 아니더라도 새롭게 변화된 환경에 적응하지 못하면 미래가 없을 수도 있다는 불안감이 컸다. 발 빠른 출판사들은 기민하게 움직였다. 전자책 사업을 공격적으로 시도하기도 했고 모바일 앱 시장에 눈을 돌려 과감하게 투자하기도 했다. 하지만 우리가 기대했던 성공 모델은, 아쉽게도 아직까지 등장하지 않았다. 비교적 조심스럽게 이 상황에 접근한 출판사들은 최근에야 뭔가 변화를 시도해야 한다는 사실을 인식하기 시작했다. 그러다 보니 IT업계라면 '조선왕조 300년'에 해당할 수도 있는 3년의 시간이 지났음에도 불구하고 아직 레퍼런스가 충분히 쌓이지 않았다. 따라서 이 책에서 실무에 당장 참고할 만한 구체적인 내용을 다루기에는 무리가 있다.

또 하나의 제약 사항은 디지털 콘텐츠 퍼블리싱이 상품의 모습으로 구현되는 분야가 너무 다양하게 존재하기 때문에 하나하나 자세히 살피기 어렵다는 것이다. 각 상품들의 특징이 다르고 상품이 생산-유통-소비되는 환경도 제각각이기 때문이다.

예를 들어 종이책을 만드는 방식으로 기획된, 아주 좋은 콘텐츠가 있다고 치자. 이 콘텐츠를 디지털 상품으로 만든다고 하면 아마 다음과 같을 것이다. 먼저 하나의 웹 서비스로 독립시키는 것이다. 광고로 수익을 내든 콘텐츠 유료 판매를 통해 수익을 내든, 콘텐츠와 웹 고유의 특징을 최대한 잘 결합해서 상품으로 만드는 것이다. 그리고 디지털화된 책으로 만드는 방법이 있다. 오디오북이 될 수도 있고 전자책이 될 수도 있다. 어쨌든 책의 형식을 유지하고 있으므로 가장 쉽게 접근할 수 있는 방법이 될 것이다. 앱으로 만드는 방법도 있다. 컴퓨터 응용프로그램의 특성이 강하게 가미된 즉, 소프트웨어의 자유도가 높은 앱과 콘텐츠를 결합함으로써 새로운 상품을 만드는 것이다. 개별 상품 차원이 아니라 플랫폼과 콘텐츠가 결합하는 방법도 있을 수 있다. 최근에 유행하는 스마트러닝이라는 플랫폼에 제공되는 콘텐츠로 재가공하는 것이 가능하다. 여기에는 콘텐츠의 가치뿐만 아니라 플랫폼 자체의 가치가 많이 반영될 것이다. 마지막으로 가장 어려운 난이도를 자랑하는, 콘텐츠 자체를 하나의 플랫폼으로 발전시키는 방법도 있다. 상품의 형식을 플랫폼화시킨다든지 콘텐츠 소비 패턴을 플랫폼화시킨다든지 할 수 있을 것이다.

그런데 문제는 이렇게 다양하게 변형되는 디지털 콘텐츠 상품들 간에 연계성이 거의 없다는 것이다. 오히려 각각을 하나의 플랫폼으로 불러도 좋을 만큼 독자적인 환경을 구축하고 있다고 볼 수 있다. 그래서 디지털 콘텐츠 기획을 일반화해서 설명하기 힘들게 된다. 가장 좋은 방법은 각각의 상품에 맞는 기획-마케팅 방법론을 특화시켜 설명하는 것이겠지만 그것은 이 책의 논의 수준을 벗어나 굉장히 전문적인 수준의 논의가 될 가능성이 크다.

논의를 제약하는 마지막은, 이 책을 읽게 될 독자들이 처한 상황에 대한 것이다. 현재 출판사에 근무하고 있거나 IT 분야 등에서 콘텐츠 기획을 전문적으로 하고 있는 사람들 모두가 해당된다. 즉 전통적인 콘텐츠 퍼블리싱과 디지털 콘텐츠 퍼블리싱을 동시에 경험한 사람들의 수가 턱없이 부족하다는 것이다. 그리고 과거의 유산과 현재의 기술을 결합해 새로운 분야의 업무에 도전하고 있는 사람들이라고 하더라도 전체적인 상황을 한눈에 꿰고 전략적으로 업무에 임하기가 쉽지 않다는 것이다. 그 이유는 앞서 언급한 두 가지 제약 사항들, 레퍼런스의 부재와 너무 많은 가능성들 때문이다. 이것은 독자들이 현장에서 느끼는 궁금증이 아주 많을 수 있다는 것을 말한다. 모든 사람들의 모든 질문을 만족시킬 수는 없는 법이다. 그렇다고 섣부르게 일반화할 수도 없는 상황이다.

그래서 개별 디지털 콘텐츠 자체를 깊게 분석하는 것이 아니라 시스템이나 구조와 같은 퍼블리싱 환경에 대한 것에 집중해서 변화의 방향을 추적하는 데 초점을 맞출 것이다. 이번 장에서는, 현재 상황에서 출발해서 6장에서 설명한 디지털 콘텐츠의 소비 환경을 콘텐츠 기획에 연결할 것이다. 그리고 갈수록 점유율과 영향력이 커지는 앱스토어 시스템을 고려한 기획으로 마무리할 것이다.

출판 기획과 디지털 콘텐츠 기획

우선 우리가 알고 있는 기획이라는 개념에서 시작해보도록 하겠다. 혹시 종이책의 기획에, 어떤 숨겨진 비법이 존재하는 것은 아닐까? 각종 기획의 결과물로 종종 베스트셀러가 등장하고 있으니, 그 성공(어쨌든 콘텐츠가 많은 사람들의 반응을 이끌어냈으므로 그냥, 성공이라고 하자)의 이유가 어떤 특별한 기획력 때문이라고 인정해도 되지 않을까?

그러나 나는 출판의 경험이 오래된 사람일수록 베스트셀러의 성공과 기획력 사이에 큰 연관성이 없다고 대답할 가능성이 높다고 생각한다. 왜냐하면 베스트셀러가 탄생하는 과정에는 많은 요인이 포함되어 있기 때문이다. 그중에는 기획이나 마케팅처럼 출판사 내부의 역량으로 존재하는 것도 있지만 저자의 개인적 사정이나 시장 환경, 사회적 조건의 변화 등 출판사 내부에서 통제할 수 없는 외부 요소도 많이 존재한다. 내부의 역량과 외부의 조건이 절묘하게 맞아떨어질 때 베스트셀러라는 성공의 열매가 탄생하는데, 이 과정에는 통제할 수 없는 우연적 요소가 개입하고 있다. 게다가 베스트셀러와 기획력을 직접적으로 연관 짓는 것 자체가 논란의 여지를 품고 있다. 기획을 할 때 판매량 외에도 여러 가지 요소를 고려하기 때문이다. 실제로 성공한 베스트셀러가 아님에도 불구하고 훌륭한 기획으로 평가받는 경우를 주변에서 자주 볼 수 있다. 초판도 소화하지 못했을 것이 뻔해 보이는 작품마저 좋은 기획이라는 평가를 받는 걸 보면, 출판에서의 기획이란 개념은 의외로 복잡하게 구성되어 있음을 짐작할 수 있다.

출판사에서 일상적으로 기획이란 말을 사용하고 있지만, 실제로는 그것이 지시하는 바가 명확하지 않은 경우가 많다. 어떤 때는 잘 알려지지 않은 외국 서적을 찾는 것을 기획이라 부르기도 하고, 어떤 때는 주어진 글감에 맞는 저자를 찾는 과정을 기획이라 부르기도 하고, 어떤 때는 책의 소재를 발굴하거나 주제를 확정하는 것을 기획이라 부르기도 한다. 추측컨대 아이디어 차원의 논의가 오가는 모든 상황을 통칭해 기획이라 부르는 것이며, 명확히 지칭할 수 있는 기획이란 단어의 실체는 없는 것이 아닐까 생각한다.

전자책과 앱 등을 따로 구분하지 않은 디지털 콘텐츠라는 일반적인 개념에서 디지털 콘텐츠의 기획은, 기획이란 말을 꺼내기도 여의치 않은 상황이다. 기획이라는 프로세스를 체계적으로 적용할 만큼 시장이 안정화되지 않았기 때문이다. 전자책은 앱 시장과 달리 기존 출판의 경험으로도 어느 정도는 예상할 수 있는 분야이다. 그런데 이 전자책 분야까지도 아직은 너무 많은 불확실한 요소를 내포하고 있다. 언젠가는 전자책 시장으로 전환될 것이란 예측이, 과거에 비하면 훨씬 설득력 있게 받아들여지고 있기는 하지만 그 과정이 어떤 곡선을 그릴지, 어떤 변수를 만나게 될지에 대해서는 예언만이 난무하고 있을 뿐이다. 게다가 당장 부딪히고 있는 암초들도 상당히 많은 편이다. 전자책 기획을 종이책 기획의 연장으로 볼 수도 있지만, 막상 전자책을 직접 기획하는 상황에 부딪히게 되면 많은 난관을 만나게 된다.

먼저 종이책 기획과 전자책 기획을 어떻게 분리해야 할지가 명확하지 않다. "종이책과 전자책을 동시에 만들 것인가?" "전자책으로만 출간한다면 그 이유는 무엇인가?" 간단해 보이지만 결코 쉽지 않은 질문이다. 만약 종이책과 전자책으로 동시에 만들기 위해서 콘텐츠를 기획한다면 어떻게 해야 할까? 아마 거의 대부분의 사람들이 종이책 기획 방식으로 접근하게 될 것이다. 그리고 그것을 전자책으로 어떻게 표현할지에 대해서 고민할 것이다.

이렇게 종이책이 우선시될 수밖에 없는 이유는 간단하다. 익숙하기 때문이다. 그리고 익숙한 방식으로 콘텐츠의 가치를 만들어내는 것이 유리하기 때문이다. 두 가지 경우 모두를 고려했을 때 어떤 가치가 발생하는지, 그것을 어떻게 기획에 반영해야 하는지 알고 있는 사람은 없다. 전자책을 종이책과 전혀 다른 모습으로, 전자책의 고유한 특징을 잘 살려서 아무리 잘 만든다고 하더라도 이런 식의 접근을 종이책과 전자책을 동시에 고려한 기획이라고 부르기는 힘들다.

전자책으로만 만들기 위해 콘텐츠 기획을 고민할 경우에도 비슷한 문제가 발생한다. 기획의 단계에서 종이책과 경계를 명확하게 가르기 힘든 경우가 많다. 전자책을 조금만 잘 만들려고 하면 하면, 예컨대 독자층을 넓게 잡거나 콘텐츠의 완성도에 공을 많이 들일 경우, "이것을 꼭 전자책으로만 만들어야 하나? 그냥 종이책으로 만들면 안 되나?"라고 하는 문제를 피하기 힘들다. 그렇다고 종이책으로 만들기에는 콘텐츠의 가치가 떨어지는 것들을, 분량이나 가격 경쟁력만 내세워서 전자책 전용 기획이라고 부른다면, 기획이란 말을 붙이기에 너무 옹색한 상황이 되어버린다.

이러한 상황을 타개하는 방법으로, 형식을 특화하는 방법이 있을 수 있다. 전자책은 종이책과 달리 소리나 영상 같은 멀티미디어 요소를 활용할 수 있고 웹 사이트의 링크를 바로 사용한다든지 해서 콘텐츠의 확장성을 높일 수 있기 때문이다. 그런데 현실은 이마저 여의치 않다. 앞서 말한 형식적 특징을 최대한 활용하기 위해서는 이펍3.0 등의 새로운 기술을 활용하는 것이 필요한데, 국내 전자책 뷰어 대부분이 기능을 제대로 지원하지 않고 있기 때문이다. 언젠가는 그런 기능들을 지원하게 되겠지만 아직까지는 아이디어가 있어도 실현해볼 만한 상황이 아니다.

나중에 최신 기술을 모두 사용할 수 있게 되더라도 또 다른 문제가 발생할 가능성이 있다. 소리와 동영상과 인터랙션이 잘 조화된 전자책을 만든다고 했을 때, 그것이 과연 전자책인가 앱인가 웹 콘텐츠인가 하는 혼란이 생길 수 있다. 앱이나 웹 콘텐츠에 가깝게 자리매김한다면 그것은 굳이 책을 기획하는 방법으로 기획할 필요가 없을 수도 있기 때문이다.

다음은 콘텐츠 생산 방식을 혁신함으로써 전자책 전용 콘텐츠의 기획력을 강화하는 방법도 있을 수 있다. 셀프 퍼블리싱처럼 콘텐츠 생산의 전 단계를 모든 사람들에게 공개할 수도 있고, 제휴 방식을 통해 콘텐츠 생산의 프로세스를 외부로 이전하는 방법을 선택할 수도 있다. 그런데 이 경우에 필요한 기획력은 콘텐츠 기획력이라기보다 서비스 기획력에 가깝다. 콘텐츠의 가치 측면에서 전체를 통제할 필요가 있긴 하겠으나 결국은 서비스의 완성도가 핵심이 되기 때문이다.

상황을 종합하면 지금 당면한 문제 대부분은 기획에 대한 것이라기보다 콘텐츠의 가공에 대한 것이나 서비스 모델에 대한 것일 가능성이 높다. 콘텐츠의 가치를 만들어내는 첫 번째 작업이자 핵심적인 경쟁력을 기획력이라고 했을 때, 아직 그것을 본격적으로 적용할 만한 상황은 오지 않았다고 볼 수 있다. 그렇다면 지금 상황에서 디지털 콘텐츠의 기획을 고민하기 위해 무엇을 어떻게 해야 하는 것일까?

지금 해야 할 일은 새로운 상황에 맞는 새로운 질문을 만드는 것이라 생각한다. 뚜렷한 해답이 존재할 리가 없는 상황에서 몇몇 예외적인 성공에 눈을 뺏기거나 변화의 추세만을 좇아 답을 구하는 행위는 자칫 침소봉대의 우를 범하기 십상이다. 남들보다 먼저 무언가를 시도하면, 성공의 경험이 되었건 실패의 경험이 되었건 분명히 남들보다 먼저 무언가를 얻게 된다. 이 경험은 최초의 사건이므로 그것을 비교해볼 수 있는 자료가 존재하지 않는다. 그래서 의도하지는 않았다 하더라도 자신의 경험을 일종의 진리값으로 간주할 확률이 높다. 이것은 새로운 시도를 하는 사람들이 쉽게 빠지기 쉬운 함정이다. 스티브 잡스의 경우처럼 그러한 경험이 일반적으로 통용 가능한 진리로 드러날 가능성이 없는 것은 아니지만, 애석하게도 우리들 대부분은 스티브 잡스가 아니다. 대부분의 새로운 시도는 실패로 끝난다.

우리 앞에 주어진 답은, 아직은 없다. 애플도 아마존도 구글도 출판사의 해답이 될 수는 없다. 그들은 우리와 사업모델이 다르기 때문이다. 굳이 해외의 성공사례에서 답을 찾자면 랜덤하우스, 맥밀란, 펭귄그룹(랜덤하우스와 펭귄그룹은 최근 합병했다) 같은 유수의 출판사들을 주목해야 하겠지만, 미래의 새로운 방향을 제시하지 못하고 있는 것은 그들 역시 마찬가지이다. 결국 필요한 것은 우리가 처한 상황에 맞는 가장 현실적이면서도 구체적인 질문을 만드는 일이다.

만약 그 질문의 출발점을 종이책에 기반을 둔 출판사의 현실로 삼는다면, 가장 먼저 던져야 할 질문은 바로 이것이 아닐까 생각한다. "과연 출판사의 생산물을 사람들의 삶에 유용한 것으로 만드는 원동력은 무엇일까?" 의외로 우리는 이 질문을 무심히 대하며 살아간다. '업무'에 그다지 필요하지 않기 때문이다. 출판사의 업무란 주로 시선을 한눈에 휘어잡는 제목과 표지, 멋들어진 레이아웃과 구성, 정교하게 다듬어진 문장 등에 관심을 쏟아야 하는 일로 짜여져 있다.

그러한 것들은 확실히 시장에서 책의 가치를 높이는 역할을 한다. 그리고 때로는 높은 판매량까지 보장해준다. 하지만 시장에서의 상품 가치가 높아진다고 해서 독자들 삶에서의 상품 가치가 덩달아 높아지지는 않는다. 디지털 콘텐츠 기획도 마찬가지일 것이다. 애플과 아마존의 한국 진출 여부, 이펍2.0과 이펍3.0의 차이, 킨들과 아이북스 뷰어의 기술적 차이, e북과 앱북의 차이 등을 아무리 분석하고 고민해도 다가갈 수 없는 고민의 지점이 분명히 존재한다. 눈앞에 보이는 현실에서 기술적 요소가 크게 바뀌고 있다고 해서 그것이 사건의 핵심이라고 착각해서는 안 된다. 시장에서의 상품 가치 말고도 우리가 고민해야 할 어떤 가치가 디지털 콘텐츠의 영역에서도 분명히 있다.

어쩌면 이 책의 가장 큰 목적도, 글을 읽는 독자들이 자신만의 질문을 만들게 하는 것이다. 하지만 질문이란 호기심만으로 형성되지는 않는다. 호기심의 대상에 대한 정보가 있어야 질문을 만들 수 있다. 아무것도 모르는 상황이라면 구체성이 떨어지기 때문에 질문을 만들어야 한다는 생각조차 할 수가 없다. 그렇다면 지금 가장 먼저 알아야 할 것은 무엇일까?

그것은 바로 종이책, 전자책, 앱과 같은 개별 상품의 특성을 명확하게 파악하는 것이다. 종이책 외에 다른 상품들의 특징이 무엇인지를 파악하고, 이들 각각이 어떤 관계에 놓여 있는가를 분석하는 것이다. 이는 디지털 콘텐츠 분야를 어느 정도 경험했다고 하는 사람들도 가장 먼저 알아야 할 것들이다. 전자책이나 앱에 대해 조금 알고 있다고 하더라도 각각의 관계에 대한 것은 대부분 놓치고 있기 때문이다.

그렇다면 종이책과 전자책, 앱은 대체 어떻게 다른 것일까? 특별한 설명이 없다 하더라도 이들 상품이 서로 어떻게 다른지 파악하는 것이 어려운 일은 아니다. 비록 전자책을 경험해본 적이 없다고 하더라도 지금까지 '책'을 만들어왔던 경험을 통해 종이책과 전자책이 어떻게 다를지 대략 예상할 수 있다. 또한 스마트폰이 없어서 앱을 직접 사용해보지는 못했다 하더라도, 각종 뉴스를 통해 보도되는 기사들을 통해 사람들이 앱을 어떻게 활용하는지 살펴볼 수 있다. 그러나 이렇게 피상적으로 현상을 파악해서는 디지털 콘텐츠 퍼블리싱을 둘러싼 변화에 적극적으로 대응하기 어렵다.

지금 필요한 것은 현상을 단순히 이해하는 것이 아니라, 구체적인 실행을 가능하게 하는 기준과 근거를 마련하는 것이다. 그리고 거기에는 반드시 현실의 상황에 대한 가치판단이 포함되어 있어야 한다. 디지털 콘텐츠 퍼블리싱과 관계된 시장은 경험적으로 증명된 법칙이, 아직은 존재하지 않는다. 시시각각 새로운 판단과 결정이 요구되며 때로는 과거의 관성과 과감한 결별을 요구한다. 따라서 앞으로 언급될 내용에 대해서도, 가급적이면 '무엇을 할 것인가'라는 질문을 염두에 두고 접근했으면 한다.

종이책·전자책·앱의 세 가지 차이점

종이책과 전자책, 앱의 차이점은 세 가지 측면에서 살펴볼 수 있다. 이때의 차이점은 종이책과 전자책 혹은 종이책과 앱의 1:1 대응으로 드러나는 것이 아니라, 어떤 기준으로 분석하느냐에 따라 때로는 종이책과 전자책이 유사한 분류로 묶이기도 하고 때로는 전자책과 앱이 유사한 분류로 묶이기도 한다. 각 상품의 개별적 특징보다는 그것들을 둘러싼 주변의 조건에 따라서 상품들의 범용적인 특징이 도드라지게 되는 것이다. 고객, 시장, 가격이라는 세 가지 측면에서 차이를 살펴보면 다음과 같다.

첫째, 각 콘텐츠를 소비하는 고객층이 다르다. 앱을 소비하는 고객이 종이책이나 전자책과 다르다는 것에 대해서는 비교적 명확하게 알 수 있다. 그래서 해석하는 주체에 따른 입장의 차이가 크게 발생하지 않는다. 하지만 종이책을 소비하는 고객과 전자책을 소비하는 고객을 어떻게 볼 것인가에 대해서는, 어떤 입장에서 해석하느냐에 따라 명확한 시각 차이가 존재한다. 전자책의 가치를 크게 부각시키려는 측에서는 주로 종이책과 전자책의 고객은 많이 다르다고 주장하는 반면 종이책과 전자책을 동시에 고려해야 하는 측에서는 종이책과 전자책의 고객은 거의 동일하다고 본다.

하나의 사건에 대해 해석과 주장이 갈라지고 있지만, 사실상 이 부분은 객관적으로 증명이 가능한 사안이다. 왜냐하면 종이책을 구매하는 고객에 대한 정보와 전자책을 구매하는 고객에 대한 정보를 하나의 유통사가 모두 보유하고 있는 사례가 있기 때문이다. 하지만 아직까지 유통사에서 이 부분에 대한 상세한 데이터를 공개했다는 얘기를 들은 적은 없다. 추세적인 자료로서, 종이책을 많이 읽는 사람들이 전자책을 읽을 확률이 높고, 전자책을 읽는 사람들이 그렇지 않은 사람들보다 평균 독서량이 높다는 등의 자료가 발표되고 있기는 하지만 상황을 정확히 분석하기에는 부족한 수준이다. 이 부분은 전자책의 소비 고객이 누구냐에 따라 사업자의 이해관계가 달라지기 때문에 앞으로도 정확한 통계 자료를 통해 소비 고객층을 분석하는 일은 쉽지 않아 보인다.

이 글에서는 이러한 사업자 관점보다는 독자들 삶의 유용성이라는 측면에서 접근하려 한다. 독자들 삶의 유용성이란 측면에서 볼 때, 종이책과 전자책은 어떤 차이점을 제공하는가? 거기에서 차이가 발생해야 그것을 소비하는 고객의 차이도 발생하는 것이다.

첫째, 앱은 똑같은 콘텐츠를 담고 있다고 하더라도 삶의 유용성(효용성)이란 측면에서 분명히 종이책이나 전자책과 구분된다.

예컨대 동일한 영어학습 콘텐츠라 하더라도 종이책으로 소비하는 고객은 공부에 집중하려는 의지와 유용성을 기대하는 반면, 그것을 앱으로 소비하는 고객은 자신의 자투리 시간(출퇴근 시간이나 집에서 휴식을 취하는 시간)을 활용해 학습을 수행하려는 의지와 유용성을 기대하고 있을 가능성이 높기 때문이다. 넓게 보자면 영어학습에 관심 있는 사람들이라는 테두리를 벗어나진 않지만 구체적인 상황으로 들어가면 고객의 차이가 발생한다. 당장의 토익시험 준비를 위해 공부를 하는 취업준비생이라면 종이책으로 된 토익교재를 구입할 확률이 높고, 짬짬이 회화를 익히기 위해 공부를 하는 직장인이라면 앱을 구매할 확률이 높은 것이다.

마찬가지 방법으로 종이책과 전자책을 살펴보면 삶의 유용성이란 측면에서 공통점이 더 큰지 차이점이 더 큰지를 알 수 있을 것이다. 흔히들 전자책은 e잉크 단말기에서 읽는 것이 가장 편하다고 말한다. 그런데 이 말의 이면에는 종이책과 전자책을 통해 독자들이 얻는 만족이 동일하다는 전제가 깔려 있다. e잉크 단말기의 편리함이란 결국 종이책의 가독성과 비교되는 대상이기 때문이다. 그렇게 본다면 전자책 역시 종이책처럼 집중하고 몰입해서 읽어야 하는 콘텐츠인 것이다. 결국 소비의 유용성에서 차이가 없으므로 종이책과 전자책의 고객층은 거의 유사할 것이라 추측해볼 수 있다.

둘째, 시장 환경이 다르다.

이 부분은 종이책, 전자책, 앱의 차이로 설명할 수 있다. 전자책과 앱은 완전한 디지털 환경에서 유통·소비된다. 이들을 소비하기 위해서는 새로운 디바이스를 필요로 하며 새로운 구매 방식을 사용해야 한다. 종이책처럼 내가 한 번 구매한 것을 내가 원하는 대로 보관하고 사용할 수 있는 것이 아니라, 플랫폼이 지원하는 범위에서만 소비할 수 있다. 킨들 스토어에서 구매한 전자책은 아이북스에서 읽을 수 없으며, 애플 앱스토어에서 구매한 앱은 안드로이드폰에서 실행할 수 없다. 이처럼 시장 환경과 관련된 부분은 기술의 차이와 관련이 크다. 그런데 문제는, 시장 환경과 관련된 기술적인 차이를 매체의 일반적인 속성에 대입하려 하는 경우가 많다는 것이다. 종이책이냐 전자책이냐에 따라 콘텐츠를 소비하는 디바이스가 달라졌다는 것은 분명한 사실이다. 그러나 그것이 종이책과 전자책의 본질적 차이를 설명해주는 것은 아님을 잊지 말아야 할 것이다.

셋째, 종이책과 전자책, 앱은 가격이 다르다.

앞의 두 차이점들과 달리 가격의 차이는 어떤 개연성을 가진 것이 아니다. 생산자가 세 가지 모두를 동일한 가격으로 판매하겠다고 하면 같은 가격의 세 가지 상품이 되는 것이다. 그러나 지금까지 진행되어왔던 디지털 기반 시장의 관성과 사용자의 기대심리가 더해져서 일종의 가격저항선이 이미 생겨버렸다. 상황이 그렇다 할지라도 모든 상품을 무작정 그 가격(고객들이 느끼는 가격저항선)에 맞출 것이 아니라, 왜 그러한 가격이 형성되었는가를 되짚어볼 필요가 있다.

전자책이 종이책 가격의 50%라는 (일종의) 법칙은 합리적인 계산 과정을 통해 산출된 것이 아니라, 아마존이라는 거대기업의 전략이 후발주자들의 롤 모델이 되면서 시장가격으로 형성된 경우이다. 한때는 아마존의 가격 계산법이 어떤 절대적 기준이나 되는 것처럼 전자책이 종이책 대비 절반 혹은 그 이하의 가격을 유지해야 한다는 주장이 많았다. 그런데 지금은 전자책 가격을 대하는 출판사들의 태도가 변하면서 전체적으로 상향 조정되고 있는 추세를 보이고 있다. 앱의 가격이 0.99달러로 수렴하는 것 역시 합리적 이유가 아니라, 앱스토어라는 시장 모델이 글로벌 판매를 전제로 설계되었기 때문에 어쩔 수 없이 그렇게 된 것이라 볼 수 있다. 적당한 가격으로 어설픈 판매량을 기록하는 것보다 낮은 가격으로 최대한 많이 파는 것이 유리하기 때문인 것이다. 아마 앱을 통한 모바일 광고시장이 커지면 커질수록 앱의 평균 가격은 더욱 하락할 것이다.

  만약 가격결정권을 적극적으로 행사하기 어려운 상황이라면 기존의 상품을 그대로 정해진 가격에 맞출 게 아니라 그 가격에 맞게 기존의 상품을 재가공, 재구성해야만 한다. 상품의 기획과 구성을 바꿈으로써 상품의 가격을 능동적으로 제어하는 것이다. 만약 그렇지 않다면 언젠가는 기존의 상품과 그것을 디지털로 변환한 상품이 가격면에서 서로 충돌하게 될 것이다. 예를 들면 만 원짜리 종이책의 내용을 그대로 옮긴 앱이 4.99달러에 팔리는 것과 종이책 내용의 일부(혹은 전부)를 스마트폰에 맞게 재구성한 앱이 2.99달러에 팔리는 것은 전혀 다른 상황인 것이다.

디지털 콘텐츠 기획은 출판 콘텐츠 기획과 다르다

종이책, 전자책, 앱이라는 각각의 상품들이 이러한 차이를 지니고 있다면, 콘텐츠 차원에서는 어떤 차이가 존재할까? 여기에서는 종이책과 전자책의 구분 없이 출판사들이 전통적으로 생산해왔던 콘텐츠를 출판 콘텐츠라 정의하고 웹에서 유통되는 콘텐츠나 전자책, 앱에 최적화되어 만들어진 콘텐츠를 디지털 기반 콘텐츠라 정의하고 이야기를 진행할까 한다.

개인적인 추측이긴 하지만, 둘 사이의 차이를 가르는 근본적인 요소는 아마도 콘텐츠가 독자를 대하는 태도가 아닐까 생각한다. 종이책으로 대표되는 출판 콘텐츠는 전형적인 계몽의 태도를 취하고 있다. 단방향으로 배포되는 콘텐츠이고 내용에서도 글쓴이가 읽는 이를 가르치려는(지식을 전달하려는) 경향이 강하게 드러난다. 독자들 또한 그것을 기대하며 콘텐츠를 소비한다. 그래서 어설프게 독자들의 참여를 유도하며 독자들의 눈높이까지 너무 다가갈 경우 책의 값어치를 못한다는 비난을 듣기도 한다. 그러나 앱이나 웹의 콘텐츠는 그렇지 않다.

디지털 환경에서 생산된 콘텐츠는 그것이 만들어질 때 이미 독자들의 참여를 전제로 하고 생산된다. 그래서 때로는 독자들이 콘텐츠의 부족한 부분을 보완하기도 한다. 또한 누군가의 콘텐츠에 반대할 때에도 출판 콘텐츠에 비해 훨씬 빠르고 격렬하게 의견을 피력하곤 한다. 이런 상황을 주의 깊게 보면 디지털 콘텐츠의 특성을 쉽게 이해할 수 있다. 어떤 블로그나 게시판을 통해서 콘텐츠가 업데이트되는데, 거기에 댓글이나 트랙백 같은 소통의 도구가 있는 경우와 아무런 소통의 도구 없이 그저 읽기만 해야 하는 경우를 생각해보면 후자의 상황은 뭔가 웹이라는 환경과 어울리지 않는 방식으로 느껴질 것이다.

앱이나 웹 콘텐츠는 그것이 계몽의 태도를 취하는 순간에도 전통적인 계몽이 아니라 실시간으로 독자들과 맞부딪칠 각오가 되어 있는 계몽인 것이다. 이 점을 쉽게 생각하면 안 되는 것이, 지금 종이책으로 나오는 수많은 콘텐츠들은 거기에서 전통적인 계몽의 태도를 뺄 경우, 즉 완결된 지식의 권위를 덜어낼 경우 상품가치가 크게 달라질 가능성이 높기 때문이다.

결국 종이책을 전제한 기획은, 디지털로의 구현 문제뿐만 아니라 상품의 가치 측면에서도 1:1이 힘들 수도 있다는 것이다. 앱과 같은 디지털 기반 콘텐츠를 기획하고 있다면 그 출발부터 출판 콘텐츠와는 달라야 한다. 그렇다면 목표의 측면에서 전통적인 출판 기획과 디지털 콘텐츠의 기획의 차이는 무엇일까?

출판 콘텐츠(종이책)를 기획할 경우, 출판사의 형편에 따라 차이는 있겠지만 크게 보자면 두 가지 목표를 가지고 접근하게 된다.

하나는 '어떤 책이 팔릴 것인가?'라고 하는 질문에 해당하는 것이다. 즉 시장에서 성공하는 것을 목표로 기획을 진행하는 것이다. '독자들에게 먹히는', '아이템이 죽여주는' 기획 등이 여기에 해당한다. 이러한 목표는 특별한 것이 아니다. 세상의 모든 상품들이 여기에 해당한다.

한편 어쩌면 출판이라는 영역에서만 존재할 수 있는 독특한 목표도 있다. '어떤 책이 필요한가?'라는 질문이 여기에 해당한다. 시장의 성공보다는(때로는 실패할 것을 뻔히 예상하면서도) 일종의 사명감으로 기획을 진행하는 경우이다. 출판시장에 적용되는 법칙 중에 '백리스트 backlist(출간 도서 목록)'라는 것이 있다. 한 권이나 하나의 상품으로는 상업적으로 실패한 상황이지만 출판사의 '목록'이라는 측면에서 보면 상업적으로 성공한 책 못지않게 긍정적인 결과를 가져오는 경우가 있다. 어쩌면 지식을 다루는 산업의 특징 때문에 그럴 것이다. 독자뿐만 아니라 필자들도 출판사의 중요한 고객이라는 점도 영향을 미치고 있을 것이다. 어쨌든 출판 기획은 위의 두 가지 목표가 묘하게 맞물려서 진행되는 경우가 많다.

디지털 콘텐츠의 기획은 그렇지 않다. 앱 시장의 예를 들면 오직 하나의 질문밖에 존재하지 않는다. 이 앱이 '얼마나 팔릴 것인가?' 하는 것이다. 니치 마켓niche market을 타깃으로 해서 특화된 기획이 출현하는 경우도 있긴 하지만 그때에도 수익이 발생한다는 계산이 섰기 때문에 진행하는 것이지, 그 앱이 종이책의 백리스트 같은 역할을 해주길 기대하며 기획이 진행하는 경우는 없다. 이러한 차이는, 종이책을 기획해왔던 사람들이 앱과 같은 완전한 디지털 콘텐츠를 기획하는 데 애로사항이 생길 수도 있음을 의미한다. 책 한 권과 앱 하나는, 같은 하나이지만 그 개념이 전혀 다르다. 소비가 다른 것만큼 각각의 상품이 회사에 기여하는 역할도 다르다. 디지털 콘텐츠를 기획하려고 한다면 이러한 차이를 반드시 인식하고 있어야만 한다.

지금까지 종이책과 전자책 앱을 비교하면서 전통적인 출판과 디지털 콘텐츠 기획의 차이점에 대해 살펴보았다. 이 둘은 콘텐츠의 고유한 특성에 의해 혹은 콘텐츠가 생산-유통되는 환경에 의해 여러 갈라짐들이 발생함을 알 수 있었다. 그런데 혹시 출판 기획과 디지털 콘텐츠(그 중에서도 특히 앱) 기획의 공통적 요소는 없을까? 상품의 성격이나 시장 환경이 다르다고 하더라도 서로 유사한 콘텐츠를 다루는 이상 무언가는 공통적으로 적용할 수 있는 요소가 있을 법도 하다.

그 공통점이란 아마 상품성의 발굴에 대한 어떤 과정일 것이다. 상품의 최종 형태가 종이로 구성되건 앱으로 구성되건 상관없이 고객들이 화폐를 지불하게 만들기 위한 노력들이 필요하다. 출판이 생산하는 상품은, 대개의 문화상품이 그렇듯이 상품의 최종 형태가 드러나기 전에 이미 그 가치가 결정되는 경향을 가지고 있다. 종이책을 예로 든다면, 양장으로 제본을 하건 무선제본을 하건, 본문 전체에 컬러를 사용하건 흑백으로 만들건 상품의 본원적 가치는 크게 영향을 받지 않는다는 것이다. 결국 어떤 지식을 담고 있는가, 이야기가 얼마나 재미있는가 하는 것이 상품 가치의 핵심이며 출판사가 그것에 개입하는 과정을 기획이라 부를 수 있을 것이다. 그런데 이러한 공통점이 있다고 하더라도, 그것이 실제로 구현되는 방식에는 또 다시 차이점이 드러날 수밖에 없다.

출판 기획은 다양한 방법을 통해 실행되고 있긴 하지만 결국은 시장조사에서 출발한다고 볼 수 있다. 저자의 발굴이나 외서 기획뿐만 아니라 유사도서에 대한 분석, 사회적 트렌드와 대중문화 전반에 대한 분석, 국내외의 주요 정치·경제 이슈에 대한 분석 등의 활동이다. 그런데 이러한 기획은 독자 개인의 삶에 대한 관심에서 출발하는 것은 아니다. 오히려 사회적 현상에서 출발한다고 볼 수 있다. 우리가 늘 독자 중심의 기획, 독자의 니즈로부터 출발하는 기획을 말하고 있지만 실제로는 독자의 일상적인 삶에서 출발하는 것이 아니라 독자들의 삶이 모여 형성된 사회적 상황에서 출발하고 있는 것이다.

그러나 앱 기획은 그렇지 않다. 앱은 철저히 사용자의 삶에서 발생하는 문제를 기획의 출발점으로 삼는다. 간혹 사회적 트렌드나 유행이 반영되는 경우도 있긴 하지만 대부분은 사용자들의 삶에 직접적인 유용성을 제공하는 앱들이 기획된다.

예컨대 계속되는 경제적 불황과 청년층의 소외로 인해, 2012년 출판계의 주요 키워드가 '위로와 공감'으로 선정될 만큼 이 문제를 다룬 많은 책들이 출간되었지만, 앱스토어에는 이러한 경향이 거의 드러나지 않는다. 앱스토어에서는 여전히 게임이 가장 많이 팔리고 있으며 사용자들은 SNS와 관련된 앱을 사용하는 데 가장 많은 시간을 보낸다. 사용자들이 앱에 기대하는 것이 그러한 것이기 때문이다. 앱의 소비에는, 출판의 소비에서는 너무나 익숙한 '담론'의 개념이 적용되지 않는다. 모든 것이 개인의 필요에 따라 개별적으로 소비될 뿐이다.

디지털 콘텐츠 기획에서 고려해야 할 것

디지털 콘텐츠의 기획은 사용자의 라이프사이클에서 출발하는 기획이라 말할 수 있다. 그래서 일반적인 출판 기획에서는 고려하지 않았던 요소들이 중요한 변수가 되어서 등장하게 된다. 가장 대표적인 것은 사용자들의 시간과 공간에 대한 것이다.

콘텐츠를 기획하면서 시간적 요소를 고려한다는 건 어떤 뜻일까?

이에 대해서는 두 가지 질문이 가능하다. 하나는 '언제 소비하는가?'라는 것이고 다른 하나는 '얼마나 오래 소비하는가?'라는 것이다. 콘텐츠를 소비하는 디바이스의 특징에서 비롯된 것일 수도 있지만, 디지털 콘텐츠는 그것을 언제 소비하는가 하는 것이 아주 중요하다. 그리고 여기서 '언제'라고 하는 요소는 절대적인 시간값이 아니라 사용자가 시간을 대하는 태도에 가깝다고 볼 수 있다. 집중할 수 있는 시간, 집중해야 하는 시간 또 무엇인가를 기다려야 시간, 무료함을 달래야 하는 시간, 무엇을 할 것인지 선택하긴 곤란하지만 그렇다고 아무것도 안 하기에는 애매한 시간 등으로 나눌 수 있다.

종이책은 이 모든 시간들에 개입할 수 있다. 이것은 종이책이 모든 시간에 맞게 최적화되었다기보다 시간을 활용하는 사용자의 취향이 종이책을 선호하는 쪽으로 이미 결정되어 있었기 때문이다(즉, 취미가 독서라는 말이다). 그래서 상황에 따라서 종이책은 위의 시간들 어디에도 개입할 수 없기도 하다(책을 안 읽는 사람은, 어떤 경우에도 책을 안 읽는다). 그러나 디지털 콘텐츠는 그 경우가 조금 다르다.

앱은 위에 언급된 다양한 시간들 중 어느 하나를 타깃으로 해서 만들어지는 경향이 있다. 그래서 사용자들이 기존의 시간 소비 성향과 다르게 콘텐츠를 소비하는 경우도 발생한다. 게임을 전혀 즐기지 않던 사람도 스마트폰을 사용하면서 틈틈이 게임을 하는 모습을 자주 볼 수 있다. 이것은 게임이라는 디지털 콘텐츠가 그만큼 사용자의 생활방식에 최적화되어 제작되었기 때문이다. 당연히 이때의 게임은 PC에서 즐기는 게임과 그 기획의도 및 구성이 전혀 다를 수밖에 없다.

시간에 대해 또 하나 고려해야 할 요소는 얼마나 오랜 시간 소비하는가 하는 것이다. 종이책의 경우에는 이것 역시 온전히 사용자의 성향에 따라 결정된다. 어학 학습서의 경우에 간혹 챕터를 나눌 때 강제로 날짜 개념(1일차, 2일차 등)을 도입하기도 하지만, 이는 사용자의 콘텐츠 소비 시간을 고려했다기보다는 학습의 효과를 고려해서라고 볼 수 있다. 즉, 거의 모든 종이책은 기획에 있어서 사용자가 그것을 소비하는 데 소요되는 시간을 고려하지 않는다.

그러나 디지털 콘텐츠는 기획 단계에서 콘텐츠를 소비하는 데 소요되는 시간을 중요하게 고려할 필요가 있다. 예컨대 짧게 주어진 짬을 이용해 디지털 콘텐츠를 소비하려는 사용자에게 한두 시간 이상 소비해야만 만족을 경험할 수 있는 콘텐츠를 제공해서는 안 된다. 이럴 때는 완결 구조가 짧게 끊어지는 콘텐츠가 가장 적절할 것이다.

소비에 소요되는 시간이 중요한 이유는, 각종 스마트 디바이스들이 온갖 사건을 발생시키며 사용자의 시간에 개입하기 때문이다. 특정 시간 동안 하나의 기능만 사용하는 것을 사실상 허락하지 않는다. 스마트폰으로 전자책을 읽는 순간에도 문자메시지는 계속 도착할 것이며, 메일이나 SNS에서 새로운 알림이 계속 울릴 것이기 때문이다. 이러한 요소 모두를 제어할 순 없겠지만, 적어도 미리 고려해서 콘텐츠를 구성할 필요는 있다.

그렇다고 해서 모든 것을 무작정 짧게 구성하는 것만이 능사는 아니다. 텍스트 콘텐츠의 경우에는 자칫 콘텐츠 자체의 완성도를 무너뜨려 상품의 가치를 훼손할 우려가 있기 때문이다. 이때에는 오히려 사용자들이 '집중하려고 하는 시간'에 타깃을 맞춰 콘텐츠를 구성하고 사용자의 집중을 유인하는 것이 더 나을 수도 있다.

그 다음은 공간적 요소에 대한 것이다. 여기서 말할 공간적 요소는 시간적 요소와 밀접하게 연관되어 있다. 어디에서 콘텐츠를 소비하는가 하는 공간적 제약이 시간의 성격을 결정하는 경우가 많기 때문이다. 예컨대 동일하게 30분의 시간이 주어진다고 하더라도 그것이 출퇴근 시간의 지하철 안인지 아니면 퇴근 후 소파 위인지에 따라서 전혀 다른 시간적 성격을 가지게 된다. 이렇게 고려해야 할 공간적 요소 중에 몇 가지를 언급해보면, 출퇴근 시간에 있는 장소, 잠들기 전의 침대와 같은 공간, 퇴근 후 소파 등에서 쉬는 공간 등이 있을 수 있다. 각각 어느 장소에 머무느냐에 따라 사용자의 정서적 상태가 많이 달라지기 때문에 기획 단계에서 중요하게 고려되어야 할 것이다.

이외에도 디지털 콘텐츠 기획에 고려해야 할 요소는 많이 있다. 예컨대 디지털 콘텐츠는 기획 단계에서 그 상품의 소프트웨어적 성격을 결정해야 한다. 디지털 콘텐츠는 동일한 내용을 담고 있다고 하더라도 그것을 어떤 모습으로 구현할지 다양하게 선택할 수 있다. 게임 요소를 강화할 수도 있고, 검색 요소를 강화할 수도 있고, 웹의 형태로 구현할 수도 있고, 종이책과 같은 느낌으로 구현할 수도 있다.

이때 어떤 소프트웨어적 요소를 선택할 것인가 하는 것은 기획 단계에서 결정된 상품의 가치와 관계가 있다. 사용자들이 짧은 시간에 성취감을 느끼며 자주 소비해주길 바란다면 게임적 요소를 강화하는 것이 상품의 가치를 높여줄 것이고, 자주 업데이트되며 내용의 변경이 많은 콘텐츠라면 웹을 그대로 옮겨 만드는 것이 유용할 것이다. 또한 텍스트를 정해진 순서에 맞춰 비교적 느리게 소비하며 감동을 느껴야 한다면 종이책의 느낌으로 구현하는 것이 나을 것이다.

또한 콘텐츠의 구성과 소프트웨어적 요소의 균형을 맞추는 것 역시 중요하게 고려해야 한다. SNS 요소를 강화한다는 이유로 콘텐츠의 짜임새가 너무 엉성하거나 일관성을 잃게 된다면 아무짝에도 쓸모없는 상품이 될 것이다. SNS 요소를 어떤 방식으로 제공할 것이며, 사용자의 행위를 어디까지 허용할 것인가 하는 것들이 콘텐츠 영역과 균형을 이루며 배치되어야 한다. 만약 검색 중심의 디지털 콘텐츠를 기획했다면 거기에는 검색어와 검색 결과의 연관성, 검색에 적합한 DB 구조에 맞게 콘텐츠를 변경하는 일도 필요하게 될 것이다. 검색의 경우에는 내용의 완성도뿐만 아니라 구조적 완성도까지 포함해서 콘텐츠의 완성도가 결정되기 때문이다.

디지털 콘텐츠 기획에 관심이 있는 사람이라면 이러한 소프트웨어적 요소를 설계할 수 있는 역량을 갖추고 있어야 한다. 그리고 콘텐츠에 대한 장악력도 동시에 가지고 있어야 한다. 앞으로는 이 역량들을 얼마나 자유자재로 구사할 수 있느냐에 따라 디지털 콘텐츠 기획자의 능력이 결정될 것이다. 또한 기획의 완성도 역시 큰 차이를 보이게 될 것이다. 최근에 유행하는 단어를 사용해 표현하자면, 기획에도 '융합'의 시대가 열리게 된 것이다.

네트워크, 클라우드, 글로벌화

이러한 기획 요소들은 사용자들의 콘텐츠 소비 환경과 밀접하게 연관되어 있다. 6장에서 설명했던 내용을 간단하게 요약하면 다음과 같다. 콘텐츠의 글로벌 유통과 로컬 유통의 경계가 사라지고 있는 환경, 기술적 요소로 인해 발생하는 환경의 변화, 너무 많은 정보의 범람으로 인해 제기되는 콘텐츠 선택의 어려움, 플랫폼 서비스의 등장에 따른 소비 환경의 변화 등이다. 이들 각각을 어떻게 기획에 고려하느냐에 따라 많은 것들이 달라질 것이다. 전혀 새로운 무언가가 등장할 수도 있고 과거에는 중요하지 않았던 것이 영향력을 크게 발휘할 수도 있다. 그렇다면 지금부터 콘텐츠 소비 환경과 기획을 연관시켜 하나씩 살펴보도록 하겠다.

  먼저 기술적 요소로 인해 발생하는 환경의 변화이다. 디지털 콘텐츠는 그것을 소비하기 위해 별도의 기기를 필요로 한다. 어쩌면 지금 디지털 콘텐츠가 크게 주목받고 있는 이유도 실은 그 새로운 기기들

덕분일지 모른다. 기기의 등장이 콘텐츠의 변화를 이끄는 형국이기 때문이다. 따라서 디바이스의 특징과 연계된 디지털 콘텐츠 기획의 조건을 알아야 할 필요가 있다.

디지털 콘텐츠를 소비할 수 있는 새로운 디바이스는 크게 세 가지의 차별화된 요소를 가지고 있다. 물론 킨들과 같은 e잉크 단말기들은, 새로운 디바이스임에도 불구하고 이 세 가지 특징을 모두 구현하고 있지는 못하다. 하지만 엄청난 속도로 전 세계에 보급되고 있는 스마트폰이나 태블릿PC에는 모두 공통적으로 적용되는 사항이다. 세 가지 특징이란 바로 ① 사용자와 디바이스 간의 인터랙션 기능 ② 소리나 영상 등 멀티미디어 요소의 적극적인 활용 ③ 항상 네트워크에 접속할 수 있는 상태를 말한다. 당연히 이들 세 가지 요소 모두가 디지털 콘텐츠 기획에서 중요하게 고려되어야 할 것이다. 하지만 이 글에서는 '네트워크 접속 상태'를 특별히 강조하려고 한다.

첫 번째와 두 번째 특징은 표현력의 확장이란 측면에서 설명할 수 있다. 그전까지는 디바이스(출판 콘텐츠로 따지자면 종이책)의 한계 때문에 표현할 수 없었던 정보나 구현할 수 없었던 기능을 현실화시킬 수 있게 된 것이다. 이 두 가지 특징은 주로 아동용 콘텐츠를 만들 때 활발하게 활용된다. 책을 성우의 목소리로 직접 읽어주거나 엄마의 목소리를 녹음해 읽어주는 기능, 아이가 화면에 등장하는 오브젝트를 터치하면 지정된 동작을 실행하거나 효과음이 발생하는 기능, 텍스트와 동영상을 함께 볼 수 있는 기능 등 이미 다양하게 응용되고 있다. 종이책과 비교하면 분명히 혁신적인 표현 방법들이다. 그러나 이 두 가지 특징으로는 콘텐츠의 개념을 혁명적으로 바꾸기 힘들다. 왜냐하면 콘텐츠가 여전히 단방향으로 전달되는 성격을 유지하고 있기 때문이다. 풍부한 방식으로 표현되고 있다고 하더라도 사용자는 결국 콘텐츠를 일방적으로 수용할 뿐이고, 콘텐츠의 생산자와 소비자가 명확하게 구분된다. 종이책의 관성에서 크게 벗어나지 않은 방식이다.

하지만 세 번째 특징인 디바이스가 항상 네트워크에 접속되어 있다는 것이 디지털 콘텐츠 기획에 시사하는 바는 크다. 이는 콘텐츠의 생산과 소비를 둘러싼 생태계가 바뀔 수도 있음을 의미한다. 이 특징을 두 가지 측면에서 고찰할 수 있는데 첫째는 웹이라고 하는 거대한 미디어 채널과 연계되는 콘텐츠 상품을 기획할 수 있다는 것이고, 둘째는 클라우드라고 하는 새로운 기술 개념을 활용할 수 있다는 것이다.

사용자들 입장에서 웹은 이미 콘텐츠 소비의 가장 중요한 매체이다. 이러한 웹과 콘텐츠가 연계되며 때에 따라서 사용자들의 반응(책 읽기로 치자면 밑줄 긋기와 메모하기 등)까지 연동할 수 있다는 사실은, 디지털화된 콘텐츠가 하나의 완성된 형태로 머물지 않고 계속해서 변화하고 발전할 수 있는 가능성이 열렸다는 것을 의미한다. 그리고 웹이라는 공간에 콘텐츠의 일부나 사용자의 반응이 유통되면서 마케팅적인 측면에서도 자연스럽게 채널이 확장되는 효과를 얻을 수 있다. 또한 웹 서비스의 중요한 특징 중 하나인 멤버십(회원제도, 커뮤니티 등) 개념을 디지털 콘텐츠 전반에 적용함으로써 일회성 소비가 아니라 연쇄작용을 일으킬 수 있는 가능성이 열렸다고 볼 수 있다.

결국 이러한 변화는 디지털 콘텐츠를 기획할 때 콘텐츠 자체에 대한 기획 못지않게 웹을 활용한 서비스의 기획도 중요하게 되었음을 의미한다. 지금까지 단순히 홍보나 마케팅적인 관점에서 접근했던 웹 마케팅을 콘텐츠 기획의 관점에서 접근해야 할 시점이 온 것이다.

또한 SNS라는 강력한 채널에 접속할 수 있다는 점에 주목할 필요가 있다. 지금 소비하고 있는 콘텐츠의 감동적인 부분을 친구들과 함께 나눈다든지 같은 콘텐츠를 구매한 사람들의 목록을 보며 관계망을 형성한다든지 하는 기능을 통해 SNS와 연계할 수 있게 지원하는 것이다. 이는 전통적으로 보자면 소프트웨어 기획의 영역이지만 이제는 콘텐츠를 기획하고 설계할 때 함께 고려해야 할 요소가 되었다.

다음은 클라우드라는 새로운 기술 개념의 활용이다. 간단하게 설명하자면, 클라우드란 원본을 가상의 네트워크에 보관하는 기술이다. 그래서 어떤 디바이스를 사용하더라도 동일한 상태를 유지하는 데이터에 접속할 수 있는 것이다. 이때 실제 우리가 원본이라 부를 수 있는 데이터는 사용자가 사용하는 기기 중 어느 것에서라도 생성될 수 있다. 그런데도 가상의 네트워크에 원본이 존재한다고 하는 이유는, 네트워크의 중추를 이루는 서버에서 변경된 사항을 체크해서 데이터의 상태를 업데이트한 이후에 나중에 다른 디바이스가 접속을 하면 해당 디바이스의 상태를 자동으로 최근에 업데이트된 데이터의 상태로 동기화시켜주기 때문이다. 콘텐츠 소비에 있어서 이 기술이 중요한 이유는 사용자가 디바이스 전환의 불편을 겪지 않고 자신이 소유한 콘텐츠를 소비할 수 있기 때문이다. 스마트폰-태블릿PC-컴퓨터의 역할이 분화되며 사용자들이 소유한 디바이스가 많아진 상황에서 콘텐츠가 각각의 디바이스에만 종속되어 있어서 사용자가 각 디바이스별로 상태값을 기억해야 한다면 사용자들은 매우 불편할 것이다. 동일한 영어학습 앱을 아이폰과 아이패드에 각각 다운받았는데, 스마트폰의 학습 진행 상황과 태블릿PC의 학습 진행 상황을 사용자가 일일이 기억해야 한다면? 출근 시간에 스마트폰를 통해 전자책을 78페이지까지 읽었는데, 나중에 태블릿PC로 같은 책을 열었더니 다시 표지

화면이 열린다면? 이런 상황이라면 사실상 하나의 디바이스에서만 콘텐츠를 소비하라는 말과 같다. 클라우드 기술은 바로 이러한 불편을 해결해준다. 사용자는 하나의 대상, 즉 콘텐츠 자체만을 인식하며 소비하고 그 나머지는 시스템이 알아서 해결해주는 것이다. 사용자들은 콘텐츠 혹은 서비스를 그저 사용하기만 하면 된다. 디지털 환경에서 이러한 사용자 경험은 매우 중요하며, 콘텐츠 기획에서도 섬세하게 고려해야 할 사항이다.

콘텐츠 소비의 글로벌화 역시 중요한 고려사항이다. 여기에서 오해하지 말아야 할 것은 개별 국가의 구분을 중심으로 한 방향성 개념의 글로벌을 말하는 것이 아니라는 것이다. 예컨대 한류 열풍을 말할 때처럼 한국의 콘텐츠가 세계무대에서 활약한다든가 하는 것에 대한 얘기가 아니라는 것이다. 지금 말하려고 하는 글로벌화는 콘텐츠 소비자 또는 사용자들의 변화된 환경에 대한 것이다. 전 세계적으로 동시에 소비되는 가장 대표적인 것이 게임이므로, 〈앵그리 버드〉와 〈애니팡〉이라는 인기 게임을 예로 들어 설명해보겠다.

핀란드의 한 회사에서 만든 〈앵그리 버드〉는 출시 후 계속해서 인기를 누리며 스마트폰용 대표 게임으로 자리를 잡았다. 2009년 12월에 출시된 이 게임은 지금까지 10억 건 이상 다운로드되었다(《서울경제》 2012년 9월 7일자). 엄청난 수치가 아닐 수 없다. 한국에서 유행하는 작명에 빗대어보면 전 세계 사람들의 '국민게임'으로 자리 잡았다고 할 수 있다. 화가 난 표정으로 짙은 눈썹을 곤추 세운 빨간 새의 인기는 게임 화면 속에만 머물지 않았다. 티셔츠나 인형 같은 각종 캐릭터 상품으로 만들어져 불티나게 팔려 나갔다. 게다가 최근에는 〈앵그리 버드〉에서 적으로 등장했던 돼지를 주인공으로 삼은 〈배드 피기스〉라는 게임까지 나와 그 인기를 이어가고 있다.

이에 반해 〈애니팡〉이라는 게임은 전 세계적으로 많이 소비된 게임은 아니다. 하지만 한국에서는 엄청난 큰 인기를 누리고 있다. 게임 자체는 기존에 나왔던 게임과 크게 다를 바 없지만 '카카오톡' 서비스와 연동되는 기능으로 인해 사람들을 열광과 중독의 상태로 만들었다. 10억 다운로드가 넘는 〈앵그리 버드〉를 제치고 한국에서 '국민게임'이란 칭호를 얻을 수 있었던 것도 바로 카카오톡에 등록된 친구들과 함께 게임을 즐기는 시스템 때문이었다. 카카오톡에 등록된 친구들의 점수가 실시간으로 기록되며 친구들이 보내준 하트를 사용해야만 게임을 이어갈 수 있는 중독 요소를 통해 남녀노소를 가리지 않고 게임 시스템에 끌어들였던 것이다. 이 부분이 지금까지의 모바일 게임들과 달랐던 점이라고 볼 수 있다.

SNS와 게임의 만남을 통한 〈애니팡〉의 성공은 확장된 멤버십이 어떤 기회가 발생하는지를 보여주는 사례라 할 수 있다. 여기서 말하고 싶은 것은 〈앵그리 버드〉라는 게임 역시 일종의 확장된 멤버십을 활용한 성공이라는 것이다. 〈애니팡〉처럼 구체적으로 연결된 멤버십은 아니더라도 앱스토어 시스템이 그 자체로 멤버십을 관리하고 유지하는 역할을 하고 있다는 것이다. 우리는 알게 모르게 이미 글로벌 멤버십에 통합되어 있는 것이다. 이제 언어의 장벽과 같은 치명적인 제한만 없다면 어느 나라에서 누가 만든 것인지를 따질 필요도 없이 언제라도 내가 원하는 것을 얻을 수 있다.

디지털 콘텐츠 기획의 여러 영역

글로벌 멤버십을 활용한 콘텐츠 퍼블리싱

디지털 콘텐츠 퍼블리싱의 영역에서는 글로벌 멤버십을 본격적으로 활용하기가 쉽지 않다. 앞서 말한 언어의 장벽 때문이다. 세계적으로 거의 공용어에 가깝게 쓰이는 영어라고 할지라도 로컬 콘텐츠와 경쟁하기는 쉽지 않다. 그런데 언어의 장벽을 넘을 수 있는 방법만 있다면 마치 〈앵그리 버드〉가 세계적으로 동시에 소비되는 것과 같은 퍼블리싱 환경을 구축하는 것이 가능할까? 예컨대 미국이나 일본을 타깃으로 하는 전자책이라면, 현지에서 최고 수준의 번역을 진행한 다음에 한국에서 아마존이나 아이북스에 직접 등록해서 글로벌 콘텐츠로 만들 수 있을까?

애석하게도 언어의 장벽을 넘는다고 해서 당장 전자책의 글로벌화 가능성이 열리는 것은 아니다. 책과 같은 콘텐츠는 문화적 환경의 영향을 많이 받는 상품이기 때문이다. 그러니까 디지털 콘텐츠 퍼블리싱에서 글로벌 멤버십을 활용하기 위해서는 언어의 장벽과 문화적 장벽을 동시에 넘어야만 한다. 이는 쉽지 않은 일이다. 하지만 이러한 멤버십 시스템이 존재한다는 자체가 콘텐츠를 기획할 때 새로운 기회를 제공한다는 사실은 분명하다. 예컨대 예전에 한국어로 된 종이책을 기획하면서 외국으로서의 수출까지 염두에 두고 기획한 것들이 얼마나 있을까? 아마 많지는 않을 것이다. 그런데 이제는 한국의 사용자뿐만 아니라 그것이 필요하다고 생각되는 전 세계의 모든 사람들을 염두에 두고 콘텐츠를 기획할 수 있는 길이 열린 것이다.

앞서 밝혔듯이, 이러한 가능성은 단지 콘텐츠를 번역해서 판권을 수출하는 것과는 전혀 다른 가능성이다. 수출 대상과의 거리가 가까워진 것이 아니라 우리의 고객이 될 수 있는 사람들이 확장된 것이다. 이는 전적으로 글로벌 플랫폼의 멤버십에 기반을 두고 있다. 그렇기 때문에 아마도 전자책과 같은 텍스트 기반의 콘텐츠보다는 앱과 같은 인터랙션 기반의 콘텐츠가 훨씬 효과적일 것이다. 앱스토어에 대해서는 문화적 거부감이 훨씬 적기 때문이다. 이를 활용할 수 있는 방법은 아주 많으며 우리가 개발하기 나름이다.

예컨대 한국에서 가장 많이 생산되는 교육 콘텐츠 중 하나인 영어 학습에 대한 콘텐츠의 경우가 여기에 해당한다. 지금까지는 한국어 사용자를 대상으로 하는 영어 교육 콘텐츠를 개발했다면 이제는 영어 교육이 필요한 모든 사람들을 대상으로 하는 영어 학습 앱을 개발할 수 있게 된 것이다. 만약 종이책이라면 각 나라의 종이책 소비 환경을 고려해 만들어야 하기 때문에 기획이 동시에 진행되기는 힘들었을 것이다. 하지만 앱은 앱스토어라는 공통된 멤버십을 가지고 있기 때문에 그것을 분석하는 것만으로 여러 나라의 소비 환경에 동시에 대응할 수 있는 것이다. 이렇게 확장된 멤버십 개념의 글로벌을, 앞으로 콘텐츠를 기획하고 개발하는 데 적극적으로 활용해야 할 것이다.

디지털을 기반으로 하고 있기 때문에 콘텐츠의 확산에 추가적인 비용이 발생하지 않는다는 것도 장점이다. 종이책은 콘텐츠를 글로벌화했다고 하더라도 그것을 확산시키기 위해서는 많은 비용이 발생한다. 판매 수수료와 같은 유통 비용은 제외하더라도 완성된 종이책을 현지로 옮기거나 현지에서 직접 인쇄나 제본을 하기 위한 비용이 발생한다. 그런데 전자책은 이렇게 완성품이 수출될 때에도 별다른 비용이 발생하지 않는다. 다만 유통에 필요한 수수료만 발생할 뿐이다.

현재 외국에 살고 있는 재외동포의 수는 700만 명이 넘는 것으로 알려져 있다. 남한 인구의 약 7%에 해당하는 높은 수치임에도 불구하고 지금까지는 이들에게 한국의 콘텐츠를 원활하게 제공할 수 없었다. 번역도 필요 없이 그냥 한국어로 된 콘텐츠를 소비할 수 있는 예비 독자들임에도 불구하고 이들은 지금까지 시장의 바깥에 존재했다. 하지만 디지털 기반의 환경에서는 이들 역시 국내의 독자와 동일한 소비자가 될 수 있다. 조금 적극적으로 나선다면 이들을 위한 콘텐츠 기획까지도 고민해볼 수 있을 것이다. 한국어로 된 책이 외국의 도서관에 납품되는 상황도 여기에 해당한다. 한국어가 세계적으로 주류 언어가 아니므로 그 수요가 크지는 않겠지만 어쨌든 종이책 환경에 비해 훨씬 저렴한 비용으로 한국어 콘텐츠가 전 세계의 도서관으로 공급될 수 있는 길이 열린 것이다. 언젠가는 이러한 사례들이 비용의 비교를 넘어 콘텐츠 기획 차원의 변화까지 이끌어낼 수 있지 않을까 예상해본다.

더욱 중요해지는 정보 큐레이션

최근에 IT 분야에서 큐레이션이란 말이 유행이다. 정보를 어떻게 구조화하고 정리해서 보여줄 것인가에 대한 해결책으로써 다양한 서비스가 등장하고 있다(145쪽 참조). 큐레이션과 함께 유행하는 것으로 '인포그래픽'이란 용어가 있다. 단어에서 보이는 뜻 그대로 정보를 시각적인 형태로 정리해서 보여준다는 말이다. 보통은 각종 통계자료들이 인포그래픽의 대상이 되곤 한다. 통계자료라는 것이 나열식으로 제시되거나 표로 표현될 경우, 이러한 문법에 익숙하지 않은 사람은 이해하기 힘들기 때문이다. 그래서 이러한 정보를 그림으로 바꿔 쉽게 받아들일 수 있게 하는 것이다. 이렇게 정보를 그림으로 변환하면 정보를 이해하기 쉬워진다는 것뿐만 아니라 전달하려는 메시지가 자연스럽게 스토리텔링으로 변환되는 장점이 있다. 그러니까 잘 만든 인포그래픽이란 단순히 그림이 좋은 자료가 아니라 그 안에 사람들의 흥미를 유발할 수 있는 스토리를 담은 것이라 할 수 있다.

정보를 분석하고 구조화해서 체계적으로 제공한다는 측면에서 인포그래픽도 결국 큐레이션 서비스에 해당한다고 볼 수 있다. 이러한 큐레이션 개념은, 책을 기획하거나 만들어본 경험이 있는 사람들에게는 아주 익숙한 개념이다. 출판사에서 하는 일이 대개 원천 소스의 형태로 존재하는 정보에 책이라는 체계를 입혀서 가치를 만들어내는 작업이이기 때문이다. 비록 소스를 가진 저자에 대한 의존도가 높기는 하지만 큐레이션 서비스가 제공하는 것과 유사점이 많다고 볼 수 있다. 그렇다면 출판사들이 이미 확보한 정보의 가치 창출이라는 경쟁력을 디지털 환경에서 발휘할 수도 있지 않을까?

사람들이 처리해야 할 정보의 양이 기하급수적으로 늘어나는 환경에서 여기에 질서를 제공함으로써 가치를 만들 수 있는 방법이 분명히 있을 것이다. 하지만 그것은 웹 서비스에서 제공하는 큐레이션과는 명백하게 차별화될 것이다. 웹 서비스는 사용자들의 행위가 큐레이션이 되도록 유도하는 서비스를 만들 뿐 정보 자체에 관여하지는 않는다. 이에 반해 콘텐츠를 직접 다루는 입장에서는 정보 자체에 관여해야 하기 때문이다.

가장 쉽게는, 책으로 묶을 수 없었던 정보를 전자책이나 앱의 형식으로 가공하는 것을 생각해볼 수 있다. 정보의 가치 측면이나 시장성의 문제 때문에 책의 형태로 가공할 수 없었던 것을 싼 가격의 전자책으로 만든다거나 소비자들이 접근하기 쉬운 앱으로 만드는 것이다. 그런데 여기서 한 가지 주의해야 할 것은 정보의 양이나 상품의 가격 같은 것은, 그것이 겉으로 두드러지는 특징이기는 하나 디지털 콘텐츠 기획의 핵심적인 것은 아니라는 것이다. 도저히 1만 원이 넘는 가격의 종이책으로 상품화할 방법이 없는 콘텐츠를 3천 원짜리 전자책으로 만들어서 상품으로 만드는 것은 분명히 의미 있는 일이다. 또한 원고지 1,000매 전후의 부담스러운 분량에서 벗어나 자유롭게 콘텐츠를 상품화할 수 있다는 것 역시 콘텐츠 사업자가 해야 할 일이다. 하지만 이런 과정에서 반드시 놓치지 말아야 할 것은 콘텐츠의 가치에 대한 균형 감각이다. 분량이 적거나 가격이 싼 것만으로는 아무런 가치가 발생하지 않는다. 콘텐츠 자체에 새로운 가치가 부여되어야만 한다. 조금 거칠게 표현하면, 전자책이나 앱의 콘텐츠 기획이라는 것이 B급 콘텐츠를 발굴하는 과정은 아니라는 것이다.

그렇다면 정보 큐레이션의 관점에서 디지털 콘텐츠 기획에 접근할 때 가장 필요한 것은 무엇일까? 그것은 정보라고 하는 것의 범위를 무한히 확장하는 것이다. 종이책을 만들던 기준을 가지고 상품의 차별화를 꾀하는 것만으로는 제대로 된 디지털 콘텐츠를 기획하기 힘들다. 지금까지 미처 콘텐츠의 영역이라고 생각하지 못했던 것까지 범위를 확장해 콘텐츠로서의 가치를 부여할 수 있어야 한다.

현실에서 당장 적용하기에는 수많은 난관들이 있을 것이다. 스스로에게 축적된 시행착오나 성공의 경험이 전혀 없고 외부에서 참고할 만한 레퍼런스도 전무하다시피 한 상황이다. 그러나 해도 변화된 환경에 맞는 새로운 가치를 만들 수 있을 때만이 더 많은 사람들을 독자 혹은 고객이라고 부를 수 있음을 명심해야 할 것이다.

콘텐츠 생태계 외부를 이용한 기획

이어서 살펴볼 것은 콘텐츠 생태계의 외부에 구축된 시스템을 활용한 기획이다. 예컨대 SNS 서비스는 이미 사람들의 생활에 강력한 영향력을 미치는 시스템으로 자리 잡았다. 그런데 SNS 서비스를 활용해서 콘텐츠 상품을 유통한다는 개념은 아직 일반화되지 않았다. 음악과 게임 같은 경우에는 제법 오래 전부터 시도되었고 일정한 성과를 이룩했다. 지금은 그 영향력이 많이 줄었지만, 한때 한국의 '국민SNS'였던 싸이월드 '미니홈피'에서 사용자들은 음악과 게임을 유료로 구매할 수 있었다. 그리고 제법 규모 있는 시장을 형성했었다. 그런데 싸이월드에서 판매되었던 음악과 게임 콘텐츠는 그것을 하나의 콘텐츠 상품으로 구입한다기보다는 SNS 서비스를 더 잘 이용하기 위해 비용을 지불하는 개념에 가까웠다. 음악이든 게임이든 구매한 사람이 소비하기 위한 용도보다는 구매자의 '미니홈피'를 방문하는 사람들에게 제공하는 서비스의 용도가 더 컸기 때문이다. 자신의 현재 (심리적) 상태를 유료로 구입한 BGM을 통해 표현한다든지, '미니홈피'의 방문자를 더 많이 모으기 위해 게임을 사서 공개한다든지 하는 식이었다.

이에 반해 페이스북을 통해 제공되는 '징가'의 소셜게임들은 게임 그 자체가 콘텐츠로 소비된다는 특징을 가지고 있다. 비록 SNS에서 연결된 관계망이 게임 자체에 미치는 영향이 크기는 하지만 어쨌든 자신이 게임을 즐기기 위해 콘텐츠를 구매하는 것이다. 이러한 성공은 게임이라는 특수성 때문에 가능했을 것이다. 게임이란 기본적으로 사람들과 '함께' 즐길 때 더 재미있는 것이기 때문이다. 이에 반해 개인이 자신의 취향에 따라 혼자서 소비하는 경향이 강한 음악이나 책의 콘텐츠는 SNS 서비스와 결합하기 쉽지 않아 보인다. 하지만 그렇다고 해서 불가능한 것은 아니다. 음악은 이미 독자적인 '소셜 음악 서비스'들이 많이 제공되고 있으며 SNS와 음악 서비스를 결합하려는 시도 역시 페이스북에 의해 시도되었다.

2011년 9월, 페이스북은 개발자들을 대상으로 진행하는 f8 컨퍼런스에서 스포티피Spotify라는 음악 서비스를 페이스북을 통해 제공할 것이라고 발표했다(한국에서는 서비스되지 않는다). 이 서비스는 앞서 말했던 싸이월드의 음악 서비스에 비해서 음악 듣기 자체를 훨씬 강조한다. 페이스북이 음원을 직접 확보해 자신의 서비스에 맞게 가공하는 것이 아니라, 이미 큰 인기를 누리고 있는 스포티피의 서비스를 페이스북을 통해 제공하는 것이다. 즉 음악 서비스의 특징을 그대로 유지하면서 여기에 페이스북의 소셜 기능을 결합시켜 음악 콘텐츠 소비의 새로운 가치를 만들고자 한 것이다. 두 서비스의 결합을 통해 어느 정도의 성과를 이룩했는지는 아직 구체적으로 드러나지 않았지만, SNS 시스템에서 콘텐츠를 직접 유통하는 사업 모델이라는 점에서 주목할 만한 사례라고 할 수 있다. 책으로 대표되는 텍스트 콘텐츠는 아직까지 이러한 사례가 없는 것으로 알고 있다. 대신 전자책 유통을 핵심으로 하는 서비스에 소셜 기능을 결합한 사례는 있다.

한국에서 가장 적극적으로 이를 시도한 업체는 리디북스라고 하는 전자책 전문 유통사이다. 자사의 서비스에 일찌감치 '공감글귀'라는 기능을 도입해서 책을 읽는 사람들이 소셜로 연결될 수 있는 장치를 제공했다. 전자책을 읽다가 맘에 드는 문장을 복사해서 (원할 경우 자신의 코멘트를 추가해서) SNS에 올릴 수 있게 지원한 것이다. 이렇게 올린 문장은 리디북스의 웹 사이트에 리뷰로 등록되어서 책의 정보를 보러 온 사람들이 함께 볼 수 있다.

외국에서는 이보다 한 발 앞서, 지금 내가 읽고 있는 책을 함께 읽고 있는 사람들이 누구인지까지 보여주는 전자책 서비스까지 등장한 것으로 알고 있다. 이처럼 책을 읽는 환경을 그대로 유지한 채 소셜 기능을 접목한 사례는 있지만, 소셜 서비스에서 책을 콘텐츠 형태로 유통한 경우는 아직 없다. 이는 책이라는 것이 소비하기 무거운 콘텐츠이기 때문에 생기는 한계가 아닐까 생각한다. 현재 책으로 만들어지고 있는 콘텐츠를 SNS에서 하나의 상품으로 유통하기에는 사용자들이 느끼는 부담이 크기 때문이다.

만약 SNS에서의 상품성을 전제로 콘텐츠를 기획한다면 어떻게 될까? 아직은 성공과 실패 여부를 떠나 실현 가능성마저 불투명하다. 이러한 시도가 콘텐츠 생산자의 노력만으로 현실화되는 것은 아니라 SNS 시스템에서 지원해야만 가능한 것이기 때문이다. 그렇지만 콘텐츠 기획이란 관점에서 충분히 시도해볼 만한 가치가 있다고 생각한다. SNS 서비스가 사람들의 생활 깊숙이 파고들었으며 계속 성장하고 있기 때문이다.

스마트 러닝

콘텐츠 생태계 외부에 구축된 또 하나의 시스템은 디지털에 기반을 둔 '스마트 러닝' 분야이다. 스마트 러닝은 일반적인 콘텐츠 퍼블리싱 시스템과 확연하게 구분되는 특징을 가지는 독자적인 교육·학습 분야이다. 콘텐츠 퍼블리싱이 교육 내용을 전달하는 것에 최적화되어 있다면 '러닝'이라는 분야는 학습에 대한 평가나 관리에 최적화되어 있어야 한다. 콘텐츠 내에 이러한 학습의 평가·관리 기능이 포함된 경우도 있긴 하지만, '러닝'의 효율을 위해서는 별도의 장치를 필요로 하기 마련이다. 교과서 내용에 대한 학습을 평가하고 관리하는 '참고서'라는 콘텐츠가 있기는 하지만, 이를 활용해 효율적으로 학습을 수행하기 위해서는 부모나 교사의 관리가 반드시 필요한 것과 마찬가지다. 스마트 러닝은 이러한 교육·학습의 관리적 영역을 기술을 활용해 효과적으로 발전시키려는 시도라고 할 수 있다. 스마트 러닝이 지향하는 목표가 이렇게 관리의 영역이다 보니 자칫 콘텐츠와 러닝 시스템이 어울리지 못하고 불협화음을 낼 수 있는 가능성도 존재한다. 특히 새로운 체계에 맞게 제작된 콘텐츠 없이 기존에 존재하는 콘텐츠를 무리해서 스마트 러닝에 접목할 경우 이러한 가능성은 높아진다.

2011년에 교육과학기술부에서 '스마트교육 추진전략'을 발표하면서, 국내에서는 스마트 러닝에 대한 관심이 갑자기 높아졌다. 외국의 경우 전자교과서 도입과 같은 디지털 기반 교육에 비교적 조심스럽게 접근하는 데 반해 한국은 정부 차원에서 주도적으로 스마트 교육에 나서고 있다. 2015년을 목표로 해서 진행되고 있는 이 사업이 현실화될지는 알 수 없지만, 향후 디지털 환경 기반의 스마트 러닝이 점점 성장할 것이라는 것만은 분명해 보인다.

실제로 삼성이나 SK, KT 같은 대기업들도 독자적인 스마트 러닝 플랫폼을 만들어서 운영하고 있으며, EBS나 메가스터디 같은 기존의 교육 사업자도 스마트 러닝 환경으로의 전환을 준비하고 있는 것으로 알려져 있다. 그런데 지금 서비스되고 있는 스마트 러닝 플랫폼을 살펴보면 그에 최적화된 콘텐츠는 많지 않음을 알 수 있다. 오프라인 강의를 동영상 강의로 전환해서 서비스한다거나, 종이책을 전자책으로 변화해서 제공하는 등 대부분 원래 있던 콘텐츠의 형식만 변경해서 제공하고 있는 수준이다. 그러다 보니 아직은 스마트 러닝의 교육 관리 기능이 제대로 사용되고 있다는 인상을 받기 힘들다.

콘텐츠 기획자들이 이러한 외부 환경을 적극적으로 활용해서 콘테츠를 만든다면 지금보다는 훨씬 효과적이지 않았을까 생각한다. 디지털 기반 교육이 종이책 기반 교육을 완전히 대체하느냐 마느냐의 문제를 떠나서, 디지털 기술의 탁월한 효율성으로 인해 스마트 러닝 분야는 앞으로 계속 성장할 것이므로 콘텐츠를 기획하고 만드는 사람들은 이를 적극적으로 활용해야 할 것이다.

앱스토어를 고려한 콘텐츠 기획

마지막으로 살펴볼 것은 앱스토어라고 하는 새로운 유통 환경을 고려한 콘텐츠 기획이다. 먼저 앱이란 용어에서 출발해보자. 애플리케이션 Application의 줄임말에 해당하는 앱App은 스마트폰 사용이 보편화되면서 그 뜻이 조금 변한 경우에 해당한다. 그전에는 소프트웨어 응용프로그램 전반을 뜻하는 용어의 줄임말 정도로 사용되다가 어느 순간 스마트 디바이스에서 실행 가능한 응용프로그램을 뜻하는 것으로 변했다. 아마 앱스토어라는 플랫폼의 영향이 컸을 것이다. 앱스토어의 위치가 워낙 확고하다 보니, 앱스토어를 통해 얻을 수 있고 그에 연결된 디바이스에서 사용할 수 있는 소프트웨어를 자연스럽게 앱이라는 개념으로 받아들이게 되었다. 앱이 독자적인 개념을 먼저 구축한 것이 아니라 앱스토어라는 플랫폼 시스템이 앱의 개념 형성에 강력한 영향력을 행사한 것이다. 앱스토어의 이러한 영향력은 애플이 자신들의 고유한 OS에서 실행되는 컴퓨터 소프트웨어를 판매할 때도 그대로 적용되었다. 앱스토어라는 이름을 그대로 두고 앞에 '맥'이라는 단어만 붙여서 소프트웨어 판매 기능을 구현한 것이다. 앱스토어는 애플이라는 기업의 플랫폼 전략의 중심에 있다고도 볼 수 있다.

앱스토어 시스템의 영향력은 이미 한 기업의 전략적 활용을 넘어서고 있다. 애플과 함께 글로벌 플랫폼을 구축한 구글이나 아마존 역시 앱스토어 기반의 콘텐츠 유통 환경을 확보했기 때문이다. 앱스토어는 이제 애플의 모바일 애플리케이션 유통 모델을 설명하는 개념을 넘어서 모바일 환경의 일반적인 플랫폼을 뜻하는 개념으로 확장되었다. 그런데 앱과 앱스토어라는 개념은 아직 최종 완성형에 이르렀다고 보기 힘들다. 지금도 한창 변화와 발전을 진행하는 중이며, 여전히 미개척지가 많이 남아 있는 분야이다.

이를 상징적으로 드러내는 것이 2010년을 전후해서 시작된 '앱이냐 웹이냐'하는 논쟁이었다. 미래의 모바일 환경에서 무엇이 대세가 될 것인가를 두고 대립했던 이 논쟁은, 앱이 강력한 영향력을 자랑하는 독자적인 매체가 될 것이라는 주장과 언젠가는 웹이 앱을 대체하며 결국에는 별도의 앱을 만들지 않더라도 웹을 통해서 대부분의 서비스를 이용할 수 있게 될 것이라는 주장으로 요약할 수 있다. 앱스토어의 성장이 계속되면서 일단은 앱이 우세한 쪽으로 기우는 분위기이지만 앞으로 어떻게 될지는 알 수 없는 상황이다. 앱과 웹이 어떻게 융합할 것인지 앱이 얼마나 더 발전할 수 있을지 알 수 없다. 하지만 앱스토어 모델이 시대의 가장 앞선 지점에서 변화를 주도하고 있는 만큼 콘텐츠 사업자들도 지금보다 훨씬 적극적으로 연구해야 한다.

출판사와 같은 전통적인 콘텐츠 사업자들은 시장의 성장을 도모하기 위해서 이러한 환경 변화에 적극적으로 대응해야 할 필요가 있다. 종이책에서 연장된 전자책은, 그것이 디지털 기반의 콘텐츠라고 하더라도 독서문화나 독서율이라고 하는 사회적 조건에 영향을 받을 수밖에 없다. 그렇다 보니 어느 한 기업의 노력만으로 시장 자체를 키우는 성과를 얻기 힘든 상황이다. 그런데 앱스토어는 전통적인 콘텐츠 소비층이 아니라 새로운 고객들을 대상으로 하는 유통 환경이다. 만약 출판 콘텐츠가 이 시스템에 성공적으로 진출한다면 콘텐츠 시장의 크기가 엄청나게 확장될 것이다. 이러한 시도와 성공이 쉽지 않은 건 당연하다. 기존의 콘텐츠 시장과 앱스토어는 서로 완전하게 다른 환경이기 때문이다.

앱스토어는 앱이 가진 소프트웨어적 특징이 중요하게 부각되는 분야이다. 앱이 포함한 개별 콘텐츠의 가치도 중요하지만 그것의 소프트웨어적 가치가 훨씬 보편적인 평가 기준으로 작용한다. 아무리 좋은 내용을 담고 있어도 앱의 소프트웨어 수준이 형편없다면 외면당하기 십상이다. 앱 콘텐츠가 기존의 콘텐츠 상품과 다른 점은, 콘텐츠의 완성도와 상품의 완성도 사이의 거리가 아주 멀다는 것이다. 앱스토어에서는 콘텐츠 상품이 콘텐츠를 담는 그릇 수준을 넘어서 상품 자체의 모양과 완성도가 독자적인 가치로 평가되는 시장이다. 냉정하게 평가하자면 앱스토어는 콘텐츠 유통 플랫폼이라기보다 소프트웨어 응용프로그램 유통 플랫폼에 가깝다고 할 수 있다. 그럼에도 불구하고 상품의 완성도와 상관없이 몇몇 콘텐츠가 크게 성공하는 경우가 있다. 그런데 이러한 콘텐츠들의 공통점은 그것이 앱스토어에 진입하기 이전에 이미 '베스트셀러'급에 해당하는 인기를 얻은 콘텐츠들이라는 것이다.

앱스토어 모델을 전제로 콘텐츠를 기획하기 위해서는 몇몇 성공사례보다는 사용자들의 소비 패턴이 경향적으로 변하고 있다는 점에 주목해야 한다. 가장 두드러진 변화는 웹에서 소비하던 콘텐츠를 앱의 형식으로 소비하고 있다는 것이다. 대표적인 것이 포털에서 제공하는 뉴스와 웹툰과 같은 콘텐츠다. 이러한 서비스는 콘텐츠 자체가 완전히 웹에 기반하고 있으므로 독자적인 앱이라고 부르기 힘들 수도 있다. 하지만 포털이 제공하는 서비스들이 속속 '앱'으로 만들어져서 인기를 얻고 있으며, 사람들은 그것을 웹의 연장이라고 느낌과 동시에 앱스토어의 앱 사용이라고 느끼고 있다. 이제는 전통적인 콘텐츠 사업자들도 이러한 시도를 해야 할 때라고 생각한다. 모바일, 스마트 디바이스 환경이 콘텐츠 소비 환경으로 자리 잡느냐 마느냐가 출판사와 같은 콘텐츠 사업자에게는 아주 중요한 문제이기 때문이다. 이미 종이책으로 나온 콘텐츠를 앱으로 변환하는 수준을 넘어 앱스토어, 앱이라는 환경에 맞는 새로운 콘텐츠를 적극적으로 기획하고 만들어야 한다.

앱스토어 환경에 맞는 콘텐츠 기획은 소프트웨어에 콘텐츠를 장착하는 과정이다. 따라서 소프트웨어라는 개념을 명확하게 이해해야 할 것이다. 소프트웨어의 기획과 개발은 그 자체로 이미 전문화된 하나의 산업 분야이므로 이 책의 논의에서 다루지는 않을 것이다. 하지만 누군가는 반드시 그러한 기술을 익혀야 할 때가 되었다. 산업 내부에서 기술력을 확보하는 것이 어렵다면 콘텐츠에 대한 이해와 IT 기술에 대한 이해를 동시에 갖춘 사람들이 콘텐츠 사업자와 함께 일할 수 있도록 체질을 개선해야 할 것이다.

앱스토어 환경에 맞는 콘텐츠 기획의 마법은 따로 존재하지는 않는다. 앞서 설명했던 다양한 기획 요소들이 여기에도 그대로 적용된 것이다. 다만 소프트웨어라고 하는 기술적 요소가 훨씬 중요하게 작용할 것이다. 앱스토어는 스마트폰이나 태블릿PC 같은 모바일 디바이스가 어느 방향으로 발전할지 보여주는 지표라고 할 수 있다. 뉴스, 잡지, 책과 같은 전통적 방식의 콘텐츠 사업자들이 이 환경을 자신들의 시장으로 만들기 위해서 적극적으로 노력하지 않는다면 그들의 사회적 영향력과 산업 기반은 점점 줄어들게 될 것이다.

실제 현실에서는 글에서는 언급하지 못한 한계점이 존재한다. 그것은 사람들이 아직까지 디지털 기기를 활용해 전통적인 콘텐츠 사업자들이 생산한, 즉 텍스트 기반의 콘텐츠를 소비하는 경험에 익숙지 않다는 사실이다. 즉, 출판사가 아무리 많은 콘텐츠를 앱으로 만든다고 하더라도 소비자들이 받아들일 준비가 안 된 것이다. 어쩌면 이것이 출판사가 극복해야 할 가장 큰 문제가 아닐까 싶다. 아직까지도 이 문제를 해결하기 위해 출판사가 적극적으로 노력하고 있지 않은 상황이다. 대부분 수동적인 대응, 대표적으로는 전문 개발업체에 자신의 콘텐츠를 넘기는 방식의 대응으로 일관하고 있는 것이 출판사의 현실이다. 이러한 대응으로는 사용자들의 디지털 콘텐츠 소비 경험을 확장할 수 없다. 종이책으로 출간되는 모든 책들이 전자책으로 출시되고 모든 사람들이 태블릿PC를 하나씩 소유하게 되더라도 출판이 생산한 디지털 콘텐츠의 역할은 여전히 변방에 머물 가능성이 높다. 중고등학생들이 핸드폰을 스마트폰으로 바꾸는 가장 큰 이유가 '카카오톡'이라는 문자메시지 앱 때문이라고 한다. 통신사에서 과금하는 문자메시지가 아니라 3G 통신망이나 와이파이망을 사용해 무료로 문자메시지를 주고받을 수 있는 앱 하나가, 디지털 기기의 구매를 촉진할 만큼 영향력이 높다는 것이다. 출판사가 스마트폰이나 태블릿PC에 주목한다면 그 정도 영향력을 발휘할 수 있는 기획력을 보여주어야 할 때이다. 사람들이 태블릿PC를 구매하는 이유가 ○○출판사에서 출시한 어떤 상품을 보기(읽기) 위해서다, 정도가 되어야 한다는 말이다. 너무 원론적인 말이기는 하지만 결국 가장 필요한 것은 기획을 통해서 사람들의 삶에 유용성을 제공할 수 있는 능력을 확보하는 것이라 생각한다.

8장

디지털 콘텐츠 마케팅

●

디지털 콘텐츠의 유통과 마케팅에 대해 설명하는 것은 플랫폼이나 기획을 이야기하는 것보다는 수월할 것 같다. 특별한 이유가 있는 것은 아니다. 지금 현재 출판사가 처한 상황을 생각해보면 그렇다는 얘기다. 디지털 콘텐츠 퍼블리싱에서는 출판사가 유통과 마케팅을 장악(?)하기 위해 할 수 있는 무언가가 존재하지 않는다. 이는 출판사만의 문제는 아니다. 음악이건 게임이건 유틸리티건 간에 상품의 생산자가 유통의 영역에 영향력을 발휘하기 힘들다. 플랫폼의 힘 때문이다.

이제 콘텐츠 생산과 유통과 소비는 명확하게 분리되지 않는다. 모든 것이 플랫폼이라는 이름 아래 하나의 시스템으로 구성된다. 그리고 이 플랫폼을 지배하는 건 디지털 콘텐츠를 소비하는 하드웨어를 장악한 글로벌 기업들이다. 물론 하드웨어만으로 플랫폼으로 지배할 수 있는 건 아니다. 세계에서 가장 큰 하드웨어 업체들인 삼성, 노키아 등의 휴대폰 제조업체가 사용자들의 모바일 생활환경에 미치는 영향력은 미미한 편이다. 플랫폼을 둘러싼 기술 기업들의 이해관계를 모두 설명하기는 힘들겠지만 어쨌든 플랫폼을 손에 쥔 기업들이 모든 결정권을 독점해나가고 있으며 콘텐츠 생산자는 그 결정을 묵묵히 따를 수밖에 없는 상황이다.

전통적으로 자신들이 유통을 통제해왔던 기업들, 예컨대 하드웨어 유통에 막강한 영향력을 발휘했던 삼성이나 웹 콘텐츠 유통을 사실상 독점해왔던 네이버의 입장에서야 이런 상황이 아주 당황스럽게 느껴질 것이다. 하지만 출판사의 처지를 살펴보자면, 위안으로 삼을 만하지는 않지만, 그냥 예전과 비슷한 상황이다. 특별히 바뀐 것도 없으며 특별히 놀랄 것도 없다. 유통이나 마케팅을 생각하면 딱히 뭘 해야 할지 잘 떠오르지도 않고 매출에 대한 압박만 느껴지는 그 정도의 현실이다. 디지털 콘텐츠 퍼블리싱에 있어서만 그런 게 아니라 종이책 시절부터 계속 그래왔다.

그렇다고 해서 상황이 비관적인 건 아니다. 낙관까지는 아니겠지만 분명히 긍정적인 상황이라고 나는 생각한다. 이런 변화를 계기로 출판사의 마케팅 전략을 지금까지와는 다른 차원으로 업그레이드하는 기회로 삼고 싶은 것이다. 당연히 새로운 도전과 실패의 위험이 따르겠지만, 그것이 두려워 지금 이대로 눌러앉기에는, 우리들 모두가 피부로 느껴 알고 있듯이, 출판산업의 상황이 너무 좋지 않다. 무언가 혁신을 시도해야 한다면 지금이 가장 적절한 시기가 아닐까 싶다. 그리고 조금은 과감해져야 할 때라고 생각한다.

이 장에서 디지털 콘텐츠 상품의 분류에 따른 유통 환경이나 마케팅 전략을 개별적으로 설명하지는 않을 것이다. 그러한 시도가 불가능하다는 것이 첫 번째 이유이다. 개별 콘텐츠 상품 간의 격차가 너무 크기 때문이다. 전자책과 앱은 동일한 디지털 콘텐츠이지만 그것을 둘러싼 시장 환경이 전혀 다르다. 아예 다른 산업 분야라고 해도 무방할 만큼 다른 요소들이 존재한다. 이런 개별적인 사례에 맞는 마케팅을 서술하는 것은 이 책이 의도한 범위를 넘어선다. 게다가 각각의 분야를 깊게 파고들 만한 참고자료가 부족하다는 것도 논의를 제한하는 조건에 해당한다.

두 번째 이유는 개별 상품의 마케팅 방법론을 부각시키는 것보다 변화된 마케팅 환경을 전체적으로 조망할 수 있는 기회를 제공하는 것이 훨씬 유익하다고 판단했기 때문이다. 마케팅 용어를 빌려 설명하자면, 우리는 유행이 아니라 트렌드가 변하는 시기를 살고 있다. 주변에서 일어나고 있는 변화는 명확한 방향성을 내포하고 있다. 지금 가장 필요한 것은 이 변화의 방향성을 파악하고 거기에 대처하는 것이다. 잠깐의 유행을 좇아 단기적 성과를 추구할 때가 아니다. 그래서 마케팅 현장에서 당장 실무에 참고할 만한 내용은 없을 수도 있다. 하지만 조급함을 버리고 넓은 시야로 디지털 콘텐츠 마케팅을 바라본다면 많은 시사점을 얻을 수 있을 것이다.

디지털 콘텐츠 마케팅은 웹 마케팅의 연장

우선은 전통적인 출판 마케팅의 한계를 짚어보는 것으로 시작하도록 하겠다.

지금까지의 출판 마케팅은, 책의 유통과 판매에 대한 것이었다. 언뜻 듣기에 아무런 문제가 없는 말처럼 들린다. 하지만 디지털 콘텐츠 퍼블리싱을 고려하면 심각한 문제점을 안고 있다. 디지털 환경에서는 종이책이 아닌 형태로 상품을 생산하고 판매해야 한다. 그렇다면 물질적인 형태가 사라진 이 상품을 어떻게 마케팅할 것인가?

애석하게도 현재의 출판 마케팅으로는 효과적으로 대처할 수 없다. '책'이라는 단어가 들어간 자리에 다른 것을 대체함으로써 디지털 환경에 대응할 수도 있을 것이다. 예를 들면 '전자책'의 유통과 프로모션이라든가 '앱'의 유통과 판매라든가 하는 식으로 말이다. 그러나 이런 방식으로는 출판산업에 엄습한 위기를 헤쳐 나가기 힘들다. '출판 마케팅' 자체가 튼튼한 토대 위에 구축된 것이 아니기 때문이다.

나는 마케팅 이론을 체계적으로 공부한 적은 없지만, 시대가 변하고 환경이 변함에 따라 이론에서 강조하는 것들도 함께 바뀌어온 것으로 알고 있다. 마케팅 이론을 구성하고 있는 여러 요소가 모두 중요하고, 또한 서로 함께 고려될 때 최고의 효과를 얻을 수 있겠지만, 그렇다고 해도 주어진 상황에 따라 특별히 주목해야 할 요소가 존재한다는 뜻일 것이다. 그렇게 보자면 최근에 가장 화두가 되고 있는 것은 '소셜 마케팅'이다. 스마트폰이 촉발시킨 변화로 인해 사람들의 일상에서 SNS 사용이 차지하는 비중이 갈수록 높아지고 있다. 또한 기업 마케팅에서 SNS를 어떻게 활용하느냐에 따라 예상치 못했던 성공사례가 등장하기도 한다.

출판 역시 예외는 아니어서 소셜 마케팅에 대한 관심이 많이 높아진 상황이다. 그런데 출판 마케팅에 몸담은 사람으로서 이러한 관심이 마냥 달갑지만은 않다. 소셜 마케팅이 지하 깊숙한 연구실에서 비밀리에 개발된 최첨단 무기처럼 언급되고 있는 상황이 불편하다. 물론 소셜 네트워크가 이렇게나 활성화된 현실 자체는 새롭다. SNS에 접속한 사람들이, 예전에는 상상도 할 수 없었던 어떤 성취를 보여줄 때면 새롭다 못해 경이롭기까지 한 것이 사실이다. 하지만 SNS의 유행 자체와 SNS 마케팅은 구분되어야 한다.

소셜 마케팅의 근저에 깔린 개념은 그다지 새로운 것이 아니다. '고객관리' 또는 '고객관계관리'라는 개념은 마케팅 이론들에서 공통적으로 강조하고 있는 중요한 요소이다. 그리고 SNS가 등장하기 전부터 마케팅에서 고객과의 관계가 차지하는 비중은 갈수록 높아지고 있는 추세이다. 그렇다면 소셜 마케팅이란 단어를 '고객과의 관계에 중심을 둔 마케팅'으로 바꿔 부를 수도 있는 것이다. 결국 소셜 마케팅을 잘

할 수 있는가 하는 것은 그전까지의 마케팅을 통해 얼마나 고객들과의 관계를 관리해왔느냐에 따라 결정된다.

고객 중심의 마케팅이라고 했을 때 출판사의 고객은 누구인가? 많은 이들이 '독자'를 가장 먼저 떠올릴 것이다. 그리고 여유가 좀 있다면 '저자'에까지 생각이 미칠 것이다. 출판사는 이 두 고객을 모두 만족시켜야 하는 사업이다. 그런데 지금까지의 상황을 돌이켜보면 출판사가 수익을 창출하는 방식, 즉 유통과 마케팅 방식으로 인해 독자라는 중요한 고객을 늘 놓치고 있었다는 것을 알 수 있다. 출판사는 서점에 책을 공급하고, 서점에서 책을 판매하는 활동을 통해 수익을 얻어왔다. 예외적으로 출판사의 홈페이지 등에서 책을 직접 판매하는 경우도 있긴 하지만, 독자들이 책을 만나는 공간이 서점이라는 사실에는 변함이 없다. 출판사가 독자를 만나기 위해서는 서점이라는 필터를 거칠 수밖에 없었다는 뜻이다. 독자들이 자주 가는 서점의 매대에 어떤 책이 진열되어 있는가 하는 것이 구매 결정에 큰 영향을 미쳤다. 출판사의 입장에서는 당연히 독자들에게 책의 내용을 알리는 것보다 서점을 설득하는 것이 훨씬 중요했다. 소위 말하는 영업의 시절이다.

그러나 온라인서점의 매출 비중이 증가하면서 상황이 달라졌다. 현재 오프라인 서점의 매대 역할을 하는 온라인서점의 초기화면은 중요한 영업 목표이다. 모든 출판사들은 그 자리를 차지하기 위해 자신들이 동원할 수 있는 마케팅 역량을 전부 투입한다. 오프라인에 산재해 있던 서점의 수에 비해 온라인서점의 수가 훨씬 적다 보니 초기화면을 차지하려는 경쟁은 더욱 치열하다. 그러다 보니 출판사들이 오프라인 시절보다 더 서점에게 끌려가는 형국이 되었다.

예나 지금이나 출판사와 서점의 관계는 크게 변하지 않았다고도 할 수 있다. 그러나 독자들이 책에 대한 정보를 접하는 환경이 많이 달라졌다. 지금은 과거에 비해 훨씬 많은 경로를 통해서 책에 대한 정보를 접할 수 있다. 신문이나 잡지 등의 제한된 매체를 통해 책의 정보를 입수했던 시절에 비한다면, 인터넷이라는 공간에서 책에 대한 정보를 만날 수 있는 지금은 접근 기회가 거의 무한대로 커졌다. 책에 대한 정보를 접할 수 있는 기회가 늘었다고 해서 사람들이 더 많은 책을 읽게 된 것은 아니다. 미디어 환경은 풍부해졌으나 '책을 읽겠다는 의지'는 오히려 왜소해졌다. 하지만 이러한 변화를 통해서 독자들과 직접 만나고 대화할 수 있는 기회가 열렸다는 것만은 분명하다.

출판사는 웹이라는 공간을 활용해서 독자들을 대상으로 직접 마케팅을 할 수 있게 되었다. 지금까지는 현실적으로 불가능했던 여러 가지를 시도할 수 있게 되었다는 뜻이다. 가장 대표적인 것이 출판사의 마케팅 전략과 프로모션에 저자를 직접 개입시킬 수 있게 된 것이다. 이것은 저자를 활용한 이벤트나 프로모션의 기회가 커졌다는 것만을 의미하지 않는다. 출판사가 나서서 저자와 독자를 직접 이어줄 수 있게 되었다는 말이다. 사실 저자와 독자를 연결하는 것은, 출판사가 책을 만드는 과정에서 일상적으로 수행해왔던 역할이며 출판사 본연의 임무다. 그러나 이것을 마케팅 영역에서도 수행할 수 있게 되었다는 것은 이제부터 출판사의 모든 기능들이 하나의 전략으로 통합되어 움직일 수 있다는 의미이다. 고객 중심의 마케팅을 실행할 수 있는 환경이 조성되었다는 것, 어쩌면 출판 마케팅 환경의 큰 전환점이 될 수 있는 사건이다.

출판사가 독자들을 중심에 둔 마케팅을 실행하기 위해서는 어떻게 해야 할까?

 서점을 거쳐 독자를 만나던 방식을 그대로 적용할 수는 없을 것이다. 지금까지 물성을 가진 '책'이라는 상품을 통해 서점에서 독자들과 만났다면, 물성이 사라진 웹이라는 공간에서 독자들과 만날 수 있는 무언가가 필요하다. 그리고 그 무언가는 길게 생각할 필요도 없이 '콘텐츠'가 될 것이라 예상해볼 수 있다. 홈페이지, 카페, 블로그, SNS 등 어떤 방식을 통해 독자들을 만난다 해도 그 만남을 매개하는 것은 결국 콘텐츠일 수밖에 없다. 여기서 콘텐츠란 어느 하나로 고정된 내용이 아니다. 책의 내용 그 자체일 수도 있고, 책이 탄생하는 과정에 대한 것일 수도 있고, 독자들이 책을 읽고 얻은 감동일 수도 있고, 상황에 따라서는 책의 범주를 벗어난 특정한 담론 그 자체일 수도 있다. 한 가지 확실한 것은 어떤 방식, 어떤 콘텐츠가 되었건 책을 뛰어넘어, 책보다 훨씬 풍부한 이야기를 가지고 독자들을 만나야 하는 상황이란 것이다. 이것이 바로 콘텐츠 기반의 마케팅이며 독자를 직접 만나는 마케팅이다. 출판사가 선택할 수 있는 최고의 마케팅 전략이 아닐까 생각한다.

 그렇다면 책은 어디로 갔을까? 사라진 것일까? 아니 책은 여전히 존재한다. 다만 존재의 위상이 변했을 뿐이다. 과거에는 책이 출판사의 모든 것이었다면 이제는 책이 출판사가 선택할 수 있는 어떤 것이 되었을 뿐이다. 출판사는 책이 아니더라도 다양한 방식으로 독자들에게 콘텐츠를 전달할 수 있게 되었다. 지식과 이야기를 독자들에게 제공할 수 있는 기회가 더 넓어진 것이다. 여전히 출판사의 매출 대부분은 종이책에서 발생한다. 그것은 명백한 사실이다. 그러나, 그렇다고 해서 출판 마케팅의 변화를 거부할 명분이 되는 것은 아니다.

전통적인 출판 마케팅을 언급한 이유를 이제 대강 눈치챘을 것이다. 앞서 언급했던 것처럼 디지털 콘텐츠의 유통과 마케팅은 책이라는 물성이 사라진 이후의 세계에서 벌어지는 일이다. 당연히 처음 경험하는 세계이므로 무엇을 어떻게 해야 할지 아직은 아무도 모른다. 그러나 시야를 조금만 확장시켜보면 우리는 이미 책의 존재를 뛰어넘어 독자들과 직접 만나고 있으며, 저자와 독자 사이에서 활동을 창조할 수 있는 조건을 갖추고 있다.

그것은 웹이라고 하는 세상이다. 앞으로 디지털 콘텐츠의 시대가 오더라도 결국은 웹의 세계를 그대로 계승하게 될 것이다. 출판사가 디지털 콘텐츠를 어떻게 유통하고 마케팅 할 수 있는가 하는 질문은 미래의 질문이 아니라 이미 우리 안에 내재되어 있던 현재의 질문인 셈이다. 그런 의미에서 디지털 콘텐츠 퍼블리싱의 마케팅은 곧 웹 마케팅의 연장이다.

아직까지는 '책'의 유통을 따르는 전자책

웹은 우리가 그 존재를 의식하지 못할 만큼 일상생활 깊숙이 들어와 있다. 전화나 라디오, 영화, 텔레비전 등이 그랬던 것처럼 이제는 자연스럽게 존재하는, 그것이 없었던 시절의 삶의 상상하기 힘든 생활의 일부가 되었다. 게다가 아직도 영향력을 확장하면서 계속 성장하고 있다. 특히 콘텐츠 유통 영역에서 웹이 차지하는 비중이 갈수록 높아지고 있다. 네트워크 속도가 빨라짐에 따라 이미지와 텍스트 중심의 콘텐츠만 표현하던 시기를 지나 이제는 음악과 영상 콘텐츠까지 흡수하게 되었고, 거기에 모바일 환경까지 결합하면서 유통 장악력이 폭발적으로 성장하고 있다. 웹 콘텐츠 유통의 특징을 한 문장으로 요약하면 다음과 같이 표현할 수 있다. "사용자에게 콘텐츠를 무료로 제공하고 광고를 통해 수익을 창출한다."

이것은 새로운 개념이 아니다. 라디오나 텔레비전의 전통적인 사업 모델에 해당한다. 그런데 청출어람이라고 했던가, 웹은 새롭게 등장한 매스미디어임에도 불구하고 이 분야의 오랜 강자였던 라디오나 텔레비전을 위협하고 있다. 아직은 텔레비전이 정보의 신뢰도나 문화적 영향력 측면에서 더 높은 점수를 받고 있지만 언제 역전될지 알 수 없는 상황이다. 사용자들이 소비하는 시간으로만 따지자면 이미 웹이 텔레비전을 추월했다(웹은 매스미디어일 뿐만 아니라 내로우미디어, 프라이비트미디어 때로는 소셜미디어의 역할까지 동시에 수용할 수 있는 유일한 매체이다. 그러나 여기에서는 논지의 전개를 위해 웹의 매스미디어 역할만 다루기로 한다).

웹에서 콘텐츠란 사람을 모으기 위한 도구에 불과하다고 할 수 있다. 구글이 미국 내 모든 도서관의 책을 디지털화시켜서 무료로 제공하려 하거나 네이버에서 웹툰을 무료로 서비스하는 이유는 결국 사람을 많이 모아서 광고 수익을 극대화시키기 위해서다. 이런 상황에서 콘텐츠 판매를 통해 수익을 얻는 사업자의 처지가 곤란해지는 것은 어쩌면 당연한 일이다. 무료로 제공되는 콘텐츠의 수준은 갈수록 높아지고 있으며 광고의 규모는 점점 더 커지고 있다. 사업 규모의 측면에서 콘텐츠 사업자가 경쟁할 만한 수준을 넘어섰다. 예를 들어 출판사가 보유한 고급 정보와 저자 네트워크를 활용하면 출판 콘텐츠(지식)를 동영상의 형태로 독자들에게 판매하는 것이 가능하다고 생각할 수도 있다. 그러나 웹에서 동일한 콘텐츠를 무료로 제공하면서 광고로 수익을 내려는 사업자가 등장할지도 모른다는 점을 생각하면 그 구상은 그렇게 만만한 것이 아니게 된다. 무료 콘텐츠와 비교해서 비용을 지불할 만큼 콘텐츠의 품질을 획기적으로 높이기도 어렵고 그렇다고 출판사가 광고로 수익을 낼 수 있는 사업을 실행하기도 어렵다.

웹에서 콘텐츠를 유통해서 수익을 내기 위해서는 접근 방식을 바꿀 필요가 있다. 콘텐츠 상품만을 염두해서는 웹 플랫폼 사업자들과 경쟁하기 힘들다. 오히려 콘텐츠 유통의 생태계를 구축한다는 관점에서 접근할 필요가 있다. 일종의 좁고 깊은 플랫폼을 구축하는 것이다. 그래서 콘텐츠 상품의 '품질'보다 더 중요한 경쟁력을 확보해야 한다. 그것은 아마 오프라인과 웹의 연결이 될 것이다.

출판사에서 동영상 서비스를 제공한다면 책과 오프라인 강의, 세미나 활동 등과 긴밀하게 연계해야 할 것이고, 음반레이블에서 디지털 음원 서비스를 제공한다면 각종 공연 활동, 팬 커뮤니티 활동 등과 연계해야 할 것이다. 이는 팬덤이나 충성고객을 활용한 방식이라 할 수 있는데, 어떻게 보면 매스미디어 세계의 틈새를 공략하는 것이다. 매스미디어이기 때문에 생길 수밖에 없는 빈틈을 찾아 콘텐츠 사업자의 장점을 극대화시킨 또 하나의 유통 생태계(플랫폼)를 구축하는 것이다.

콘텐츠 유통의 영역을 웹으로 확장한다는 것은 단순히 웹에 맞는 콘텐츠 상품을 개발한다는 것이 아니라 이렇게 사업의 전략 자체를 재설계하는 것이다. 즉, 상품의 기획과 개발 프로세스, 마케팅 전략을 웹 유통 환경에 맞게 바꾸어야만 한다. 일반적인 사용자의 입장에서 보자면, 웹에서는 특별한 이유가 없는 한 모든 콘텐츠가 무료인 것이 자연스러운 현상이다. 이 무료의 세계를 부정하기보다는 비용을 지불하게 만드는 특별한 '이유'를 만드는 것이 콘텐츠 사업자가 고민해야 할 일이라 생각한다.

웹에서의 콘텐츠 유통 환경과 비교하자면 전자책의 유통은 종이책의 유통과 큰 차이가 없어 보인다. 실제로 전자책 유통을 위해 가장 열심히 움직이고 있는 주체들 역시 이미 종이책을 유통하던 사업자들이다. 또한 지금까지 종이책을 판매하지 않았던 새로운 사업자들이 전자책 유통에 뛰어들고 있긴 하지만, 그들 역시 종이책 유통 사업자들이 설계해놓은 전자책 유통 모델에서 크게 벗어나지 않고 있다. 상품의 형태가 종이에서 디지털로 바뀌었을 뿐 결국 '책'의 유통 환경인 셈이다.

물론 종이의 물성이 사라졌다는 사실만으로도 많은 변화가 발생할 수밖에 없는 상황이긴 하다. 대학 교재와 같은 특정 영역에서는 책을 챕터별로 분리해서 판매하는 것이 가능해졌으며, 만화책의 경우에는 출판사가 가격 정책을 통제하면서 대여 서비스를 제공할 수 있는 기반이 생겼다. 또한 (개별 국가의 법적 규제에 따라 상황이 다르긴 하지만) 도서관에 있는 전자책을 전 세계 어디서라도 마음대로 빌려볼 수도 있으며, DRM(Digital Rights Management)이 무력화된 전자책 파일은 상품으로 판매되는 전자책과 아무런 품질 차이가 없이(종이책의 복사본이나 스캔본은 분명히 품질 차이가 존재한다) 자유롭게 공유될 수 있다.

그러나 전체적인 맥락으로 보자면 전자책의 유통은 종이책의 유통 패러다임에서 크게 벗어나지 않는다고 할 수 있다. 상품의 성격 자체가 책으로 규정되기 때문이다. 예컨대 전자책은 실물의 이동에 소요되는 비용이 없기 때문에 '선물하기'와 같은 기능이 종이책에 비해 활발히 사용될 것이라 예상할 수도 있다. 하지만 현실은 그렇지 않다. 마케팅 차원이나 고객 서비스 차원에서 전자책 선물하기 기능이 좋은 평가를 받을 수 있을지는 몰라도 그것이 대중화되기는 힘들다. 두말할 필요도 없이 책을 선물하는 문화가 없기 때문이다. 선물을 전달하는 프로세스가 아무리 간단하다고 하더라도 오프라인에서 선물로 사용되지 않는 상품이 온라인에서 선물의 위치를 획득하기는 힘들다. '기프티콘' 등 불리는 모바일 상품권이 대중적으로 크게 활성화되지 못하고 주로 마케팅 용도로 쓰이는 이유도 바로 그것이다. 커피 한 잔을 선물한다고 하더라도 어떤 커피를 고를 것인가에 대한 '취향'이 고려되어야 하며 또 커피를 '함께' 마신다는 관계 요소가 작용하고 있는 것이다.

그런 측면에서 보자면 전자책의 유통은 디지털 상품이 유통되는 시스템보다 책이라는 상품의 성격에 더 큰 영향을 받는다고 말할 수 있다. 아마 문화상품이라는 특성상 그 영향력이 더 크게 작용할 것이다. 이 영향력을 일종의 패러다임이라 부를 수 있으며, 최근에 애플이 발표한 '아이북스 오서iBooks Author' 역시 이러한 패러다임의 관점에서 분석해볼 수 있다. 아이북스를 런칭한 이후에 사실상 방치하고 있다는 평가를 듣던 애플이 선택한 것은 디지털 교과서 사업이었다. 아마존과 같은 규칙으로 경쟁하기보다는 그들이 규칙을 만들 수 있고 플랫폼을 장악할 수 있는 쪽으로 방향을 선회한 것이다. 애플은 이미 독자적인 전자책 유통 플랫폼을 구축하는 데 성공했다. 그러나 책의 유통에 관련된 패러다임은 그들이 기대했던 것과 달랐다(아마도 '앱스토어' 모델처럼 되길 바랐을 것이다). 그래서 선택한 것이 결국 애플의 방식대로, 새로운 규칙을 스스로 제안하는 것이지 않았을까 싶다. 애플의 이번 발표는 전자책에 대한 새로운 비전을 보여주었음에도 불구하고 전자책도 결국은 책의 유통 패러다임에서 완전히 자유로울 수는 없음을 보여주는 사례다.

새로운 유통 패러다임에 대처하려면

전자책이 책의 유통 패러다임 아래 있는 것과 달리 앱의 유통은, 그것이 콘텐츠를 담은 상품이라 할지라도 완전히 새로운 환경을 구축하고 있다. 우선 앱스토어 자체가 너무나 생소한 개념이다. 우리를 당황스럽게 하는 것은 모든 생산자들이 앱스토어 체계 안에서 강제적으로 평등해져버렸다는 것이다. 전통적인 출판의 규칙으로 보자면 오랜 역사를 가지고 자신의 상품 목록을 축적해온 생산자는 유통의 모든 측면에서 유리해야 한다. 출간 종수가 많은 출판사는 서점에서 많은 공간을 차지할 수밖에 없으며 서점들 역시 그 출판사의 책을 선호할 가능성이 높다. 기득권을 가진 사업자에게 유리함을 부여하는 불평등일 수도 있지만 유통의 현실에서는 그것이 '정상'적인 것이다. 이는 책의 목록이 가지는 힘이고 출판사의 브랜드가 유통의 현장에서 가지는 영향력이다. 그런데 앱스토어에서는 이런 차이가 모두 지워지며 개인이 만든 앱이나 구글이 만든 앱이 동일하게 취급된다. 인기순위에 들기 전까지는 사용들이 인지할 수 있는 차이가, 앱스토어 내에서는 없다. 우리가 익숙한 대로 유통 채널에서 마케팅을 실행한다는 개념이 사라진 것이다.

그리고 앱이 유통되는 속도는 엄청 빠르다. 책을 예로 들자면, 베스트셀러를 집계할 때 상당히 긴 기간을 기준으로 판매량을 계산한다.

아무리 짧은 기준으로 한다고 하더라도 일주일이나 한 달 정도의 기간을 대상으로 하는 것이 보통이다. 그러나 공식적인 것은 아니지만 여러 분석 자료에 따르면 애플 앱스토의 인기 순위는 최근 4일 치의 판매량을 근거로 계산된다고 한다. 그것도 4일 치 판매량 평균이 아니라 당일 판매량이 더 큰 비중으로 반영된다고 한다. 그래서인지 몰라도 앱스토어에서 일주일 이상 1위를 기록한다는 것은 아주 드문 일이다. 오히려 하루에도 몇 번씩 1위가 바뀌는 경우가 다반사다. 그만큼 빠르게 유통되는 것이다.

앱을 마케팅할 때, 일정 수준 이상의 순위에 진입하는 것 말고는 딱히 선택할 만한 마케팅 방법이 없다는 말이 있다. 베스트셀러 순위에 진입하기 위해서 마케팅이 필요한 것인데 베스트셀러에 진입하는 것 말고는 방법이 없다니 그만큼 마케팅하기가 힘들다는 뜻일 것이다. 그런데 앱스토어의 유통 속도를 살펴보면 앱이 어떤 방식으로 유통되며 어떻게 마케팅을 해야 하는지를 엿볼 수 있다. 무언가 빠르게 확산되는 속도만 따졌을 때 SNS를 능가하는 것은 없다. 사람들 간의 연결이 이미 구성되어 있기 때문에 그 위에 무엇을 얹기만 하면 말 그대로 빛의 속도로 전파된다.

앱의 유통도 이와 유사한 측면이 있다. 일단 순위에 진입한 앱은—특히 무료 앱의 경우에 그 정도가 심한데—사람들이 SNS를 통해 메시지를 전파하듯이 소비되는 경향이 있다. SNS로 메시지를 전달할 때, 그 메시지의 유효성과 사실 여부와 가치의 적합성을 모두 판단한 후에 다른 사람들에게 전달하는 경우는 드물다. 자신이 접한 정보가 다른 사람에게 전달할 만하다는 느낌이 들면 콘텐츠에 대한 판단은 보류하고 일단 퍼뜨리고 보는 것이다. 종이책은 어떤 책이 베스트셀러 순위에 있다고 하더라도 그 책의 저자와 주제, 목차 등을 살펴보고 혹시 같은 내용의 다른 책은 없는지 등을 조사한 후에 구매하는 경향이 있다. 그러나 앱은 일단 구매한 후에 판단하는 경우가 훨씬 많다.

이러한 특징은 앱스토어가 모바일 환경에 접속되어 있음으로써 발생한다. 원하는 상품을 구매하기 위해 특정한 장소로 찾아가야 할 필요가 없음은 물론이고 컴퓨터 앞에 앉을 필요도 없어졌다. 언제 어디서나 손 안에 쥔 스마트폰을 사용해 '즉시' 원하는 것을 얻을 수 있다. 이러한 소비 특징은 앱스토어라는 플랫폼을 만나면서 지금까지는 존재하지 않았던 새로운 유통 방식을 만들었다. 앱을 유통하고 마케팅하기 위해서는 이런 상황을 이해하고 적극적으로 활용해야 한다.

디지털 콘텐츠 유통의 특징을 요약하자면 결국은 플랫폼의 특징이라 할 수 있다. 이것은 마케팅 역시 플랫폼을 얼마나 잘 활용하느냐에 따라 성과가 결정된다는 말이다. 그런데 디지털 콘텐츠 영역에서 출판은 자체적인 플랫폼을 구축하고 있지 못하다. 출판사가 할 수 있는 것이 매우 제한적이다. 언뜻 봐서는 수동적인 참여로 플랫폼 구성원의 일부가 되는 것 말고는 방법이 없어 보인다.

하지만 애플이나 아마존의 방식이 아니더라도 출판사 고유의 플랫폼을 구축하기 위해 노력할 필요가 있다. 모든 것을 독점하는 거대 생태계가 아니라, 출판사의 활동을 지속할 수 있는 시스템이 필요하다는 말이다. 핵심은 저자와 독자를 연결하는 역할일 것이다. 저자와 출판사와 독자가 함께 호흡할 수 있는, 그것을 플랫폼이라 부르건 커뮤니티라 부르건 간에 출판사의 기획-생산-유통-마케팅을 단일한 전략으로 묶을 수 있는 생태계를 만들고 그 안에서 독자들을 만나야 한다. 쉽지는 않겠지만 그 길만이 출판사가 디지털 콘텐츠의 유통과 마케팅에서 자신의 역할을 확보할 수 있는 길이다.

　이러한 변화는 디지털 콘텐츠 퍼블리싱 환경과 상관없이 이미 출판사들이 현실적 문제로 인식하고 있는 부분이다. 흔히들 웹 마케팅이라고 하는 것이 바로 그것이다. 다시 한번 말하지만, 디지털 콘텐츠 퍼블리싱의 유통과 마케팅은 어쩌면 웹 마케팅의 연장이라고도 할 수 있다. 여기에 전제는 필요하다. 웹 마케팅을 종이책 판매의 활성화를 위한 도구로 취급하는 것이 아니라 출판사의 마케팅 전략 차원의 변화로 인식할 경우에 한해서 그러하다. 그렇다면 웹 마케팅은 과거의 오프라인 마케팅에 비해서 무엇이 다를까?

출판사의 마케팅 전략과 조응하는 웹 마케팅이 필요하다

　웹 마케팅이 가져온 가장 큰 변화는 마케팅의 대상을 변화시켰다는 것이다. 이것은 출판사에서 일하는 사람들이 지금까지 무엇을 중요하게 여겼는지를 생각해보면 확연하게 드러난다. 지금까지 대부분의 사람들이 가장 중요하게 생각했던 것은 다음과 같다. "이번에 내가 편집한 책이 많이 팔렸으면…" "다음 달 주력 도서로 잡혀 있는 책의 마케팅은 어떻게…" 등 대부분 개별 '도서'의 마케팅에 대한 고민이었다. 그리고 이것은 편집자나 마케터 개인의 고민이 아니라 출판사라는 기업의 중요한 목표 중 하나였다. 이처럼 출판사의 마케팅 분야에서 '도서'라는 개별 상품이 차지는 비중은 매우 컸다.

　개별 상품을 대상으로 마케팅도 물론 중요하다. 대부분의 기업이 주력 상품을 대상으로 마케팅 역량을 집중하며 그것 자체로 문제될 것은 없다. 하지만 출판사라고 하는 콘텐츠 사업자는 상황이 조금 다르다. 개별 상품 위주의 마케팅을 실행하기에 아주 치명적인 단점을 가지고 있기 때문이다. 그것은 생산하는 상품의 수가 너무 많다는 것이다.

흔히들 출판산업의 특징을 '다품종 소량생산'이라고 말하곤 한다. 그런데 마케팅 관점에서 보면 이러한 특징은 장점보다 단점이 더 많은 것이 사실이다. 첫째, 상품의 수가 너무 많다 보니 마케팅에서 소외되는 상품이 발생한다. 둘째, 기업의 총괄적인 마케팅을 실행하기 힘들다. 대표적인 것이 바로 고객관리 전략의 부재다. 마케팅 이론에서, 고객관리의 중요성을 역설하기 시작한 지는 오래되었다.

최근 마케팅 현장에서 가장 강조하는 것은 기업의 브랜드, 고객관계관리 등이다. 하지만 개별 상품 위주의 마케팅에 매몰된 채로는 이러한 마케팅 전략, 즉 기업의 브랜드를 마케팅한다는 것이 불가능하다. 평소에는 기업 총괄 마케팅 전략의 부재를 실감하지 못할 수도 있다. 개별 상품의 마케팅이 성공과 실패를 반복하긴 하겠지만, 경향적으로 일정한 수준 이상의 성과만 유지해준다면 회사를 운영하는 데 무리가 없기 때문이다. 하지만 위기의 순간이 도래했을 때, 총괄적인 마케팅 전략의 부재는 더 큰 위기를 불러올 가능성이 있다. 개별 상품의 마케팅이 내외부적인 이유로 회사가 감당할 수 있는 수준을 넘어 연속적인 실패가 누적될 경우 이를 돌파할 수 있는 다른 수단이 존재하는 것과 그렇지 않은 것과의 차이라고 볼 수 있다.

위기의 순간에는 누구나 조급해지게 된다. 그리고 한 번에 위기상황이 해소되기를 바라게 된다. 이러한 심리상태가 개별 상품의 마케팅에 영향을 미치게 되면 객관적인 성공 확률과 상관없이 무리한 비용을 투자할 수밖에 없다. 반드시 성공해야 하기 때문에 그렇다. 시장이 침체되었을 때 이러한 방식의 마케팅이 얼마나 위험한지는 따로 말하지 않아도 알고 있으리라 생각한다.

그리고 개별 상품 중심의 마케팅은 또 다른 어려움을 내포하고 있다. 마케팅이라 함은 통상적으로 계획-실행-평가의 단계가 순환을 이루며 구성된다. 여기에서 제일 중요한 것은 '순환'이라는 단어이다. 실행에 대한 평가가 반드시 다음에 이어질 계획에 영향을 미쳐야 한다. 즉, 잘못된 점을 보완하고 잘된 요소를 강화해서 발전해나갈 수 있어야 한다. 그렇지 않고 계속 동일한 실수를 반복하거나 비효율적으로 운영된다면 제대로 된 마케팅이라고 할 수 없다.

문제는, 출판사가 다루는 개별 상품이 바로 책이라는 데서 발생한다. 보통 '세상에 똑같은 책은 하나도 없다'고 얘기한다. 여기에는 사람의 생각이란 것이 무궁무진하기 때문에 그것을 담은 책 역시 완전히 똑같은 것이란 있을 수 없다는 일반적인 의미가 담겨 있다. 이것을 책을 만드는 생산자의 입장에 대입시켜보면, 이미 책으로 존재하는 내용은 다시 책으로 만들어질 필요가 없다는 의미다. 비슷한 주제와 소재를 다루는 책이라고 하더라도, 지금까지 세상에 선보였던 책과 차별화되어야만 상품이 될 수 있다는 말이다. 여기에서 바로 마케팅의 경험을 축적하고 그것을 보완하며 발전시키기 힘든 한계가 발생한다. 마케팅을 실행해야 하는 상품이 매번 달라지기 때문이다.

개별 상품의 마케팅에서는 당연히 상품 자체가 매우 중요한 역할을 담당할 수밖에 없다. 그런데 이 상품의 자리가 매번 바뀐다면 마케팅의 경험이 누적되며 발전하기란 불가능하다고 할 수 있다. 그래서 출판사들은 이러한 제약을 극복하기 위해 상품을 계열화하는 전략을 취한다. 비슷한 분야의 마케팅 사례를 참고하거나 타깃 독자의 분류에 따라 마케팅 경험을 누적하거나 특정 키워드나 소재의 책들을 묶어서 마케팅에 적용하는 것이다. 다른 공산품의 영역에서도, 완전히 동일한 상품이란 흔치 않으므로 이러한 계열화의 방식을 취하는 경우가 있다. 하지만 책의 계열화는 상품의 특성상 일반적인 공산품의 계열화에 비해 계열 내의 편차가 큰 편이다. 즉 계획-실행-평가의 순환에서 오차가 발생할 가능성이 아주 높다.

이러한 한계 때문에 이제는 '도서'의 마케팅에 대한 관심 못지않게 '출판사'의 마케팅 전략을 고민해야 한다. 그렇다고 개별 도서의 마케팅이 중요하지 않다는 말은 아니다. 이제는 더 나은 마케팅에 대해서 고민해야 한다는 말이다. 그리고 이러한 출판사의 마케팅 전략, 즉 기업의 브랜드 가치와 고객관계관리 차원에서 웹 마케팅에 접근해야 한다는 뜻이다. 지금까지 웹 마케팅을 주제로 출판사 사람들을 만나면서 가장 난감했던 부분이 바로 웹 마케팅을 개별 도서 차원에서 접근하는 태도였다. 대표적인 질문이 "웹 마케팅을 하면 매출이 얼만큼 오르는가?"라는 것이었다. 웹 마케팅은 이러한 접근 방식으로는 절대로 성공할 수 없다. 웹 마케팅이 출판사의 마케팅 전략과 긴밀하게 조응한 이후에야 도서별 마케팅의 효과를 체감할 수 있다. 첫 번째 단계를 건너뛰거나 순서를 바꿔서 성과를 이룰 수 없다. 웹 마케팅을 잘하기 위해 가장 먼저 준비해야 할 것이 바로 마케팅을 대하는 태도의 변화이다. 이러한 변화가 전제되지 않은 상황에서는 제대로 된 웹 마케팅을 실행할 수 없다는 점을 명심해야 한다.

출판에 웹 마케팅이 본격적으로 도입된 지는 그리 오래되지 않았다. 멀리 잡아도 5년 남짓에 불과하다. 출판사에서 본격적으로 웹 마케팅 담당자를 두기 시작한 지는 불과 2~3년밖에 되지 않았다. 더 많이 연구하고 아이디어와 실행력을 계속 발전시켜야 할 분야이다. 웹 마케팅이란 것이 잠깐 유행으로 지날 것이 아니기 때문이다.

웹의 영향력은 갈수록 그 범위를 넓혀가고 있다. 웹으로 할 수 있는 일들이 점점 많아지고 편리해지고 있다. 또한 새로운 웹 서비스가 계속 등장하고 있다. 아직 한국에서는 그 영향력을 100% 체감하기 어렵지만 페이스북 같은 경우 사용자 수가 10억 명을 넘어섰다. 이는 전 세계 인터넷 사용 인구의 절반에 해당하는 수치이다. 게다가 속도가 줄고 있기는 하지만 계속 성장하고 있다. 페이스북이 어디까지 성장할지 얼마 만큼의 영향력을 미칠지 예상할 수 없는 상황이다. 어떤 계기로 페이스북이 실패하더라도 그것이 SNS라는 웹 서비스의 실패를 의미하지는 않을 것이다. 페이스북을 대체할 서비스가 반드시 등장할 것이다. 그리고 다음 세대의 서비스가 등장할 때쯤이면 웹의 영향력은 훨씬 더 커져 있을 것이다. 그리고 스마트폰의 보급을 필두로 빠르게 성장하고 있는 모바일 환경 역시 웹이라는 개념과 밀접하게 연관되어 있음을 명심해야 한다.

지금 전자책만 하더라도 그 성장 속도가 예사롭지 않다. 한국, 일본, 유럽의 경우에는 아직 시장 점유율이 높지 않지만 성장률만 놓고 보면 결코 적은 수치가 아니다. 매해 20~30% 이상 성장하고 있다. 전자책이 이미 출판산업의 핵심에 진출한 미국의 사례를 보면, 판매량이나 매출액 모든 면에서 전자책이 종이책을 추월하고 있다. 시기가 언제가 될지는 알 수 없지만 국내에서도 전자책 매출이 출판사의 중요한 수익으로 자리 잡을 날이 멀지 않았다고 할 수 있다. 그런데 이러한 디지털 콘텐츠 시장은 과거 종이책의 유통 환경과 똑같지 않다.

가장 핵심적이면서도 큰 변화가 바로 '오픈마켓' 모델의 적용이다. 흔히들 말하는 '앱스토어'가 바로 여기에 해당한다. 오픈마켓식 유통에서는 유통을 책임지는 기업 주체의 역할이 바뀌게 된다. 판매자의 역할보다는 플랫폼 사업자의 역할이 훨씬 두드러지게 드러난다. 플랫폼 사업자는 플랫폼의 안정적인 운영만 책임질 뿐 개별 상품의 유통이나 마케팅에 관여하지 않는 경향이 있다.

온라인서점의 예를 들어 설명해보겠다. 흔히 말하는 '웰컴 노출'은 유통 사업자가 개별 상품의 마케팅에 직접 참여하는 모델이라고 볼 수 있다. 처음 시작은 그렇지 않았을지 몰라도 지금은 충분히 그렇다. 말 그대로 독자들에게 추천하고 싶은 좋은 책이라는 이유만으로 웰컴에 노출되는 일은 이제 없다. 대개 2~3개 정도로 제한된 메인 위치에 책을 노출하기 위해서는 출판사의 영업 또는 마케팅이 개입해야 한다는 것은 이제 상식에 속한다. 이러한 환경은 마케팅 현장의 실무자들이나 출판사에게 기회를 제공하기도 했다. 규모가 적거나 마케팅 비용이 제한된 출판사에게 상대적 불이익을 주는 단점이 있긴 하지만 어쨌든 출판사의 마케팅 역량을 표출할 수 있기 때문이다. 그리고 마케터 개인의 능력을 증명할 수 있는 수단이기도 했다. 이것은 출판사와 유통사 간의 협상을 전제로 형성된 유통 환경이다. 적절한 딜을 통해서 서로에게 가장 이익을 주는 방법을 찾는 것이 가능했던 것이다. 하지만 오픈마켓식 앱스토어에서는 이러한 협상이 불가능할 수 있다. 그들은 플랫폼의 신뢰도를 위해서 고객의 만족을 최우선에 두기 때문이다.

누구나 한 번쯤은 온라인서점을 보며 "저 책이 대체 왜 메인 화면에 노출되었을까?"라는 생각을 한 적이 있을 것이다. 정말 독자들에게 추천하고 싶은 책보다 출판사와 유통사의 협상 조건이 우선하는 책이 선택된 결과이다. 그러나 이런 방식은 애플 앱스토어에서는 상상할 수도 없다. 애플 앱스토어의 추천 코너에 자신이 만든 앱을 노출하기 위해서 할 수 있는 유일한 일은, 관련 담당자에게 메일을 보내서 앱을 소개하는 것이다. 그 이상은 없다(애플이 제시하는 마케팅 가이드가 있긴 하지만 그 대부분은 스스로 알아서 마케팅하라는 것과 마찬가지다). 그들은 오직 고객들의 만족을 위해서 앱을 추천한다. 그리고 고객들이 선호하는 앱을, 데이터에 근거한 순서에 따라 노출한다. 이것이 플랫폼 환경이 가지는 특징이다.

갈수록 소비자의 영향력이 커지고 있다. 이러한 변화에 적응하기 위해서 무엇을 해야 할까? 거듭 강조하지만 이제는 직접 독자들과 만나면서 자신의 독자적인 채널을 통해서 마케팅을 실행하지 않으면 시장 경쟁에서 도태할 수도 있는 시대가 되어가고 있다. 콘텐츠 유통 환경에서 생산자의 영향력이 갈수록 줄어들고 있음을 깨달아야 한다. 소비자를 중심으로 시장이 재편되면서 플랫폼 사업자의 영향력이 절대적 수준으로 올라서고 있는 상황에서, 개별 콘텐츠 생산자들이 어떻게 마케팅 파워를 확보할 것인가를 지금부터라도 고민하고 준비해야 한다.

웹 마케팅은 출판사의 현재를 위한 전략이기도 하면서 디지털 콘텐츠 퍼블리싱이라고 하는 미래를 위한 전략이기도 하다. 이 전략에서 가장 중요한 것이 바로 마케팅에 대한 인식을 바꾸는 것이다. 이제는 하나의 개별 상품에서 벗어나 종합적인 전략으로 마케팅을 고민해야 한다. 그렇지 않으면 디지털 콘텐츠의 마케팅은 언제까지나 요원한 일로 남게 될 것이다.

9장
디지털 콘텐츠 퍼블리싱의 미래

첫 번째 질문, 디지털 콘텐츠 퍼블리싱의 미래는 어떻게 될 것인가? 그리고 두 번째 질문, 디지털 콘텐츠 퍼블리싱에서 출판사의 미래는 어떻게 될 것인가? 이 글을 읽는 사람들이 많이 궁금해할 질문은 당연히 두 번째일 것이다. 그런데 여기에 세 번째 질문을 덧붙이자면, 과연 첫 번째 질문과 두 번째 질문은 동일한 것일까? 다른 것일까? 이 질문들에 답할 수 없다고 실망할 필요는 없을 듯하다.

애초에 미래란, '정답'을 통해 접근할 수 있는 영역이 아니다. 아주 치밀하고 논리적인 과정을 거친다 하더라도 결국은 예측밖에 할 수 없다. 혹은 희망하거나. 희망하는 미래를 그리는 것이 편리한 방식이긴 하다. 아무런 근거가 필요 없기 때문이다. 그런데 간혹 희망하는 바를 말하는 것이 미래에 대한 예측인 듯 주장하는 것을 목격하곤 한다. 미래에 너무 집착할 경우에 이런 일들이 생긴다. 알 수 없는 미래라고는 해도 결국은 수많은 현재가 누적되어 발생하는 사건이다. 미래의 모습을 결정하는 인자는 현재에 실존하고 있다. 그런 의미에서 모든 미래는 현재에 달려 있다. 이 글에서도 출판이 처한 현재의 상황, 디지털 콘텐츠 퍼블리싱에 대한 현재의 상황을 말하는 것으로 미래에 대한 얘기를 대신하려고 한다. 가능하면 희망이 아니라 예측을 말할 것이다.

미래의 출판은 어떤 모습일까? 사회구조가 통째로 변해버릴지도 모를 100년, 200년 뒤의 모습이 아니라 우리가 현장에서, 혹은 살아서 눈으로 확인할 수 있을 만큼의 거리에 있는 미래에 출판은 과연 어떤 모습으로 변해 있을까?

어떤 이는 불과 수십 년의 세월로 출판의 모습이 크게 바뀌지는 않을 것이라 말할 것이고, 어떤 이는 몇 년의 시간만으로도 출판을 둘러싼 큰 변화가 있을 것이라 말할 것이다. 우리는 세월이 아무리 흘러도 사람들이 종이책을 읽는 행위에는 변화가 없을 것이란 주장과 이제 종이책의 시대는 끝났다는 주장을 동시에 만날 수 있다. 이러한 주장을 객관적으로 검증하는 것은 불가능하다. 양쪽 모두 나름의 근거를 가지고 일리 있는 이야기를 하고 있기 때문이다. 하지만 무엇이 이런 논의를 촉발시켰는지는 비교적 명확하게 알 수 있다.

변화한 콘텐츠 소비 환경에서 출판의 역할은 무엇일까

출판의 위기가 언급되기 시작한 역사는 오래되었겠지만, 이렇게 현실의 변화와 크게 조응하면서 구체적인 이야기들이 나오기 시작한 것은 불과 몇 년 사이에 벌어진 일이다. 가장 상징적인 사건은 2007년 11월에 킨들이 출시된 일과 2010년 4월에 아이패드가 출시된 일이다. 킨들은 전자책이란 것을 미래의 기술적인 개념에서 현재의 일상적인 개념—소비 가능한 상품이라는 개념—으로 성공적으로 바꾸어놓았고, 아이패드는 태블릿PC라는 새로운 디바이스를 통해 디지털 콘텐츠 소비 환경이 어떻게 구축될 수 있는지를 성공적으로 보여주었다. 그후 출판의 외부에서 등장한 전자책, 디지털 콘텐츠 생태계에 의해 출판의 외부에 있는 사람들까지 출판의 미래에 대해서 말하기 시작했다.

그렇다면 출판의 내부, 즉 출판의 요구나 필요에 의해 시작된 변화는 무엇일까? 애석하게도, 딱 들어맞는 사례는 없는 것으로 알고 있다. 지금까지 출판은 늘 무언가에 대응하기 바빴다. 스스로 새로운 담론을 주도하고 변화를 만드는 것이 아니라, 외부에서 주어진 충격에 어떻게 반응해야 할지 고민하는 것이 전부였다. 문제는 그러한 대응이 언제나 몇 박자 늦었으며 그로 인해 새로운 실행을 기획하거나 도전할 기회를 찾지 못하고 자신이 선 자리가 변화의 흐름에서 외곽으로 밀려나는 모습을 맥없이 지켜볼 수밖에 없었다는 것이다. 그 이야기를 논하는 자리는 아니므로 더 언급하진 않겠지만 어쨌든 출판은 이제라도 스스로의 장점을 활용해 변화를 주도하는 기획을 시도할 때가 아닌가 생각한다.

지금 출판계를 둘러싼 채 발생하고 있는 변화는 오래 전부터 준비되어 온 것이다. 1971년에 인류의 모든 자료를 디지털로 변환하겠다는 '구텐베르크 프로젝트'가 이미 시작되었으며, 21세기의 시작 즈음에는 각종 전자책 단말기들이 출시되며 '종이책의 종말'을 주장하기도 했었다. PC의 역사도 단순히 CPU의 연산 속도만 빨라진 것은 아니었다. 노트북 외에도 PDA, UMPC(Ultra Mobile PC), 태블릿PC 등이 시장에 계속 등장하며, PC가 진정한 의미의 'Personal Computer'가 되기 위한 과정을 밟아왔다. 물론 이러한 시도들 대부분은 시장에서 실패했다. 그러나 그 실패가 변화의 중단이나 과거로의 회귀를 뜻하는 것은 아니었다. 콘텐츠 혹은 미디어 영역이 기술과 결합해가야 할 길을 계속 보여주려 했던 것이다. 그 길은 당연히 디지털화 그리고 개인화이다.

미래로 향하는 갈림길에서 한 쪽 깜빡이가 이미 켜졌음에도 불구하고 출판은 그것에 개의치 않았다. 지금까지 그래 왔던 것처럼 책을 열심히 만들었다. 그리고 별 문제가 없는 것처럼 보였다. 적어도 킨들이나 아이패드가 등장하기 전까지는.

왜 미리 대처하지 않았냐고 다그쳐 보았자 현재를 고칠 수는 없다. 그러나 그것이 다시 재현될 가능성이 있는 것이라면, 적어도 과거에 무슨 일이 있었는지는 정확히 살펴볼 필요가 있다. 콘텐츠와 미디어를 향한 기술기업의 도전이, 동일한 방향성을 가지고 있었음에도 불구하고 어떤 것은 실패하고 어떤 것은 성공한 이유는 무엇일까?

동어반복일 수도 있지만, 그 이유는 사용자들의 선택이었다. 어떤 특정한 변화에 사용자들이 긍정적으로 반응한 것이다. 그래서 지금 출판계가 허둥대고 있는 것은 어쩌면 당연한 일이라고도 볼 수 있다. 그 특정한 변화를 위해 아무것도 한 게 없으니까. 무엇을 해야 할지 몰라 허둥대는 차원이 아니라 대체 무슨 일이 생겼는지 아직 모를 수도 있다는 말이다.

그렇다면 무엇이 사용자들의 긍정적인 반응을 이끌어냈을까? 나는 그것이 '편리함'이었다고 생각한다. 지금 이 글을 쓰고 있는 커피숍에는, 테이블 위에 노트북을 펼쳐놓은 사람 6명과 아이패드를 손에 든 사람 2명이 있다. 혹시 커피숍에서 비슷한 풍경을 만나게 된다면 노트북을 펼친 사람과 아이패드를 든 사람의 표정을 비교해보길 권하고 싶다.

노트북에 시선을 둔 사람들은, 비록 비장함까지는 아니더라도 무언가에 몰두한 진지한 표정을 하고 있다. 비교적 오랜 시간 동안 표정과 자세를 고치지 않고 집중한다. 앞이나 옆 자리에 사람이 있더라도 시선을 주거나 대화를 나누는 일이 잘 없다. 반면에 아이패드를 들고 있는 사람은 자세부터 다르다. 상체를 테이블로 바짝 당겨 앉는 것이 아니라 의자에 깊숙이 기댄 경우가 많다. 표정도 훨씬 편안해 보인다. 그리고 비교적 자주 자세를 바꾸며 약간은 산만한 듯 행동한다. 만약 일행이 있다면 수시로 대화를 나눈다.

　이러한 차이는 아이패드가 세상에 처음 모습을 드러낼 때 이미 예상된 것이었다. 스티브 잡스가 아이패드를 소개할 때 선택한 장소는 바로 소파, 즉 거실이었다. 많은 사람들이 아이패드가 PC를 대체할 것인지 아니면 PC와는 다른 포지션의 디바이스가 될지에 대해 열띤 토론을 펼쳤지만, 그것을 만든 사람들은 애초에 그러한 주제에 관심이 없었던 것처럼 보인다. 그들은 단지 사용자들에게 '편리함'을 선사하고 싶었던 것이다. 아마 킨들 역시 마찬가지일 것이다. 우리가 자못 심각한 얼굴로 사태를 분석하며 왜 이런 상황이 되었는지에 대한 많은 이유를 내놓았지만, 그 대부분을 그저 '편리함'이란 단어 하나로 설명할 수 있다.

　이런 상황에서 출판이 무엇을 할 수 있는가를 고민하는 것은, 어쩌면 염치 없는 일일 수도 있다. 앞서 말했듯이 사용자들의 그 '편리함'에 출판이 기여한 적이 없기 때문이다. 하지만 어찌 된 일이지 출판산업의 의지와 상관없이 변해버린 그 세계에 출판 콘텐츠를 위한 영토가 준비되어 있음을 발견할 수 있다. 사용자들의 그 '편리함'은 잘 만들어진 기계 하나 때문에 생긴 것이 아니다. 오히려 기계의 이면에 배치된 어떤 시스템 덕일 가능성이 크다. 앞서 그것을 플랫폼이라 불렀으며 이런저런 특징을 길게 설명했다.

　플랫폼은 일단 한 번 구성되면 영향력이 크고 강력한 대신에, 플랫폼의 어느 한 구성 요소가 절대 권력을 휘두르기 힘든 특징이 있다. 얼핏 보기에는 애플이나 아마존, 구글이 플랫폼 전체를 좌지우지하고 있는 것처럼 보이지만 함께 구성 요소를 이루고 있는 통신사, 디바이스 제조사, 콘텐츠 제공자가 주어진 역할을 충실하게 수행하고 있기 때문에 플랫폼이 유지될 수 있는 것이다. 게다가 현재 진행되고 있는 플랫폼 변화의 핵심은 통신 기능도 아니고 기계의 성능도 아니고 바로 콘텐츠 소비에 대한 것이다. 콘텐츠 사업자의 역할이 중요할 수밖에 없는 상황이다.

플랫폼이 콘텐츠를 필요로 하고 있다는 것이 분명하다고 하더라도 거기에 아무런 제약이 없는 것은 아니다. 새롭게 등장한 시스템이니만큼 그에 걸맞는 새로운 요구사항들이 발생한다. 어떤 경우에는 기존의 콘텐츠가 그대로 받아들여지기도 하지만 어떤 경우에는 시스템에 맞게 콘텐츠를 완전히 재설계하지 않으면 사용이 불가능한 경우도 있다.

이러한 변화가 전통적인 콘텐츠 사업자 입장에서는 낯선 요구로 느껴질 것이다. 허나 그 낯섦이 바로 플랫폼의 변화를 제대로 해석하는 지표가 될 수 있다는 점을 인식해야 한다. 플랫폼이 새롭게 변한다는 것은, 과거의 플랫폼에 대한 사용자들의 요청이 수렴되고 체계화되는 과정이다. 또한 그 과정에서 플랫폼의 변화로 인해 사용자들의 삶 역시 영향을 받는다. 플랫폼이란 사용자들과 상호작용을 하는 경험 체계이다. 이러한 점을 깨닫는다면 출판이 사용자들의 '편리함'을 위해서 무엇을 해야 할지도 보이게 될 것이다.

예컨대, 사람들이 스마트폰을 사용하는 시간은 갈수록 늘어나고 있다. 태블릿PC의 보급률도 점점 높아지고 있다. 이런 현실에서 스마트폰이나 태블릿PC의 보급이 독서율이나 출판시장에 어떤 영향을 미칠 것인가 하는 수동적인 질문은 문제의 해결에 크게 도움이 되지 않는다. 차라리 그 변화를 활용해서 출판이 독자들에게 편리함, 만족, 감동을 줄 수 있는 방법은 무엇인가를 고민하는 것이 훨씬 현실적이다. 스마트폰이나 태블릿PC를 출판 콘텐츠를 소비하는 디바이스로 만드는 데 출판이 할 수 있는 역할이 분명 존재하기 때문이다.

콘텐츠 생산자의 파트너로서의 역할이 중요하다

디지털 콘텐츠 퍼블리싱의 미래는 이미 정해져 있는 것이 아니라, 각 구성원들이 어떤 역할을 수행하며 변화에 기여하느냐에 따라 얼마든지 그 모습이 바뀔 수 있다. 현재의 상황으로만 보자면 디지털 콘텐츠 영역에서 출판이 많이 움츠러들어 있는 것처럼 보인다. 출판의 역할에 대해 확신하기 힘든 상황이며 플랫폼 사업자의 역할이 너무 커 보이는 현실이다. 그러나 콘텐츠 생산의 생태계에 주목하면 출판이 여전히 중요한 역할을 할 수 있다는 걸 발견할 수 있다.

새롭게 등장한 플랫폼은 소비자 중심의 플랫폼이다. 소비자의 만족을 극대화하는, 소비자의 생활 패턴에 최적화된 플랫폼이다. 그런데 여기에는 중요한 공백이 있다. 바로 생산자에 대한 배려이다. 새로운 플랫폼의 대명사인 앱스토어는 얼핏 보면 생산자를 아주 민주적으로 배려하고 있는 것처럼 보인다. 하지만 그 평평한 배려 속에 생략된 것이 바로 생산자의 파트너 역할이다. 앱스토어가 훌륭한 시장이 될 수 있을지는 몰라도 생산자의 훌륭한 파트너가 되기에는 무리가 있다.

우리가 흔히 예로 드는 음반산업은, 디지털 음원 시장이라는 새로운 플랫폼을 만나 거의 몰락했다. 재편된 국내 음악산업에서 발생하는 이익은 대부분 통신사 등의 서비스 사업자에게 돌아간다. 음악가의 몫은 형편없이 줄어들었다. 대신 소비자들은 아주 싼 가격으로 음악을 구매할 수 있게 되었다. 적어도 아직까지는 음악가들이 스스로의 불안한 삶을 견디며 창작 활동을 유지하고 있기 때문에, 들을 수 있는 음악의 종류도 충분하게 유지되고 있다. 그러나 이 시스템이 음악가, 즉 콘텐츠 생산자의 삶을 계속해서 착취하는 구조로 갈 경우에 소비자들이 미래에도 여전히 싼 가격에 좋은 음악들을 풍부하게 즐길 수 있을지는 의문이다.

영화라고 해서 사정이 별반 다르지는 않다. 과거에 비해 극장의 시설은 엄청난 수준으로 좋아졌으며 극장의 수도 크게 늘었다. 1993년에 〈서편제〉가 최초로 백 만 관객을 돌파한 한국 영화시장은 그로부터 딱 10년 후에 〈실미도〉가 천 만 관객을 돌파한다. 소비자 입장에서는 볼 만한 영화도 많아졌고 갈 만한 극장도 많아졌다. 게다가 영화 관람료도 비교적 저렴하다. 백 만 관객에서 천 만 관객으로 열 배의 성장을 하는 동안에 영화관람료는 거의 오르지 않았다. 지금부터 20년 전인 1992년의 영화관람료가 이미 5천원이었다. 천 만을 넘나드는 수치에도 불구하고 영화 제작 환경이 열악하리라는 것을 쉽게 짐작해 볼 수 있는 대목이다. 실제로 한국 영화계에서 저예산 영화는 갈수록 설 자리를 잃어가고 있으며, 잘 만든 독립영화가 상영될 공간은 점점 없어지고 있는 현실이다.

콘텐츠 상품이란 공장에서 찍어내는 공산품과 다르다. 공산품은 기계의 성능을 올리고 제작 공정을 효율적으로 개선하는 것만으로도 가격을 낮추고 품질을 향상시킬 수가 있다. 그러나 콘텐츠 상품은 그렇게 기계적으로 개선되지 않는다. 그래서 소비자의 (가격) 이익을 극대화하는 것이 꼭 좋은 것만은 아닐 수도 있다. 자칫 소비자의 이익을 위해서 누군가의 삶이 희생될 가능성을 내포하고 있는 것이다.

출판은 오래전부터 시장에 상품(책)을 제공하는 공급자 역할뿐만 아니라 콘텐츠 생산자가 안정적으로 작업할 수 있는 환경을 만들기 위한 파트너 역할을 해왔다. 도서정가제와 같은 사회적 지원 역시 생산자 생태계의 안정성이 결국은 소비자에게도 (가격이 아닌 다른 측면에서) 이익이 되기 때문에 시행되고 있는 것이라 볼 수 있다. 그런데 디지털 콘텐츠 영역에서는 아무도 이런 것에 관심을 두지 않는다. 누구나 생산자가 될 수 있고 누구나 소비자가 될 수 있다는, 과거와 달라진 점만을 주목할 뿐이다. 과연 그것만으로 충분할까?

전자책 분야에서 현재 가장 두각을 나타내고 있는 것은 아마존의 플랫폼이라 볼 수 있는데, 아마존은 KDP를 내세워 출판사 없이 작가들이 직접 출간하는 것을 적극 지원하고 있다. 그 성과 또한 없지 않아 자가출판을 통해 밀리언셀러를 돌파한 작가가 등장하기도 했다. 그런데 출판사가 이러한 자가출판시스템에 어떻게 대응할 것인지에 대한 명확한 입장을 들어 본 적은 없는 것 같다. 개인적인 의견을 밝히자면, 출판사가 사라진 자가출판의 시대는 끔찍한 풍경이라고 생각한다. 음악을 가지고 예를 들어보겠다.

음악 관련 기기들이 발전하면서 예전에는 스튜디오에서만 가능했던 작업들이 집에서도 가능해졌다. 홈레코딩, 즉 출판으로 치자면 자가출판의 시대가 열린 것이다. 그런데 만약 이렇게 제작된 음악들이 디지털 음원 서비스에 그대로 등록이 되어 전문 음악가들의 음악과 함께 팔리면 어떻게 될까? 당연히 플랫폼은 어떤 음악도 차별하지 않기 때문에 모든 음악들이 평등하게 소비자들에게 노출될 기회를 얻게 될 것이다. 운이 좋다면 홈레코딩의 성공 사례도 자주, 적어도 CD 유통 환경보다는 자주 등장할 것이다. 음악을 즐기는 소비자의 입장에서 보자면, 이러한 상황을 생각하는 것만으로도 끔찍한 기분이 든다. 좋은 음악, 훌륭한 음악만 듣기에도 시간이 부족할 정도로 짧은 인생인데, 대체 왜 수많은 개인들의 실험적인(때로는 의미 없는) 작품들에 둘러싸여 시간을 허비해야 한단 말인가. 그러나 다행히도 홈레코딩이 가능해졌다고 해서 집에서 가볍게 작업하고 녹음한 음악들이 시장에 넘쳐나지는 않았다. 전업이건 취미이건 간에 음악을 하는 분들의 겸손함에 그저 감사할 따름이다.

책의 자가출판도 아마 비슷한 풍경이지 않을까 생각한다. 예컨대 유명한 파워블로거부터 포털의 이름 없는 블로거까지 모두가 자가출판으로 책을 출간해서 킨들 스토어나 아이북스 같은 곳에 등록한다고 상상해보자. 그것을 출판의 자유나 출판 민주주의의 도래라고 부를 수 있을 것 같지는 않다. 생산과 소비 시스템이 아무리 개방적으로 변하고 편리하게 바뀐다 하더라도, 지금 출판사가 수행하는 '읽을 만한 콘텐츠를 발굴하고 상품성이 있도록 가공하는 역할'을 시스템이 기계적으로 수행하기에는 무리가 있기 때문이다. 자가출판이란 개념이 전혀 의미 없다는 것은 아니다. 배타적이고 폐쇄적인 출판 시스템이 흡수하지 못했던 콘텐츠를 발굴하고 유통시킬 수 있는 기회로서의 의미가 크기 때문이다.

아마존은 KDP라는 서비스를 통해서 저자가 직접 킨들 스토어에 책을 등록하고 판매할 수 있는 시스템을 제공한다. 과정이 매우 간단해서 누구나 쉽게 책을 등록할 수 있으며 비교적 높은 인세율(통상 70%라고 알려져 있지만 실제로 책을 등록해보면 책이 팔리는 지역이나 가격, 통신료 부담 여부 등에 따라 35%가 되기도 한다)을 보장 받을 수 있다. 그런데 이렇게 등록된 책들이 노출되는 킨들 스토어의 베스트셀러 순위를 보면 출판사가 등록한 전자책들이 상위를 차지하고 있다. 누구나 책의 저자가 될 수 있다는 것과 소비자들이 그 책을 선택하고 구매한다는 것 사이에는 큰 차이가 존재한다.

아마존의 자가출판 환경에서 주목해야 할 것은 KDP 시스템 자체가 아니라 '킨들 싱글Kindle Single'이라고 하는 상품의 카테고리이다. 킨들 싱글은 영문으로 1만~3만 단어(종이책으로는 30~90쪽) 정도의 내용을 담고 있는, 잡지의 글보다는 길고 책보다는 짧은 전자책을 말한다. 아마존의 러셀 그랜디네티 부사장이 "책과 잡지 사이 무주공산이던 지식시장을 디지털 콘텐츠로 정복하겠다"《조선일보》 2011년 2월 25일자)고 말할 정도로 자신 있게 시작한 서비스이다. 가격 역시 0.99~4.99달러로, 이미 종이책에 비해 가격이 많이 낮아진 기존의 전자책보다도 훨씬 낮은 가격으로 서비스되고 있다. 킨들 싱글을 주목하는 이유는 자가출판의 이슈를 '누가' 책을 쓰느냐의 문제에서 어떤 '내용'의 책인가 하는 문제로 전환했기 때문이다. 책의 분량이 3분의 1 이하로 줄었다는 것은 그 내용이나 구성이 완전히 바뀔 수도 있음을 의미한다. 독자들이 잡지에 기대하는 것과 책에 기대하는 것이 서로 다르듯, 이 새로운 포맷의 전자책에 기대하는 것 역시 다를 수 있다. 아마 출판의 속도는 훨씬 빨라질 것이고 책의 구성은 짧은 호흡으로 끊어질 가능성이 높다. 내용 역시 책 한 권의 빈틈없는 완결성보다는 짧지만 강한 임팩트를 부각하는 쪽으로 채워지지 않을까 생각한다.

이러한 가능성은 전자책, 정확하게는 모바일 디바이스(킨들 등의 단말기까지를 포함해서)를 통해 자유롭게 전자책을 소비할 수 있는 환경이 등장했을 때 이미 예견된 것이었다. 하지만 콘텐츠를 생산하는 역할을 수행하던 출판사는 그 가능성을 현실화시키지 못했다. 그러나 지금은 누구나 책을 낼 수 있다는 선언과 함께 그것을 가능하게 해주는 유통 시스템이 이미 존재하는 상황이다. 하지만 그렇다고 해서 출판사의 역할이 더 이상 남아 있지 않은 것은 아니다. 현재 구성되고 있는 자가출판 시스템은, 전체적으로 낮아진 상품 가격을 그 특징으로 한다. 당장은 그렇게 낮은 가격으로 책정된 책들보다 가격이 좀 높더라도 품질이 보장되는 책들이 잘 팔리기 때문에 별 문제가 되지 않는 것처럼 보인다. 하지만 새롭게 등장한 이 현상으로 인해 출판 생태계의 근간이 흔들릴 수도 있다. 저가의 전자책들은 그것이 잘 팔리건 그렇지 않건 간에 전체적으로 전자책의 가격을 하향 평준화시킬 가능성을 내포하고 있기 때문이다. 특히 새로운 형식으로 등장한 킨들 싱글류의 전자책이 상품성 있는 콘텐츠로 시장의 호응을 이끌어내는 상황이 되었을 때, 만약 소비자들이 그것을 '가격이 싸면서도 읽을 만한 전자책'으로 인식하게 된다면, 다른 모든 전자책이 가격 하락의 압박을 받게 될 수도 있는 것이다.

출판사는 디지털 콘텐츠 상품의 기획력을 강화해서 이런 상황을 극복해야 할 것이다. 여기에서 기획이란 단순히 콘텐츠를 다루는 작업을 의미하지는 않는다. 오히려 콘텐츠 외부 요소에 대한 고려가 더 중요하게 작용한다. 이 책 전반에서 디지털 환경의 변화, 종이책과의 차이점, 소비자 입장에서의 의미 등을 길게 살펴본 것도 그러한 이유 때문이다.

어쨌든 출판사는 단순히 주어진 유통 환경에 맞게 상품을 제작하는 기능에 머무르는 것이 아니라 그 이상의 역할을 수행해야 한다. 그리고 전자책의 가격이 무조건 싸지는 것을 지켜보고만 있을 게 아니라 다양한 가격의 전자책이 독자들에게 선택받을 수 있도록 적극적인 대응을 해야 한다. 0.99달러의 아수라장에서 디지털 콘텐츠의 미래, 출판의 미래를 말할 수는 없지 않은가?(가격 파괴를 통해 더 많은 수요를 창출하고 시장의 크기를 키우는 전략까지를 부정하는 것은 아니며 그에 대한 것은 '가격의 다양화'라는 이름으로 앞에서 이미 설명했다)

출판의 역할을 분명히 해야 할 때

지금까지 출판이 생산하는 콘텐츠와 유통 환경에 대한 것을 말했다면 이번에는 출판이 관계를 맺고 있는 사회적 환경에 대해 살펴볼까 한다. 이 부분은 '애플이나 아마존의 전자책 플랫폼이 국내에 정식으로 서비스된다면 어떻게 될까'라는 질문에서 출발한다.

현재 국내의 전자책 유통 환경이 메이저 업체의 등장 없이 중소 규모의 전자책 유통 사업자가 (출판사의 입장에서는) 너무 많이 존재하는 상황이다 보니, 차라리 이렇게 혼란스러울 바에야 애플이나 아마존이 국내에 정식으로 들어와서 긍정적인 역할을 해주기를 바라는 사람들이 제법 있는 것으로 알고 있다. 출판사나 독자 입장에서는 그것이 훨씬 편할 수도 있다. 그런데 이 문제는 단순히 편의성만으로 판단할 만큼 단순하지 않다.

출판사에서 일하는 사람치고 서점에 좋지 않은 감정을 가져보지 않은 사람은 없을 것이다. 특히 서점과 직접 상대하는 영업·마케팅 담당자들은 어쩌면 질릴 만큼 유통사의 횡포를 경험했을 수도 있다. 이는 누구의 잘못이라기보다 힘의 균형이 기욺에 따라 생긴 자연스런 현상이다. 오죽하면 전자책의 새로운 유통 질서를 도입하겠다고 뭉친 출판사들의 정서 밑바닥에 '전자책까지 유통사에게 휘둘릴 수 없다'는 공통된 인식이 느껴질(이것은 순전히 개인적인 판단이다) 정도이니 서점이 출판사에 비해 힘의 우위에 있음은 분명해 보인다. 애플의 아이북스나 아마존의 킨들 스토어가 한국에 들어오는 것을 환영하는 사람이 있다는 것이 새삼스러울 것도 없다.

그런데 글로벌 플랫폼, 당연히 아주 편리하고 완성도 높은 시스템이 한국의 전자책 시장을 주도하는 것의 이면에는 그 시스템이 한국 사회의 독서율에 어떤 영향을 미칠까 하는 문제가 숨어 있다. 한국의 서점이 미울 때가 있기는 해도 그들이 출판산업의 외형을 확장하고 독서율을 높이기 위해 노력하고 있다는 사실까지 부정하기는 힘들다. 서점은 프로모션이나 이벤트뿐만 아니라 캠페인 등의 다양한 독서지원행사를 통해서 더 많은 사람들이 책을 만나고 읽기를 장려한다. 만약 글로벌 플랫폼이 국내 전자책 유통을 장악한다면 이와 똑같은 역할을 기대할 수 있을까? 그들이 과연 한국의 독서율에 관심을 가질까? 이런 부분에 대한 우려를 확장해나간다면 문화의 종속 현상까지도 걱정할 수 있는 상황이다. 독일이나 일본의 출판사가 아마존의 전자책 시장 진출에 대항해 서점과 힘을 합쳐 새로운 시도를 하고 있는 것도 이런 사정과 무관치는 않다.

출판은 책을 만들어 판매하는 데 관계된 주체들뿐만 아니라 사회의 교육시스템이라든지 시민들의 문화생활 환경이라든지 국가의 지식경쟁력(그리 듣기 좋은 말은 아니지만 어쨌든) 등과도 밀접하게 연관되어 있다. 그래서 디지털 콘텐츠의 미래를 고민한다면 그저 전자책이나 앱을 잘 만들어서 팔겠다는 고민뿐만 아니라 이러한 사회적 환경까지 함께 고려할 수 있어야 한다.

예를 들어 도서관은 출판산업의 상품인 책을 활용해 사회의 공익에 기여하는 역할을 담당하고 있다. 도서관이 책을 구매하기 위해 비용을 지불하기는 하지만, 일단 책이 비치되고 나면 몇 명이라도 상관없이 그 책을 무료로 빌려 읽을 수 있다. 언뜻 자본주의의 시장 법칙에 어긋난 듯 보이지만 도서관이 독서문화의 확산에 기여하는 효과를 감안한다면 오히려 출판산업에 긍정적인 역할을 한다고 보아야 할 것이다. 그런데 이러한 긍정적인 역할은 종이책이라는 상품의 특징으로부터 나오는 불편함에 근거하고 있다고 볼 수 있다. 도서관은 책을 무료로 빌려 볼 수 있는 곳이지만, 디지털 시대의 기술들과 비교하면 편리하게 이용할 수 있는 곳은 아니다. 우선 도서관이 위치한 장소로 직접 찾아가서 책을 빌려야 하며 반납일을 잊지 않고 있다가 그 전에 다시 도서관으로 찾아가서 책을 반납해야 한다. 또 누군가 먼저 책을 빌려가면 그 책이 반납되기를 기다렸다 빌려야 한다.

전자책은 적어도 이론상으로는, 이러한 불편이 전혀 존재하지 않는다. 내가 어느 장소에 있더라도 네트워크에 접속할 수만 있으면 책을 빌릴 수 있고 DRM 기능을 통해서 책을 직접 반납하지 않더라도 자동으로 읽기 권한이 소멸되며 한 권의 책을 수천 명이 동시에 빌려서 읽을 수도 있다. 극단적인 사례를 생각하면, 전 세계를 통틀어 단 한 곳의 도서관만 있어도 70억 인구가 아무런 비용 없이 책을 빌려 읽을 수도 있는 상황인 것이다. 어쩌면 출판산업과 도서관의 아름다운 공존이 종말을 맞을 수도 있다. 그것을 피하는 방법은 회원 데이터베이스나 DRM 같은 디지털 기술을 활용해서 사용자들의 불편을 유발시키는 장치를 추가하는 것이다. 자신이 속한 지역의 도서관이 아니면 책을 빌릴 수 없게 하거나, 도서관이 전자책을 구매하는 데 소요되는 비용을 증가시켜 출판사의 이익을 보전받는 것이다. 사용자들의 편리함을 극대화시킬 수 있는 기술을 거꾸로 이용해야만 하는 이 상황이 얼마나 역설적인가? 하지만 이것을 출판산업의 이익을 위한 편협한 조치라고 비난할 수만은 없다. 아무런 안전장치가 없는 상황에서 출판산업이 몰락해서 읽을 만한 가치가 있는 '책'들이 없어져버리는 것보다는 약간의 불편함을 감수하는 것이 독자들에게 더 이익이 될 것이라는 확신이 있기 때문이다.

디지털 콘텐츠 퍼블리싱은 플랫폼을 장악한 IT 기업들이 변화를 주도하고 있으며 그 시스템은 사용자들의 편리함을 극대화시키는 방향으로 발전하고 있다. 출판산업이 이러한 흐름에 적극적으로 합류해야 함은 너무나 당연한 일이다. 그렇지만 디지털 콘텐츠 퍼블리싱의 미래는 시스템의 완성도와 사용자의 편리함만으로 완성될 수 없다.

출판이 지식문화산업의 대표자일 수 있었던 근간은, 말할 것도 없이 '책'을 만들어왔기 때문이다. 하지만 그냥 '책'을 만들었기 때문이 아니라 읽을 '가치'가 있는 책을 만들어왔기 때문이다. 아마 그것을 출판산업의 핵심이라 불러도 무방할 것이다. 따라서 디지털 콘텐츠 퍼블리싱의 미래를 출판의 미래와 포개기 위해서는 그 핵심을 잃지 않을 수 있는 조건을 구축하는 것이 무엇보다 중요하다. 소비자들의 편리함을 위해 노력하는 것만큼 콘텐츠 생산자들의 안정적인 환경을 구축하는 것, 지식과 이야기가 가격뿐만 아니라 가치로도 인정받을 수 있는 문화를 형성하는 것이 필요하다.

이것이 그냥 주어질 리는 만무하다. 출판이 스스로의 역량을 키워 자신의 역할을 분명히 할 때만 가능할 것이다. 디지털 콘텐츠의 유통과 마케팅을 제대로 이해하고 있어야 할 것이며 디지털 콘텐츠를 기획하고 만들 수 있는 능력을 키워야 할 것이다. 독자들과의 커뮤니티를 강화하고, 독자적인 서비스를 개발해서 디지털 콘텐츠의 플랫폼에서 확실한 존재감을 구축해야 할 것이다. 전자책이나 앱 몇 개를 잘 만들어서 잘 파는 데 모든 정신을 뺏기지 않고 출판의 내외부적 상황 전체를 조망하며 그림을 만들어간다면 출판은 앞으로도 계속 경쟁력을 유지하며 지속 가능할 것이고 아울러 디지털 콘텐츠 퍼블리싱의 미래도 훨씬 풍요로워질 것이다.

찾아보기

숫자·영문

『42행 성서』· 62~63,
CD · 20, 25, 73, 78, 115~116, 118~119, 122~123, 125, 251
DRM · 229, 257
e잉크 단말기 · 106, 130 184~185, 196
EBS · 209
IAP · 156
KDP · 139, 251~253
LP · 20, 24, 73, 78, 122
MMORPG게임 · 117
NHN · 6, 91
P2P · 118, 123~124
PDA · 245
PMP · 33~34, 37
PSP · 117
〈readwrite〉· 162
SNS · 6, 123, 125, 131, 133~134, 159, 162~164, 191, 193~195, 198, 200, 206~208, 222, 225, 232, 238
TV · 17, 29, 62, 73, 113, 121, 146~149, 166
UCC · 6, 96
UMPC · 245
WWDC · 146

ㄱ

가격저항선 · 186
〈강남 스타일〉· 150
개발 편집자 · 53~54, 56
검색 · 6, 66, 78~79, 82, 91~93, 100, 106, 108, 125, 129, 131, 133, 150, 152~153, 162~164, 194~195
게임물등급위원회 · 151~152
게임산업 · 114~117, 123, 125
게임 콘텐츠 · 23, 40, 77, 122, 131, 136, 164, 166, 206
고객관계관리 · 135, 222, 237
교보문고 · 173
교육과학기술부 · 209
교육시스템 · 256, 133
구글 · 66, 79, 141, 152, 158~160, 162~164, 168, 180, 211, 227, 231, 247
구글 나우 · 160
구글 드라이브 · 158
구글 앱스 · 159
구텐베르크 프로젝트 · 245
구텐베르크 혁명 · 46, 62, 76
글로벌 플랫폼 · 147, 152~155, 168, 202, 211, 256
기술기업 · 102, 246
기획 · 53~54, 56, 98~99, 102~103, 107~108, 110, 131, 138, 141, 157, 169, 173~181, 186~206, 208, 210, 213~215, 228, 233, 245, 254

기획 편집자 · 53, 56
길보드 · 117
김학원 · 53

ㄴ

〈난 알아요〉 · 118
내로우미디어 · 227
냅스터 · 25, 78
네이버 · 6, 30, 91, 94, 107~108, 110, 129, 153, 219, 227
네이버 캐스트 · 107~108, 129
네트워크 접속 · 196
노키아 · 219
니치 마켓 · 189
닌텐도 · 115, 117

ㄷ

다마고치 · 122~123
대니얼 챈들러 · 19, 72
대한출판문화협회 · 26, 147
도서관 · 92~93, 203, 227, 257
디지털 음원 · 78, 118~119, 125, 153, 166~167, 249, 251

ㄹ

라디오 · 62, 80, 226~227
라이프사이클 · 191
랜덤하우스 · 180
러셀 그랜디네티 · 253

로컬 플랫폼 · 168

ㅁ

마셜 맥루언 · 79~80
마이크로소프트 · 114, 152
매스미디어 · 93~95, 227~228
〈메트로〉 · 33
맥밀란 · 180
메가스터디 · 209
모바일 · 7~8, 34, 41, 58, 71, 117, 133, 137, 149, 154~155, 159, 165~166, 168, 173, 195, 200, 211, 213~214, 219, 227, 230, 233, 238, 253
모바일 오피스 · 159
문자메시지 · 37~40, 193, 215
미니홈피 · 6, 123, 206
『미디어 기호학』 · 19, 72
『미디어의 이해』 · 79~80

ㅂ

바이두 · 153
〈배드 피기스〉 · 200
반독점법 위반 · 152
백리스트 · 189
베스트셀러 · 109, 138, 176, 213, 232, 252
본문 편집자 · 53~54, 57
비선형 · 27~32
빅 데이터 · 156, 159
빌 니콜스 · 19

ㅅ

사용자 경험·126, 199

삼성·173, 209, 219

서적·45, 177

「서적 출판 및 정기간행물에 관한 통계의 국제적 표준화에 대한 권고안」·45

〈서편제〉·250

선형·27~32, 80, 82, 134

성경·48, 61~63

셀프 퍼블리싱·179

소셜 네트워크·6, 94~96, 222

소셜 마케팅·222

소프트웨어·85, 102~106, 108, 114, 168, 174, 194~195, 198, 210~214

수수료·97, 139, 148, 153, 155, 166, 203

스마트 디바이스·18, 40, 86, 100, 130~131, 134, 138, 158, 193, 213

스마트 러닝·208~210

스마트교육 추진전략·209

스마트폰·7, 18, 34~38, 106, 108, 116, 121, 130, 133, 150, 154, 158, 167~168, 173, 182, 192, 199~200, 210, 214~215, 222, 233, 238, 248~249

〈스타크래프트〉·22

스토리텔링·29~31

〈스트리트 파이터〉·115

스티브 잡스·130, 180, 247

스포티파이·207

시리·17, 160

신문산업·124~125

〈실미도〉·250

싸이월드·5~6, 123, 126, 134, 206~207

ㅇ

아날로그·18~19, 21, 24~31, 72~77, 79, 85, 93, 145~150

아마존·9, 25, 66, 113, 120, 126, 139, 141, 146~147, 152, 156, 167~168, 180, 186, 201, 211, 233, 247, 251~253, 255~256

아이북스·181~185, 201, 230, 252

아이북스 오서·230

아이클라우드·72, 84~85, 157

아이튠즈 기프트카드·149

아이튠즈 뮤직스토어·20, 118

아이튠즈 스토어·126, 148

아이패드·71, 83, 138, 199, 244~247

아이폰·7, 17, 35, 71~72, 117, 130, 138, 173, 199

아케이드게임·115

『아프니까 청춘이다』·109

안드로이드·113, 173, 185

〈애니팡〉·199~200

애플·66, 71~72, 78, 84, 113, 120, 126, 139, 141, 146~149, 152~157, 160, 167~168, 173

앱북·181

앱스토어·8, 58, 65, 131, 139, 146~147, 149, 151, 155~156, 165~169, 185~186, 191,

201~202, 210~214, 231~233, 239~240, 249
〈앵그리 버드〉·130, 150, 199~201
야후재팬·153
오디오북·174
오락실·21~24, 84, 115
오픈마켓·136, 152, 239
완성도·48~52, 54~56, 58~60, 63~64, 66~67, 90, 100, 102, 107, 133~134, 178~179, 193, 195, 212, 256, 258
월드 와이드 웹·30
웹 마케팅·198, 221, 234, 237~238, 240
웹 사이트·6, 92, 116, 123~124, 129, 159~160, 178, 208
웹 플랫폼·129~130, 145, 228
유네스코·45
유튜브·146, 150
윤문 편집자·53~54, 57
융합·82, 103, 138, 211
음악산업·114, 117~119, 123~126, 249
이펍2.0·181
이펍3.0·179, 181
인덱싱·80, 91, 162
인터파크·173
인포그래픽·204

ㅈ
자가출판·251~254
〈잘못된 만남〉·118

〈전격 Z작전〉·17
전자책·8~9, 25, 40, 58, 66, 74~76, 81~83, 94, 99~100, 103, 113, 127~130, 138~141, 147, 155~156, 167, 173~174, 177~179, 181~187, 191, 199, 201~203, 205, 207~208, 210, 212, 214, 220~221, 226, 229~231, 238, 244~245, 251, 253~259
접속·23~24, 39, 41, 84~85, 89, 99, 116, 126, 137, 150~151, 154, 167, 169, 196~198, 222, 233, 257
『정의란 무엇인가』·109
징가·164, 206

ㅊ
출판 마케팅·221~226

ㅋ
카카오톡·38~39, 200
커뮤니케이션 대기 상태·39~40
커뮤니케이션 채널·40
큐레이션·161~162, 203~205
크롤링·91
클라우드 서비스·65, 84, 113, 126, 156~158
킨들·25, 40, 83, 113, 147, 156, 166~167, 181, 185, 196, 244~245, 247, 252~254, 256
킨들 스토어·113, 185, 252, 256
킨들 싱글·253
킨들 파이어·113, 147, 156

ㅌ

태블릿PC · 86, 106, 108, 130, 148, 156, 158, 167~168, 196, 199, 214~215, 244~245, 248~249

〈터미네이터〉 · 17

테드 넬슨 · 30

트위터 · 6, 140, 150, 159, 161~162

팀 버너스리 · 30

ㅍ

팸플릿 · 45, 50, 55

퍼블리셔 · 59

페이스북 · 6, 150, 163~164, 206~207, 238

편집자 · 51, 53~57, 97~100, 234

『편집자란 무엇인가』 · 53~54

표현의 자유 · 61, 95

프라이비트미디어 · 227

핀터레스트 · 162

ㅎ

하드웨어 · 103~106, 114, 159, 168, 219

하이퍼링크 · 30

하이퍼텍스트 · 29~30

〈한게임 고스톱〉 · 116

『해리 포터』 · 55